CURSO PRÁCTICO DE WORDPRESS

AF865627

CURSO PRÁCTICO DE WORDPRESS

SOCIAL BUSINESS

Álvaro Fontela

SOCIAL BUSINESS

Responsable editorial: Víctor Manuel Ruiz Calderón

Montaje de cubierta: Celia Antón Santos

Diseño e ilustración de cubierta: © Goyo Rodríguez

Textos y capturas: © Álvaro Fontela

Texto prólogo: © Miguel Florido

Todos los nombres propios de programas, sistemas operativos, equipos hardware, etc. que aparecen en este libro son marcas registradas de sus respectivas compañías u organizaciones.

Reservados todos los derechos. El contenido de esta obra está protegido por la Ley, que establece penas de prisión y/o multas, además de las correspondientes indemnizaciones por daños y perjuicios, para quienes reprodujeren, plagiaren, distribuyeren o comunicaren públicamente, en todo o en parte, una obra literaria, artística o científica, o su transformación, interpretación o ejecución artística fijada en cualquier tipo de soporte o comunicada a través de cualquier medio, sin la preceptiva autorización.

© EDICIONES ANAYA MULTIMEDIA (GRUPO ANAYA, S. A.), 2025
Valentín Beato, 21. 28037 Madrid
Depósito legal: M. 11.141-2024
ISBN: 978-84-415-5061-2
Impreso en España

PAPEL DE FIBRA CERTIFICADA

Quiero dedicar este libro a mi mujer, Elena.

A pesar de haber sido yo quien ha escrito este libro, pertenece a los dos. Mi mujer ha sufrido este libro tanto como yo; por un lado, por las horas que he pasado delante del ordenador escribiendo y, por otro lado, por la revisión exhaustiva que me ha tenido que hacer capítulo por capítulo, debido a mis constantes patadas al diccionario, a la ortografía y a la gramática.

Agradecimientos

En los casi 12 años que llevo en el sector del marketing he conocido a mucha gente que me ha ayudado mucho. Me encantaría mencionar a todo el mundo, pero la página de agradecimientos llegaría a ser más larga que el libro y me harían acortarla, por lo que voy a intentar hacerlo lo mejor posible en el espacio que me han dado para los agradecimientos.

En primer lugar, quiero agradecer a mi mujer Elena la paciencia que ha tenido conmigo durante estos años. Mi jornada laboral normal es siempre más larga de 8 horas los 7 días de la semana, además le he robado mucho tiempo a la relación para poder escribir este libro.

En segundo lugar, me gustaría agradecer a mi socio Martin y a su mujer Miriam por estar en las buenas y en las malas durante todos estos años, incluso cuando todos desaparecían.

También quiero agradecer a mis amigos y compañeros Luchy y Adri, por unirse al proyecto en una fase tan temprana y seguir aquí dándolo todo a pesar de las continuas tormentas. Ambos han sido parte de mi vida antes de todo esto, y también son una parte importante en mi vida actual.

He escrito este libro porque dos personas me convencieron y puedo garantizar que no se lo puse fácil. Víctor Ruiz, editor de Anaya, y mi amigo Miguel Florido fueron las dos personas que me convencieron para escribir este libro.

He de decir que no lo he visto claro en ningún momento hasta que lo he acabado, y he pensado muchas veces en abandonar.

Víctor ha estado siempre pendiente de mí y ha sido muy paciente en estos años; Miguel es una persona muy importante para mí que me ha animado en todo momento a acabarlo y por eso ha sido la persona que he elegido para el prólogo de este libro.

Los que me conocen saben que soy una persona muy agradecida, nunca me olvidaré de todos aquellos que en algún momento me tendieron una mano en estos años. Ellos saben perfectamente quiénes son, el cariño que les tengo y que estoy aquí para lo que necesiten.

Sobre el autor

Consultor WordPress especializado en WPO, además es cofundador de Raiola Networks, uno de los principales proveedores de *hosting* españoles con operaciones en España y Latinoamérica.

Álvaro Fontela empezó a trabajar con WordPress en su primer trabajo allá por el año 2009. Desde el año 2012 es consultor WordPress y está especializado en la resolución de problemas y en la implementación de soluciones *no-code* o *low-code* utilizando WordPress.

Desde el año 2014 compagina sus labores de CEO y representación en Raiola Networks con su trabajo como consultor WordPress y WPO.

También es *speaker* y promotor de congresos de marketing digital, y profesor de WordPress, WooCommerce y WPO en diversos centros formativos.

Índice de contenidos

Agradecimientos 6
Sobre el autor 7

Prólogo 15

Introducción 17

1. Conocimientos previos y herramientas 19

¿Cualquiera puede crear una web con WordPress? 19
¿Qué necesitamos para crear nuestra primera web con WordPress? 20
¿Qué es un *hosting* y un dominio? 21
¿Qué otras herramientas necesitamos además del *hosting*, el dominio y WordPress? 22
¿Necesitamos instalar algo en nuestro ordenador? ¿Podemos empezar a utilizar WordPress con un *smartphone* o *tablet*? 22
¿Qué son los *plugins* para WordPress? 23
¿Qué son los *themes* o plantillas para WordPress? 24
¿Qué son los *pagebuilders*, maquetadores visuales o constructores visuales para WordPress? 24
¿Comunidad de WordPress? ¿Qué es eso? 25
¿Cuándo necesito un *hosting* y un nombre de dominio? 27

2. Contratar el *hosting* y el dominio 27

¿Qué tipo de *hosting* o alojamiento web necesito? 28
¿Qué dominio o extensión de dominio debo elegir? 28
Contratando el *hosting* y el dominio 30
Empezar a usar el nuevo *hosting* 34

3. WordPress como CMS 39

Introducción a WordPress como CMS 39
WordPress.org vs. WordPress.com 41
Requisitos de WordPress para funcionar 42
Descarga e instalación de WordPress 45
Instalar WordPress de manera automática 45
Instalar WordPress de forma manual 52

4. Conociendo WordPress 63

Acceder al *dashboard* de WordPress 63
Dashboard de WordPress 64
Editor de WordPress: Gutenberg vs. Editor clásico 66
Autoguardado y borradores en WordPress 69
¿Qué son y cómo funcionan las entradas o *posts*? 70
Las categorías en WordPress 72
Las etiquetas en WordPress 73
¿Qué son los Medios? 73
¿Qué son y cómo funcionan las páginas? 75
¿Qué son y cómo funcionan los comentarios? 76
¿Qué podemos hacer dentro de Apariencia? 78
¿Qué podemos hacer en Plugins? 82
Los usuarios en WordPress 84
Los roles y permisos de usuario en WordPress 86
Los misterios de Herramientas 87
Ajustes: Configuración básica de WordPress 87

5. Configuración básica de WordPress 89

Sección Generales de WordPress 89
Sección Escritura de WordPress 93
Sección Lectura de WordPress 94
Sección Comentarios de WordPress 96

Sección Medios de WordPress 102
Sección Enlaces permanentes de WordPress 104
Sección Privacidad de WordPress 106

6. *Themes* y plantillas para WordPress **107**

Los *themes* para WordPress actualmente 108
Theme base con *pagebuilder* 108
Theme simple y código personalizado 109
Theme multipropósito con o sin *pagebuilder* 110
Otras opciones 111
¿Dónde encontrar *themes* para WordPress? 111
Repositorio oficial de WordPress 112
El *marketplace* de ThemeForest 113
La web del desarrollador 113
Precauciones al buscar *themes* para WordPress 114
Cómo instalar un *theme* en WordPress 114
Instalar un *theme* desde el repositorio oficial de *themes* para WordPress 115
Instalar un *theme* desde un archivo ZIP 117
La sección Apariencia del *dashboard* de WordPress 120
Sección Personalizar de WordPress 122
Gestión de menús en WordPress 124
Ajustes del tema de Hello Elementor 125
El editor de archivos de temas 125
Gestión de *widgets* en WordPress 127
Combinando Hello Elementor y Elementor Pro 128

7. *Plugins* para WordPress **131**

Distintos tipos de *plugins* para WordPress 132
¿Dónde encontrar *plugins* para WordPress? 133
Repositorio oficial de WordPress 133
El *marketplace* de CodeCanyon 135
La web del desarrollador 135
Precauciones al buscar *plugins* para WordPress 136
Cómo elegir los *plugins* para tu WordPress 136
Estado de proyecto y actualizaciones del *plugin* 137
Popularidad del *plugin* 138
Compatibilidad del *plugin* 138

Cómo instalar un *plugin* en WordPress 139
Instalar un *plugin* desde el repositorio oficial de *plugins* para WordPress 139
Instalar un *plugin* desde un archivo ZIP 142
Paneles y asistentes postactivación 143
Los paneles de configuración de los *plugins* en WordPress 146

8. Introducción a Elementor 149

¿Qué es un maquetador web o *pagebuilder*? 149
¿Por qué Elementor? 151
Ventajas de Elementor Pro frente a Elementor 152
Instalar y configurar Elementor Pro 154
Comprar Elementor Pro 154
Descargar e instalar Elementor Pro 156
Asistente inicial de Elementor 159
Configuración inicial y recomendaciones 164
Visión general de la sección Plantillas de Elementor 168
Páginas vs. Theme Builder 169

9. Conociendo Elementor 179

Interfaz de Elementor: elementos básicos 179
Secciones, contenedores y columnas 183
Ajustes del editor de Elementor 185
Estructura de página en Elementor 187
Diseño de la estructura contenido en Elementor 189
El cursor y el clic derecho en el editor de Elementor 192
Diseño *responsive* y *mobile first* con Elementor 194
El Navigator del editor de Elementor 196
Ajustes y estilos globales de Elementor 197
Template kits para Elementor 199
¿Dónde encontrar *template kits* para Elementor y cómo instalarlos? 202
Secciones reutilizables o plantillas en Elementor 208
Guardar plantillas o *templates* personalizadas en Elementor 215
Importar y exportar plantillas en Elementor 215
Addons para Elementor: más *widgets* y funcionalidades 218

10. Crear una web con Elementor Pro 221

Primeros pasos antes de maquetar con Elementor 221
Importar un *template kit* en Elementor 222
Activar el editor clásico de WordPress 225
Activar el modo mantenimiento en Elementor 225
Cargar el logo del sitio web en WordPress 229
Crear la estructura de páginas básica en WordPress 231
Empezar a maquetar elementos comunes con Elementor Pro 233
 Maquetar la cabecera con Elementor Pro 234
 Maquetar el pie de página con Elementor 239
Maquetar páginas con Elementor 240
 Maquetar la *home* con Elementor Pro 241
 Maquetar la página de contacto con Elementor Pro 243
Maquetar una página con plantillas de secciones 249
Otras páginas y secciones de un sitio web normal 252
 Maquetar *pop-ups* o ventanas emergentes con Elementor 252
 Maquetar la página de error 404 254
Uso recursivo de plantillas y *shortcodes* en Elementor 256

11. Crear un blog con WordPress y Elementor Pro 259

Maquetar el listado de artículos 263
Maquetar la plantilla de artículo individual 269
Maquetar la plantilla de listado para las categorías 272
Maquetar la plantilla de resultados de búsqueda 274

12. *Plugins* y últimos detalles de tu nuevo sitio web 279

Desactivar el modo mantenimiento en nuestro sitio web 279
Optimizar la velocidad de carga de una web WordPress 280
 Caché de página en WordPress 281
 Optimizar imágenes subidas a WordPress 287
Mejorar la seguridad web en WordPress 296
 Mantener WordPress actualizado 297
 Protección contra ataques de fuerza bruta 298
 Web Application Firewall en WordPress 302
 Proteger los formularios del *spam* 302
 Copias de seguridad en WordPress 304
Ajustar el SEO básico en WordPress 307
¿Quieres seguir aprendiendo sobre WordPress? 311

Prólogo

Soy Miguel Florido, director de la Escuela Marketing and Web, y estoy encantado de hablaros de un grandísimo profesional y una mejor persona.

Conocí a Álvaro a través de un amigo que tenemos en común, y desde entonces sentí un buen *feeling* y nos hicimos muy amigos. Recuerdo una frase que me dijo: "Somos pequeños, pero queremos ayudarte a crecer al mismo tiempo que crece nuestro negocio", y créeme cuando te digo que ha sido así. Cualquier proyecto o necesidad que tenga mi negocio, siempre he contado con él y con su equipo, así que al final somos como una familia.

Álvaro Fontela es un profesional incansable; para mí, es uno de los mejores consultores de WordPress que conozco y un profesional que siempre me ha ayudado a hacer crecer mi negocio (la Escuela Marketing and Web).

El cariño y admiración que le tengo es inmenso; por eso, lo considero alguien de mi familia, es uno de mis hermanos del mundo del marketing digital.

Estoy superorgulloso de que me haya pedido escribir el prólogo de su primer libro.

Álvaro es una persona cercana, sencilla, amigo de sus amigos, auténtico, una persona entre un millón, hace falta más personas cómo Álvaro en el mundo.

A nivel profesional, es literalmente una "bestia parda", no conozco a nadie que pilote tanto y tan bien de WordPress, así que lo que vas a aprender en este curso vale su peso en oro. De hecho, él es profesor de WordPress en diferentes escuelas de marketing, escuelas de negocios y universidades y, cómo no, él es profesor de WordPress en mi escuela desde casi cuando comenzó.

Hace unos años, lo animé a dar ponencias y tenía un miedo escénico terrible y, unido a gran timidez, le suponía un gran reto difícil, pero Álvaro es capaz de superar cualquier reto que se le ponga por delante. Se ha convertido en un comunicador espectacular y ha dado cientos de ponencias por España y diferentes países de Latinoamérica.

Tengo que decirte que es un libro donde mi amigo ha invertido muchas horas para intentar transmitirte toda su experiencia de más de 12 años como consultor WordPress, así que aprovecha al máximo todos y cada uno de sus consejos porque te van a ser súper útiles.

Y, lo más importante, este libro es muy práctico y accionable, así que todo lo que aprendas podrás aplicarlo desde ya a cualquier proyecto futuro.

Si quieres aprender WordPress y quieres hacerlo de la mano de Álvaro Fontela, créeme que estás en buenas manos, espero que no solo aprendas y percibas la gran pasión que tiene mi amigo por este gran CMS como es WordPress.

Disfruta, aprende y comienza a aplicarlos desde el minuto cero para todos tus proyectos web, y es probable que te pase lo mismo que a mí, que la pasión que tiene Álvaro te alcance y luego querrás seguir aprendiendo más de él en el futuro.

Un abrazo desde Valencia.

Miguel Florido

Introducción

WordPress es la herramienta para hacer páginas web más utilizada del mundo, con una cuota de mercado que supera el 43 % a principios del año 2024, según W3Techs.

El porcentaje de cuota de mercado puede sonar a poco, ya que no llega al 50 %, pero se hace grande cuando decimos que el segundo competidor (Joomla) está perdiendo cuota de mercado: a principios del año 2024 bajó del 2 %.

Incluso los SaaS (*Software as a Service*) como Wix o Shopify, que también se podrían considerar alternativas a WordPress, tienen cuotas de mercado bajas si las comparamos con WordPress: rondan el 4 % a principios de 2024.

Cabe destacar que WordPress es *open source* y totalmente gratuito, aunque sus competidores CMS directos (Joomla y Drupal) también lo son.

Incluso los SaaS como Wix y Shopify ofrecen siempre versión gratuita, aunque, en ese caso, no es necesario tener un *hosting* y un dominio para tener nuestro sitio web en Internet, aunque tienen otras limitaciones.

Aun así, WordPress es una solución mucho más utilizada que estas herramientas "todo incluido".

La cuota de mercado de WordPress suele ser suficiente para elegir a WordPress como gestor de contenidos (CMS) para crear un sitio web.

Aunque te pueda parecer un simple número, la cuota de mercado, indirectamente, nos va a garantizar "recursos" para crear nuestro sitio web sin necesidad de saber programar.

Esto es gracias a la gran comunidad que tiene WordPress, ya que la comunidad es la encargada de que el ecosistema WordPress funcione y siga creciendo sin parar.

1 Conocimientos previos y herramientas

El mundo web avanza muy rápido, hace unos años era completamente imposible que alguien que no fuera programador le diera forma a una web profesional.

Actualmente todo ha cambiado; las herramientas actuales nos permiten crear páginas web avanzadas y dinámicas, incluso con poca experiencia y práctica podremos dedicarnos profesionalmente a crear y administrar páginas web sin necesidad de saber programar.

En el año 2014 empezó a extenderse el concepto *no-code* o *low-code*, una filosofía digital que permite que cualquier persona sin conocimientos técnicos avanzados pueda crear aplicaciones y programas mediante programación sin código o programación visual.

WordPress nació en el año 2004, pero, desde el año 2012, aparecieron ciertas herramientas y complementos que nos permitieron aplicar la filosofía *no-code* y *low-code* a WordPress, mejorando su curva de aprendizaje.

Una vez dicho esto, vamos a hacernos unas preguntas.

¿Cualquiera puede crear una web con WordPress?

La respuesta corta es sí, aunque debemos tener en cuenta que, si no tenemos conocimientos previos sobre WordPress, no podemos tener prisa a la hora de crear nuestros primeros sitios web.

Tampoco podemos esperar obtener unos resultados perfectos y totalmente profesionales en las primeras páginas web que montemos.

Controlar correctamente una herramienta requiere tiempo y práctica, implica ir viendo con qué recursos contamos y cómo nos pueden facilitar la tarea.

No te voy a engañar; si hoy empiezas a experimentar con WordPress, no vas a crear tu web o blog con un resultado profesional en un fin de semana, pero puede que lo hagas en un mes si le dedicas el tiempo suficiente.

Si lo que buscas es crear páginas web complejas y dinámicas con WordPress, tengo que decirte que, aunque no es necesario saber programar, necesitas mucho más tiempo y práctica, incluso vas a necesitar ciertos conocimientos técnicos.

Como dice el refrán: "Las casas no se empiezan por el tejado", necesitas primero hacer unas cuantas páginas web simples y estáticas con WordPress para poder hacer otras complejas y dinámicas.

A modo de ejemplo, podemos decir que una web corporativa o una web de marca personal con blog son páginas web estáticas simples. Sin embargo, una tienda *online* creada con el *plugin* WooCommerce ya podría considerarse un ejemplo de web dinámica un poco más compleja.

¿Qué necesitamos para crear nuestra primera web con WordPress?

Antes de nada, debemos tener claro lo que es WordPress, aunque esto lo vamos a ver en el siguiente capítulo con más calma.

Otra cosa que necesitaremos es un *hosting* y un dominio. Si no sabes lo que es un *hosting* y un dominio, no te preocupes, te lo explico en el siguiente punto.

Normalmente, el dominio y el *hosting* van en *pack*, ya que los proveedores de *hosting* o alojamiento web los venden conjuntamente, aunque pueden ser comprados por separado.

Para instalar WordPress, algo que veremos en el capítulo 3, lo primero que necesitamos es un *hosting* y un dominio.

También podemos instalar WordPress en un servidor web local en nuestro ordenador de casa, pero no es una solución "practica" si después queremos que el sitio creado esté 24/7 disponible para nuestros visitantes.

¿Qué es un *hosting* y un dominio?

Siendo yo CEO y cofundador de uno de los principales proveedores de *hosting* de habla hispana, podría extenderme mucho en la definición de *hosting* o alojamiento web, pero voy a intentar sintetizarlo.

Un *hosting* es un espacio en un servidor, que no deja de ser un ordenador que está preparado específicamente para dar un servicio 24/7, en este caso el servicio es el alojamiento web.

Este ordenador o servidor está ubicado en un centro de datos, un lugar donde los servidores están conectados a varias acometidas eléctricas, a múltiples conexiones a Internet y hasta hay generadores eléctricos por si hay un apagón. En un centro de datos (CPD) está todo duplicado para garantizar que los servidores nunca se apagan bajo ninguna circunstancia.

¿Entiendes ahora por qué no es práctico que tengas tu servidor local en tu casa? Los centros de datos están preparados para eso y no hay uno, sino cientos de miles de servidores.

Por otro lado, tenemos el dominio o nombre de dominio, que es el nombre que tendrá tu web en Internet.

Podemos comparar el dominio con un número de teléfono, ya que, sin entrar en detalles técnicos, es el "identificador fácil de recordar" que se usa para decirle al navegador a qué servidor (IP) queremos acceder.

Aunque lo veremos más adelante, los nombres de dominio se registran (alquilan) anualmente y los alojamientos web se pueden alquilar desde mensualmente hasta el periodo de tiempo que se quiera pagar.

Por lo general, los principales proveedores de alojamiento web venden el *pack* de ambos productos durante un año para facilitar la gestión.

Antes de terminar, es importante añadir que *hosting* y alojamiento web significan exactamente lo mismo, siendo términos en inglés y español respectivamente. Lo que ocurre es que se usan indistintamente, ya que en la jerga web de habla hispana se tiende a utilizar más la palabra "*hosting*".

¿Qué otras herramientas necesitamos además del *hosting*, el dominio y WordPress?

En este libro te voy a enseñar cómo crear un sitio web utilizando WordPress con el maquetador visual Elementor, por lo que otra herramienta que vas a necesitar es Elementor Pro, aunque de esto ya hablaremos más adelante.

Elementor Pro es una herramienta que nos permitirá diseñar nuestro sitio web aplicando la filosofía *no-code* de la que ya hemos hablado, es decir, sin necesidad de programar o de tener conocimientos técnicos, todo de forma muy visual.

Desde el año 2012 han aparecido unos cuantos *pagebuilders* o maquetadores visuales para WordPress, que nos ayudan a crear páginas web arrastrando y soltando elementos en la pantalla, pero Elementor Pro es de los más fáciles de utilizar y de los más potentes a la hora de crear tanto páginas web simples como dinámicas.

Como herramienta, Elementor te va a facilitar mucho el trabajo de creación y te va a simplificar la curva de aprendizaje. Y, cuando ya tengas práctica y estés creando sitios web de manera ágil, Elementor te ayudará a agilizar el flujo de trabajo.

¿Necesitamos instalar algo en nuestro ordenador? ¿Podemos empezar a utilizar WordPress con un *smartphone* o *tablet*?

En primer lugar, quiero decirte que necesitas un ordenador sí o sí, no te servirá con un móvil o *tablet*.

Puedes seguir los pasos que vamos a comentar en el libro con cualquier ordenador, independientemente del sistema operativo y la potencia.

Las aplicaciones que vamos a utilizar a nivel escritorio no requieren mucha potencia y están disponibles para todos los sistemas operativos o existen alternativas idénticas.

De primeras, puedes necesitar estas dos herramientas:

- ✔ Filezilla como cliente FTP para poder subir archivos al *hosting*, aunque también explicaremos cómo hacerlo con un gestor de archivos web (File Manager).
- ✔ Notepad++ para editar archivos de configuración, aunque también podemos utilizar el Notepad básico de Windows o cualquier otra herramienta simple para editar archivos de texto. Lo que no te recomiendo es abrir un archivo PHP con un editor como Microsoft Word, que puede ser problemático.

Creo que no es necesario recordar que vas a necesitar que tu ordenador esté conectado a Internet.

No necesitarás mucho ancho de banda o una conexión muy rápida, aunque es preferible que uses una conexión por cable (fibra o ADSL) en lugar de una conexión móvil (3G, 4G o 5G).

También vas a necesitar un buen navegador web instalado en tu ordenador. Mi recomendación personal es Google Chrome, aunque podemos elegir cualquier navegador web actualizado que tengamos instalado en nuestro ordenador.

¿Qué son los *plugins* para WordPress?

He querido hablar en este capítulo de introducción de los *plugins* debido a que para mí son un componente fundamental en el ecosistema WordPress y es imposible empezar a explicar cómo funciona WordPress sin mencionarlos directamente.

Con los *plugins* podemos añadir funcionalidades muy interesantes a nuestro sitio web sin necesidad de saber programar y, en la mayoría de los casos, sin necesidad de tener conocimientos técnicos.

Por definirlos de algún modo, los *plugins* son como programas pequeños que se le añaden a WordPress y que nos permiten añadir esas funcionalidades. La mayoría de los *plugins* tienen su propia configuración y añaden sus propios elementos al panel de control de WordPress.

Actualmente, existen *plugins* para hacer casi cualquier cosa en WordPress y son muchos los desarrolladores PHP que se dedican profesionalmente a crear *plugins* para que otros usuarios sin conocimientos técnicos puedan crear sin programar utilizando este CMS.

¿Qué son los *themes* o plantillas para WordPress?

En el punto anterior hemos hablado de los *plugins* y de su utilidad para añadir funcionalidades a nuestro sitio web sin programar.

Los *themes*, por su parte, nos permiten añadir una apariencia concreta a nuestro WordPress, pero también sin programar. Normalmente se utilizan paneles de opciones e incluso editores de "arrastrar y soltar" para que un usuario sin conocimientos técnicos sea capaz de darle la apariencia que quiera a su sitio web.

Aunque los *themes* ahora mismo están pivotando en dirección a la edición completa del sitio web usando un *pagebuilder* o maquetador visual, todavía existen muchos *themes* que no usan constructor visual.

Quiero destacar también que, en un entorno más profesional, a los *themes* no se les suele llamar "plantillas", sino directamente *themes*.

¿Qué son los *pagebuilders*, maquetadores visuales o constructores visuales para WordPress?

Los *pagebuilders* tienen muchos nombres, aunque en la jerga profesional del diseño web con WordPress se les conoce como *pagebuilders*; yo, cuando tengo que explicar lo que son, los llamo maquetadores visuales.

Todavía recuerdo cuando apareció el primer *pagebuilder* de uso común: Visual Composer. Era el año 2014 aproximadamente, y supuso un cambio importante en la forma de trabajar, además permitió que ciertos perfiles con pocos o ningún conocimiento técnico pudieran crear sitios web profesionales con WordPress.

La principal ventaja de los *pagebuilders* es que, mediante un sistema *drag and drop* o "arrastrar y soltar", nos permiten colocar los elementos típicos de una web, justo donde nosotros queramos en la interfaz de la web e incluso personalizarlos tanto en apariencia como en diseño.

Aunque Gutenberg es el *pagebuilder* nativo de WordPress y viene instalado en WordPress de forma nativa, nosotros en este libro no vamos a hablar de Gutenberg, sino de Elementor, el *pagebuilder* más utilizado para WordPress y que, según mi experiencia, tiene una curva de aprendizaje más fácil para alguien que está empezando a crear sitios web.

Los *pagebuilders* actuales se han convertido en un punto intermedio entre *plugin* y *theme*: algunos se distribuyen en formato *plugin*, como Elementor, pero otros se distribuyen en formato *theme* o plantilla, como Bricks Builder.

En el caso de Elementor, instalaremos el *plugin* Elementor y también un *theme* base que nos servirá de "esqueleto" para crear todas las partes de una web con el *pagebuilder*.

¿Comunidad de WordPress? ¿Qué es eso?

Como ya he comentado en la introducción de este libro, la cuota de mercado de WordPress es la principal razón para decantarse por WordPress, pues, precisamente, la razón por la que existen tantos *plugins* y *themes* para WordPress es la cuota de mercado.

Para entender esto, simplemente tenemos que aplicar la lógica.

Si un desarrollador PHP o un diseñador web acostumbrado a trabajar con CSS tiene que elegir entre crear complementos de pago para un CMS que tiene una cuota de mercado del 43 % o hacerlo para otro CMS que tiene una cuota de mercado del 2 %, ¿cuál crees que elegirá? Creo que la respuesta es obvia.

Por otro lado, los integrantes de la comunidad de WordPress no solo desarrollan *plugins* y *themes*, sino que también traducen WordPress y sus *plugins* a muchísimos idiomas.

Y no solo eso, sino que se organizan dos tipos de eventos donde los integrantes de la comunidad de WordPress comparten ideas, aprenden unos de otros y crean sinergias entre ellos: las *meetups* y las WordCamps.

Siempre digo lo mismo cuando hablo de esto: si comparamos la comunidad de cualquier gestor de contenidos con la de WordPress, podemos ver que no llega ni al 1 % de lo que representa la de WordPress.

2 Contratar el *hosting* y el dominio

En el capítulo anterior, hemos explicado brevemente lo que es el *hosting*; sin embargo, no hemos entrado en un punto importante: ¿cómo contratarlo?

En este capítulo vamos a ver qué *hosting* necesitas y cómo contratarlo.

Vamos a realizar el proceso de contratación en Raiola Networks, uno de los principales proveedores de alojamiento web hispano, empresa de la que soy CEO y cofundador.

¿Cuándo necesito un *hosting* y un nombre de dominio?

Aunque hay mucha gente que desarrolla su sitio web en un servidor local antes de subirlo a su *hosting* definitivo, lo cierto es que esto puede llegar a ser un problema para ti si no tienes los suficientes conocimientos para migrar ese sitio web de local al nuevo *hosting* al terminar.

Como en este libro vamos a tratar de simplificar y agilizar las cosas para que al finalizar puedas tener tu web funcionando, vamos a instalar directamente el WordPress en un *hosting* con el dominio final.

Por esta razón, necesitaremos el *hosting* antes de instalar WordPress, es decir, para seguir paso a paso lo que te cuento en el libro, deberías contratarlo al finalizar este capítulo.

¿Qué tipo de *hosting* o alojamiento web necesito?

Es muy fácil perdernos a la hora de elegir un *hosting* para nuestra web, pero, si estamos empezando y estamos a punto de crear nuestro primer sitio web, con un *hosting* compartido nos sirve.

Términos como *hosting* elástico, *cloud hosting*, servidor dedicado, servidor VPS y demás los encontrarás en las páginas web de la mayoría de proveedores de alojamiento web, pero tú lo que necesitas para empezar sin gastarte mucho dinero es un *hosting* compartido compatible con WordPress.

Dentro de los *hostings* compartidos, existen planes con más potencia y con menos. Al principio, con el plan menos potente de cualquier proveedor te servirá, salvo en proveedores *lowcost*, que tienen otra "vara de medir".

Como ya he comentado, en el ejemplo que vamos a explicar aquí, vamos a realizar el proceso de contratación de *hosting* y dominio en Raiola Networks y, para ello, como soy el CEO de la empresa, he preparado una *landing* con el plan de *hosting* compartido especializado en WordPress que te recomiendo para empezar: `https://raiola.link/empezarconwordpress`.

Además, por estar leyendo este libro, tienes un descuento del 30 % y dominio gratis en la contratación de tu *hosting* anualmente.

¿Qué dominio o extensión de dominio debo elegir?

Como ya te he comentado en la introducción del capítulo anterior, durante la introducción, normalmente el *hosting* y el dominio se contratan juntos, es decir, en *pack*.

Además, se suelen contratar ambos por un periodo mínimo de un año: el dominio porque es obligatorio contratarlo mínimo durante un año, y el *hosting* porque, si creas una web, normalmente no vas a querer que se borre al segundo mes, ya que, en el momento que dejes de pagar uno de los dos, tu web desaparecerá de Internet.

En cualquier caso, el tiempo estándar de contratación mínimo es 1 año para ambos servicios, y es más fácil encontrar ofertas y buenos precios al contratarlos de esa forma.

Actualmente, existen muchas extensiones de dominio que podemos utilizar. Por un lado, tenemos las de toda la vida (.com, `.es`, `.info`, `.org`, `.net`) y, por otro, tenemos muchas otras nuevas que han aparecido en los últimos años y que han tenido muy buena acogida (`.club`, `.online`, `.top` y muchos más).

Hoy en día, podemos registrar dominios con miles de extensiones y elegir una u otra extensión dependiendo de la finalidad de nuestra web, el sector al que se dirige nuestra web, a que público se orienta nuestra web geográficamente e incluso puede haber algunas variables más.

No voy a entrar en el tema de cuál es la mejor extensión de dominio para cada caso, ya que influyen mucho los gustos personales. Mis favoritas son las extensiones de toda la vida (`.com`, `.es`, `.info`, `.org`, `.net`) y, salvo casos muy específicos, no suelo registrar dominios con otras extensiones.

> **Nota:** Aunque hay muchos dominios registrados con las extensiones tradicionales de primer nivel, siguen existiendo muchos dominios libres que podemos registrar para nuestro proyecto web.

Volviendo al tema de qué dominio o extensión de dominio debes registrar, te recomiendo que tengas en cuenta lo siguiente:

- ✔ Debe ser fácil y simple de recordar y de escribir.
- ✔ Ten en cuenta que no lo vas a cambiar en muchos años.
- ✔ Evita los números, los guiones y ciertos caracteres especiales como la "ñ".

En cuanto a las extensiones, ten en cuenta que ciertas terminaciones más exclusivas como, por ejemplo, `.juegos` son más caras y otras muchas pueden tener requisitos especiales como por ejemplo los `.cn` de China, que requieren que sean registrados a nombre de un residente chino.

Aunque pueda parecer difícil, realmente es muy sencillo ya que solo tienes que utilizar la herramienta de registro que vamos a ver en la siguiente sección para comprobar si un nombre de dominio está libre.

Incluso también puedes comprobarlo a través de esta página en la web de Raiola Networks: `https://raiola.link/dominios`.

Contratando el *hosting* y el dominio

No vamos a darle más vueltas, vamos a empezar con la contratación. Lo primero que debemos hacer es ir a este enlace, donde nos aparecerá algo similar a lo que podemos ver en la figura 2.1: `https://raiola.link/empezarconwordpress`.

Figura 2.1. *Landing* de descuento de Raiola Networks.

Como puedes ver, solo hay un plan de *hosting*, que es el que yo te recomiendo, ya que es el más barato y será suficiente para empezar, además de ser fácil de ampliar en el futuro si quieres tener más de 2 sitios web o si tu web tiene tantas visitas que necesita más potencia.

Hacemos clic en el botón Contratar y comenzaremos con el asistente de contratación. Recuerda que vamos a contratar el *hosting* y el dominio a la vez.

Por este motivo, debes introducir el nombre de dominio que quieres para tu primer sitio web en el formulario que se muestra en la figura 2.2.

Si el dominio está disponible, te saldrá un mensaje en verde de confirmación.

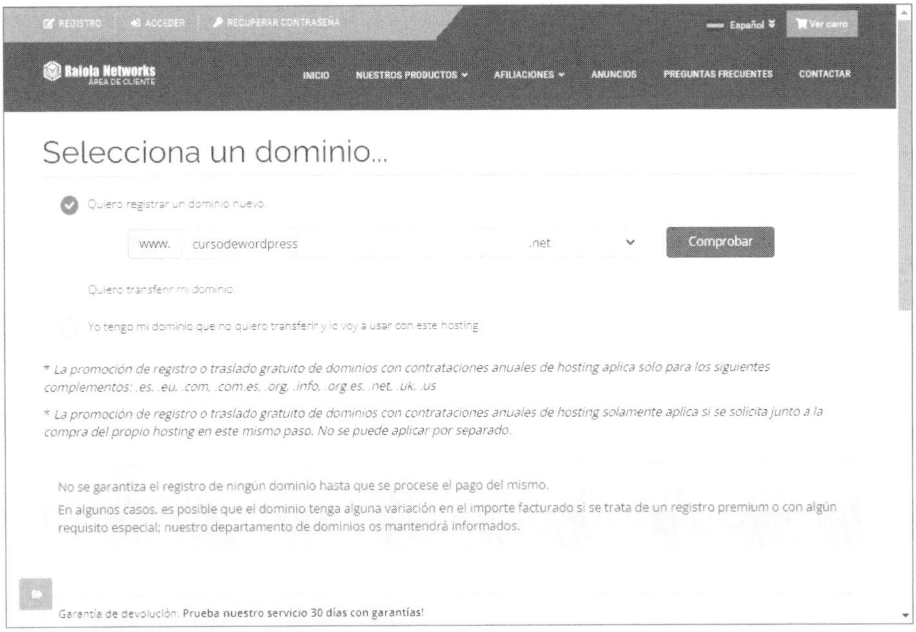

Figura 2.2. Registro de un dominio con Raiola Networks.

Incluso te dejará añadir al carrito otras extensiones del mismo dominio, por si quieres "protegerlas" para que nadie las registre. En este caso, solo vamos a registrar el dominio que buscamos, el principal de nuestra web.

Para continuar con el proceso, haz clic en el botón Continuar. En caso de que saliera que el dominio no está disponible, tendrías que volver a realizar la búsqueda modificando alguna parte del dominio, añadiendo algo o cambiando la extensión.

Como puedes ver en la figura 2.3, ahora nos aparecerá una pantalla con un resumen de las características del plan de *hosting* que vamos a contratar y, debajo de todo, tendremos dos selectores que no debemos tocar.

El primero indica que vamos a contratar el plan de *hosting* durante 12 meses y el segundo que no queremos preinstalar ningún CMS, ya que, en este caso, para que veas cómo hacerlo, instalaremos WordPress posteriormente.

Sin tocar nada, hacemos clic en el botón Continuar para avanzar al siguiente paso del asistente.

En la siguiente pantalla, llamada Configuración de dominios, debemos pasar sin tocar nada, dejando la configuración por defecto y directamente buscando el botón Continuar que hay debajo de todo.

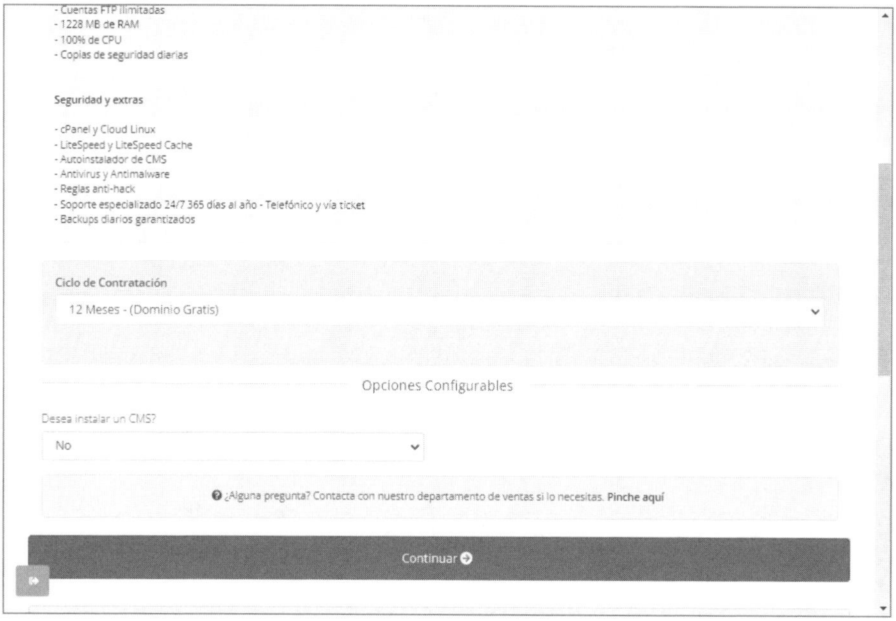

Figura 2.3. Proceso de contratación de *hosting* anual con Raiola Networks.

Y esto nos llevará al resumen final que puedes ver en la figura 2.4, donde debemos revisar que todo está correcto y que el descuento se ha aplicado correctamente.

Si todo está bien, hacemos clic en el botón Pagar ahora. Al no estar registrados nos llevará a una pantalla donde debemos dejar nuestros datos para darnos de alta como clientes en Raiola Networks.

Recuerda que los datos deben ser correctos, estar actualizados y ser reales, por temas legales.

Cuando acabemos de rellenar los datos, debemos elegir a través de qué pasarela de pago debemos realizar este, tal y como puedes ver en la figura 2.5.

Ciertas pasarelas de pago pueden no estar disponibles en todos los países. Por otro lado, algunas pasarelas de pago pueden aplicar ciertos cargos.

Después de elegir la pasarela de pago a través de la que queremos pagar, simplemente marcamos la casilla de aceptación de las condiciones de contratación y hacemos clic en el botón Completar el pedido.

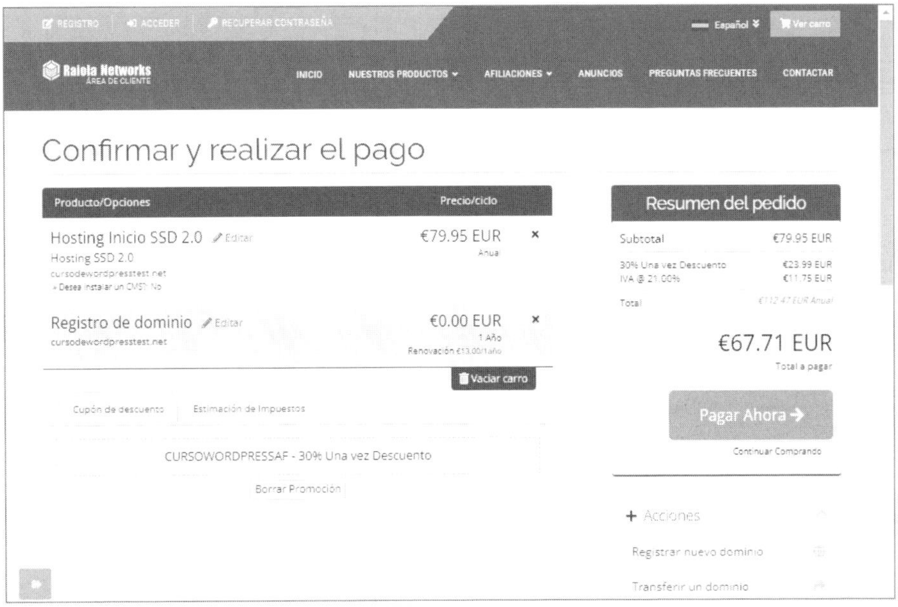

Figura 2.4. Resumen de pedido en la contratación de un *hosting* y un dominio con Raiola Networks.

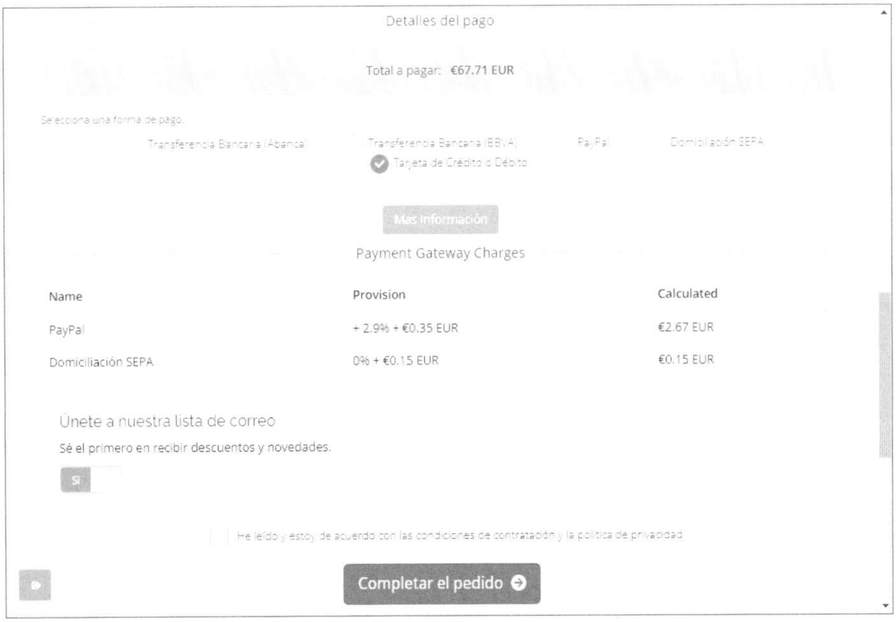

Figura 2.5. Paso final en el proceso de contratación de un *hosting* con Raiola Networks.

A partir de aquí el proceso depende de que método de pago elijas:

- ✔ Si has elegido transferencia bancaria, te saldrá una pantalla con las instrucciones para realizar el pago por transferencia.
- ✔ Si has elegido PayPal, Stripe o tarjeta de crédito, serás redireccionado a la pasarela de pago correspondiente.

Una vez que se ha confirmado el pago, van a pasar dos cosas:

- ✔ Si entras a tu área de clientes con los datos que has configurado durante la contratación, podrás ver tu nuevo producto activo.
- ✔ Te habrá llegado un correo electrónico al buzón de correo que has puesto durante la contratación con los datos de acceso a tu nuevo *hosting*.

En este punto, debes tener muy en cuenta una cosa: algunas extensiones como él `.es` pueden tardar hasta 12 horas en activarse. Esto no depende del proveedor, sino del organismo oficial que gestiona esa extensión de dominio.

¿Qué quiere decir esto? Pues que si has registrado un dominio `.es` vas a tener que esperar como máximo 12 horas para seguir con la instalación de WordPress.

No te lo he dicho antes porque no quería que este detallito condicionara el registro de tu nuevo dominio. Realmente, si quieres usar una extensión de dominio `.es` en tu sitio web, merece la pena esperar las horas y no condicionarse por eso.

Recuerda que, si has tenido algún problema durante esta fase final, bien porque no te han llegado los datos o bien porque no consigues entrar en tu área de cliente, siempre puedes contactar con el departamento de proveedor de alojamiento.

En este caso, el de Raiola Networks lo puedes encontrar en este enlace: `https://raiola.link/contactaconraiola`.

Empezar a usar el nuevo *hosting*

Seguimos con el proceso suponiendo que ya tienes el *hosting* activo y el dominio funcionando.

¿Cómo puedes comprobar que tu *hosting* y dominio están funcionando? Pues porque al meter tu nuevo dominio en el navegador web (en Google Chrome por ejemplo) te saldrá una pantalla como la que puedes ver en la figura 2.6.

Ahora solo nos falta entrar al panel de control `cPanel` para empezar a usarlo.

Figura 2.6. Página por defecto de un *hosting* recien contratado en Raiola Networks.

Tenemos dos formas de hacer esto: una de ellas es utilizando los datos que tenemos en el email de nueva cuenta que nos habrá llegado, similar al que puedes ver en la figura 2.7.

Información de la cuenta

Plan de hosting: **Hosting Pro SSD 2.0**

Dominio: .net

Precio del primer pago:

Precio recurrente:

Ciclo de facturación:

Fecha de renovación: -

Datos de acceso

Usuario:

Contraseña:

Panel de administración: https://com1009.raiolanetworks.es:2083/

Una vez que el dominio se haya propagado, puede acceder desde https:// :2083/

Información del servidor

Nombre del servidor: **COM1009**

Dirección IP del servidor: **178.211.133.19**

Si vas a usar un dominio ya existente con tu nueva cuenta de hosting, será necesario que actualices los servidores de nombre del dominio para usar los que se muestran a continuación:

Nameserver 1: dns1.raiolanetworks.es (138.68.123.207)

Nameserver 2: dns2.raiolanetworks.es (52.17.24.175)

Nameserver 3: dns3.raiolanetworks.es (5.135.120.99)

Figura 2.7. Ejemplo de email de bienvenida en un *hosting* recién contratado en Raiola Networks.

En la figura anterior puedes ver un email de ejemplo, aunque he tapado los datos por motivos de seguridad.

Debes escribir en el navegador la URL que he marcado en la figura 2.7 como **Panel de administración**; con esto, debería aparecerte una pantalla de autentificación, y ahora tienes que usar el usuario y la contraseña que también he marcado para acceder a tu **cPanel**.

Otra forma es a través del área de clientes de Raiola Networks, utilizando los datos (email y contraseña) que hemos proporcionado durante la primera parte del proceso de compra.

Puedes entrar al área de clientes directamente desde aquí: `https://raiola.link/clientes`.

Cuando estés dentro, después de autentificarte con tu email y contraseña, podrás ver algo similar a lo que se muestra en la figura 2.8.

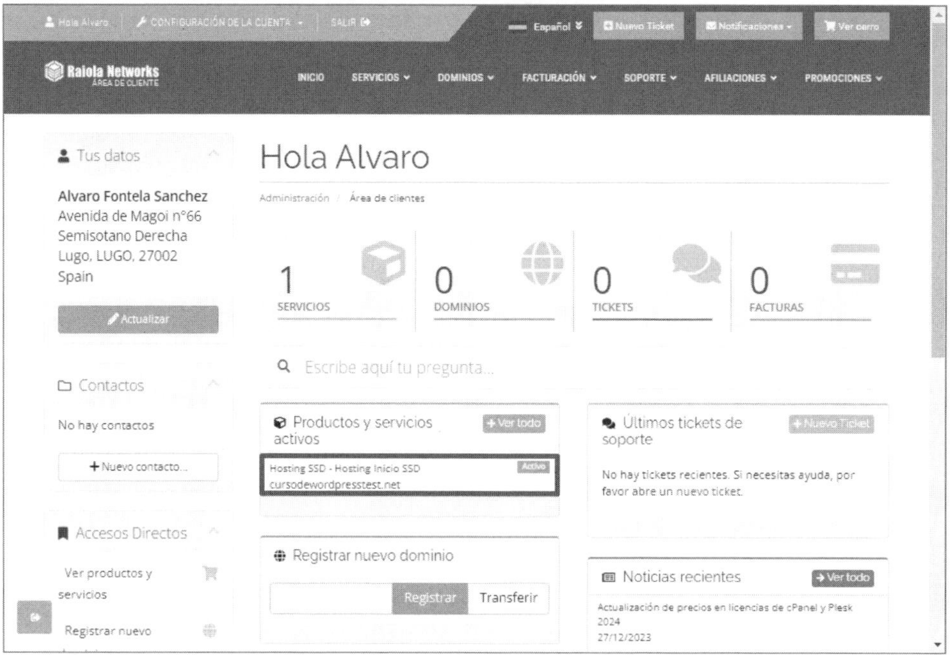

Figura 2.8. Área de clientes de Raiola Networks.

Para continuar, hacemos clic sobre el único plan de *hosting* que tendremos contratado. Aunque yo en mi cuenta tengo varios planes de *hosting*, he elegido como ejemplo el primero.

No te preocupes por el nombre de dominio; al contratar el *hosting* y el dominio al mismo tiempo, el dominio se enlazará automáticamente con el *hosting* y tú no tendrás que preocuparte por nada más en este aspecto.

Cuando hacemos clic en el producto, que, como hemos visto antes, al ser tu primera web es el único plan de *hosting* contratado, iremos a la ficha del producto y nos desplazamos por la pantalla para bajar hasta el final de la ficha de producto, como se muestra en la figura 2.9.

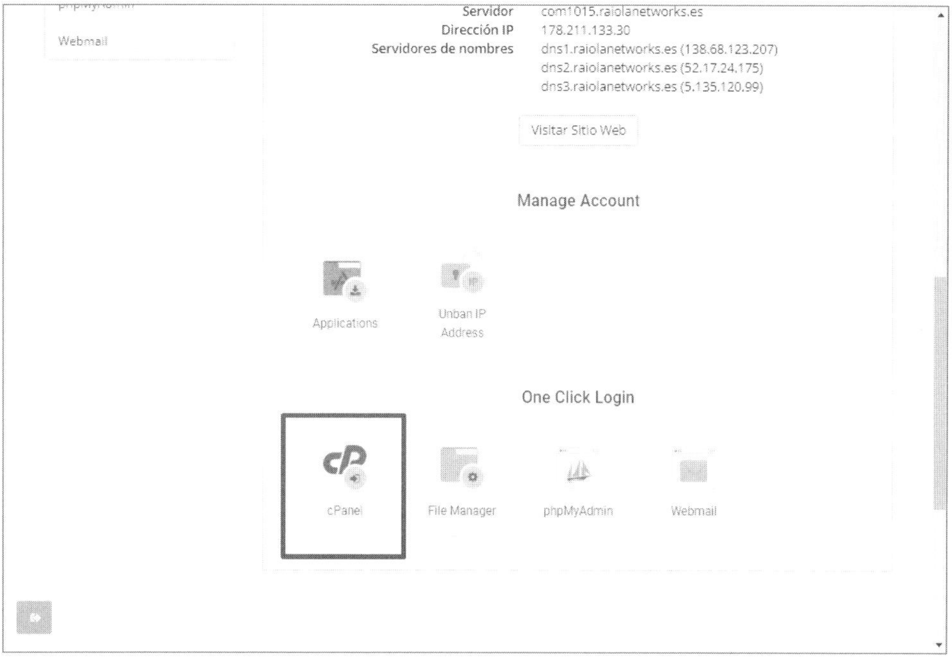

Figura 2.9. Ficha de producto en el área de clientes de Raiola Networks.

Nos encontraremos el botón **cPanel**, el cual he marcado en la figura anterior. Hacemos clic sobre él y podremos ver en pantalla algo similar a lo mostrado en la figura 2.10.

Pues bien, este es el panel de control de tu *hosting*. Desde aquí vas a gestionar todo lo que tiene que ver con tu web WordPress, pero también con tus cuentas de correo electrónico corporativas (con el nombre de dominio de tu web) e incluso, dependiendo del plan de *hosting* contratado, vas a poder tener más de un sitio web WordPress en el mismo *hosting*.

Figura 2.10. Panel de control cPanel para administrar un *hosting*.

Con esto, ya podemos empezar con la introducción a WordPress, porque ya podremos comenzar a darle forma a nuestro sitio web en nuestro nuevo *hosting*.

3 WordPress como CMS

Introducción a WordPress como CMS

Por fin vamos a sumergirnos de lleno en WordPress, mi tema favorito.

En primer lugar, vamos a explicar lo que es WordPress. En los primeros capítulos nos hemos referido a él como CMS o gestor de contenidos, pero no hemos explicado exactamente lo que es un gestor de contenidos o un CMS.

WordPress es un CMS, que son las siglas de *Content Management System*, lo que en español vendría a ser un gestor de contenidos web.

Un CMS nos permite publicar, gestionar, editar y eliminar contenidos digitales en Internet sin necesidad de saber programar ni maquetar.

El papel de los CMS es que perfiles con pocos conocimientos técnicos puedan subir contenidos a Internet sin preocuparse por la parte técnica, utilizando un panel web o *dashboard* que simplifique el proceso y lo haga fácil.

Cuando me subo a un escenario a hablar de WordPress como CMS y como herramienta para marketing digital, siempre digo esto:

WordPress como CMS ha sido el principal factor que ha iniciado la "democratización de Internet".

Con esto quiero decir que WordPress al ser el CMS más utilizado ha sido el principal "culpable" de que cualquiera pueda subir su contenido a Internet sin necesidad de tener conocimientos técnicos.

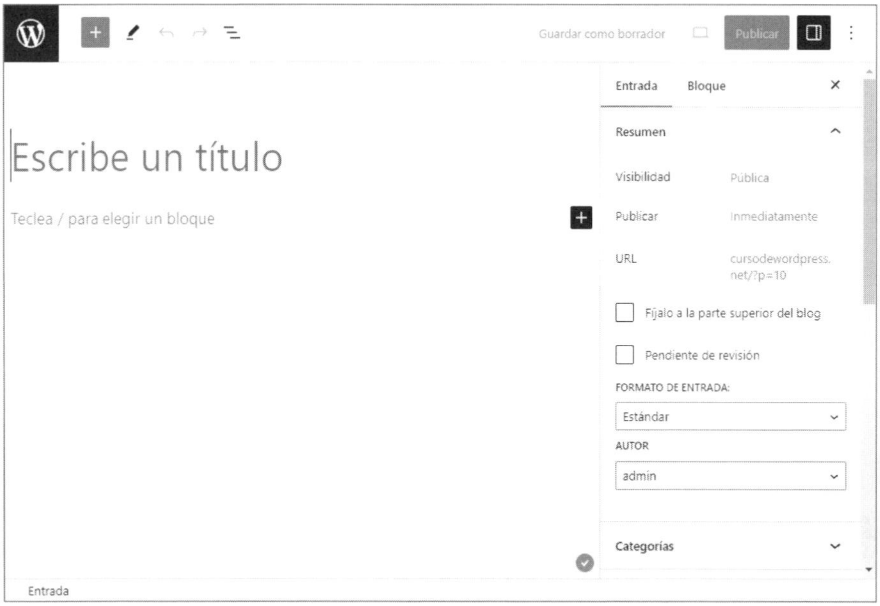

Figura 3.1. Editor de contenidos de WordPress.

Hace unos años, si querías tener tu contenido en Internet, independientemente del objetivo, tenías que crear tú mismo la página web o contratar a alguien con esos conocimientos para crearla.

Volviendo a centrarnos en WordPress, podemos decir que nació en el verano de 2003 a partir del sistema para crear blogs b2/cafelog.

Sus desarrolladores Matt Mullenweg y Ryan Boren lo crearon como código abierto en un momento en el que la principal alternativa en ese momento, Movable Type; comenzó a monetizarse. Es decir, llegaron en el momento perfecto.

Pero el WordPress que conocemos actualmente no es el WordPress del año 2014, ni tan siquiera se le parece al WordPress de 2010.

¿Qué ha diferenciado siempre a WordPress de otros CMS? Como te imaginarás, WordPress no es el único CMS, ya que existen más alternativas y, aunque en su momento las cuotas de mercado estaban mucho más repartidas, poco a poco con el paso de los años las otras opciones han perdido importancia.

Aunque en su día Joomla y Drupal eran sólidas alternativas a WordPress en el campo de los CMS, hoy en día su cuota de mercado es totalmente residual y disminuye cada año.

Pero volvamos a replantear la pregunta: ¿en qué se han diferenciado siempre Joomla y Drupal de WordPress? Pues la respuesta podría resumirse en esta palabra: comunidad.

Aunque esto ya lo comentamos en la introducción, quiero subrayarlo, ya que la principal diferencia de WordPress con otros CMS *open source* y gratuito es la comunidad.

WordPress siempre ha basado su crecimiento y desarrollo en la comunidad. Y, gracias a esto, los desarrolladores de la comunidad han creado complementos (*plugins* y *themes*) y han realizado traducciones, hasta hacer que WordPress fuese un CMS único, convirtiendo un CMS para blogs en un completo *framework* para crear aplicaciones web utilizando la filosofía *no-code*.

Dicho de otra forma, lo que en el año 2004 nació como un CMS para blogs hoy en día es un *framework* de creación de aplicaciones que te permitirá crear cualquier tipo de web sin necesidad de saber programar o con unos conocimientos técnicos mínimos si quieres crear algo complejo.

WordPress.org vs. WordPress.com

Esta es una de las principales preguntas que me hacen siempre. ¿Cuál de las dos opciones utilizo? ¿WordPress.org o WordPress.com? La respuesta es clara: el CMS es WordPress.org.

WordPress.com es un SaaS nacido en 2005 mantenido por Automattic para usuarios que no quieren tener que instalar WordPress.org en un *hosting*, aunque WordPress.com también tiene planes de pago, como puedes ver en la figura 3.2.

El problema es que WordPress.com tiene desventajas considerables y relevantes frente a WordPress.org, lo que hace que en la gran mayoría de casos no cuente como opción.

Aunque WordPress.com ofrece paquetes de pago donde puedes implementar tu propio dominio y han mejorado mucho en cuanto a sus limitaciones de configuración, sigue teniendo restricciones importantes si lo comparamos con WordPress.org instalado en un alojamiento web.

En este libro solo vamos a hablar de WordPress.org; puede que algunas cosas coincidan con WordPress.com, pero es porque ambos comparten la mayor parte de la interfaz del panel de administración.

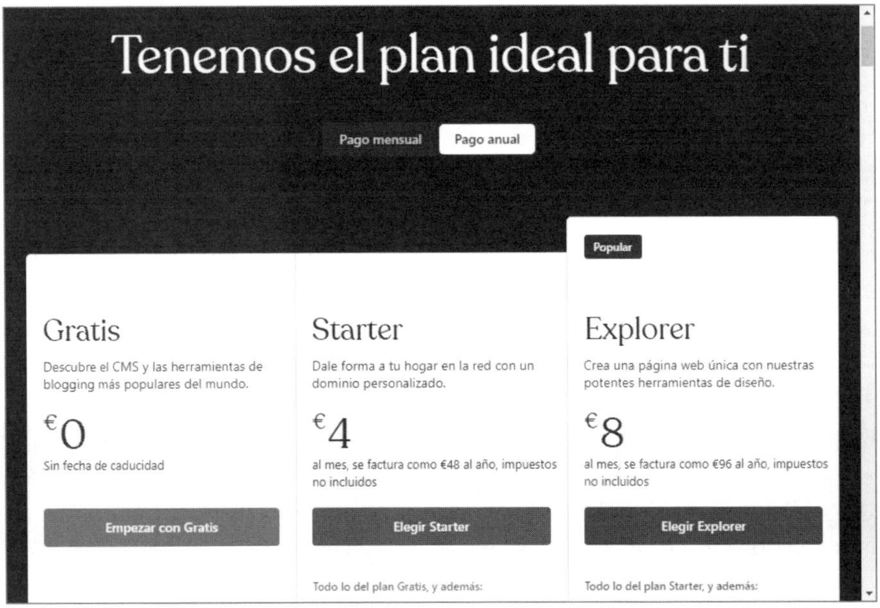

Figura 3.2. Página de precios de WordPress.com.

Requisitos de WordPress para funcionar

En este punto deberíamos tener ya claro que vamos a utilizar WordPress.org y que necesitamos un *hosting* y un dominio para funcionar.

Aunque actualmente el 99,9 % de los servicios de *hosting* compartido, por no decir todos, son compatibles con WordPress, debemos recordar que WordPress tiene unos requisitos mínimos para funcionar.

Además de los requisitos mínimos que podemos encontrar en su sitio web oficial, yo te voy a recomendar cumplir otros para que tu web funcione bien, cargue rápido y no tengas ningún problema por saturación del *hosting*.

Podríamos pensar que los requisitos mínimos van cambiando versión a versión, pero no, no suelen cambiar. En la web de WordPress.org nos encontramos estos requisitos mínimos que puedes ver en la figura 3.3 y en la web oficial: `https://wordpress.org/about/requirements/`.

Como puedes ver, simplemente con un servidor web compatible con HTTPS y compatible con PHP 7.4 o superior y un motor de bases de datos MySQL o MariaDB en una de sus últimas versiones, ya cumpliríamos los requisitos mínimos.

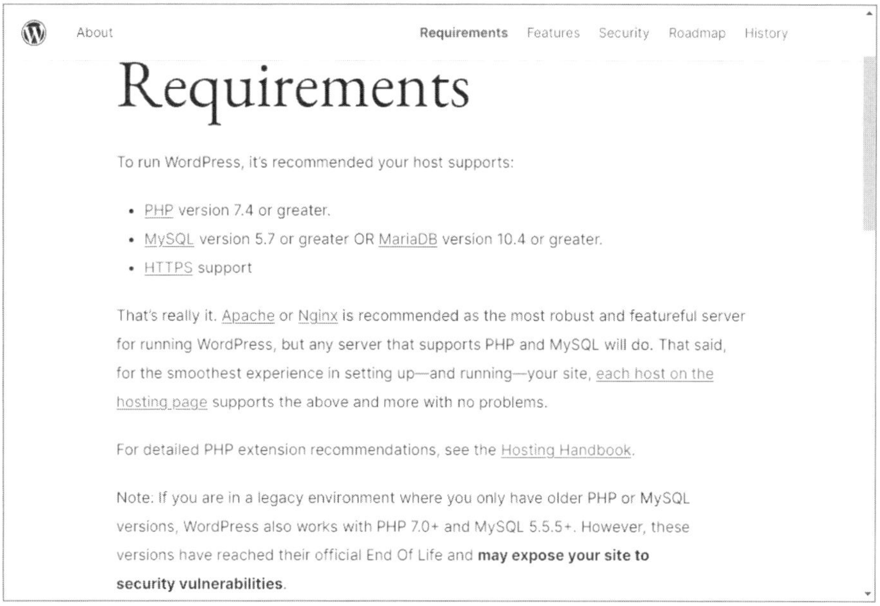
About Requirements Features Security Roadmap History

Requirements

To run WordPress, it's recommended your host supports:

- PHP version 7.4 or greater.
- MySQL version 5.7 or greater OR MariaDB version 10.4 or greater.
- HTTPS support

That's really it. Apache or Nginx is recommended as the most robust and featureful server for running WordPress, but any server that supports PHP and MySQL will do. That said, for the smoothest experience in setting up—and running—your site, each host on the hosting page supports the above and more with no problems.

For detailed PHP extension recommendations, see the Hosting Handbook.

Note: If you are in a legacy environment where you only have older PHP or MySQL versions, WordPress also works with PHP 7.0+ and MySQL 5.5.5+. However, these versions have reached their official End Of Life and **may expose your site to security vulnerabilities**.

Figura 3.3. Página de requisitos minimos en la web oficial de WordPress.org.

Adicionalmente, nos recomiendan Apache o Nginx como servidor web, aunque nos dicen que cualquier otro servidor web compatible con PHP y MySQL o MariaDB nos servirá.

Pues bien, actualmente cumplir estos requisitos es muy fácil con cualquier plan de *hosting* compartido como el que contratamos en el capítulo anterior. Pero el hecho de cumplirlos no quiere decir que tu web vaya a funcionar bien, ya que los requisitos mínimos son aplicables para una web recién creada, pero una web real en producción puede tener algunas necesidades más.

Ahora es cuando yo te voy a recomendar lo que necesita un *hosting* para que WordPress funcione bien:

- ✔ Servidor web LiteSpeed: Actualmente es el servidor web con mejor rendimiento y eficiencia. Además, es totalmente compatible con los archivos `.htaccess` de Apache.
- ✔ PHP8: PHP 7.4 está bien, pero, si queremos prepararnos para el futuro, mínimo debemos tener PHP 8. Lo ideal es que el *hosting* incluya un selector de versión de PHP en el panel de control.
- ✔ MariaDB: Mejor MariaDB antes que MySQL, por motivos de rendimiento.

Adicionalmente, hay algunos parámetros o limites que es importante contrastar antes de contratar un *hosting*:

- ✔ **Memoria RAM utilizable:** Lo ideal es que nos permita utilizar más de 512 MB. Puede parecer poco; depende de las visitas que tengamos y de algunos factores más, podemos necesitar más. Para empezar, esta cifra está bien.
- ✔ **Mínimo 1 núcleo de CPU usable:** Aunque es un parámetro muy abstracto y poco específico, si nuestro proveedor nos garantiza que nuestro WordPress podrá usar la potencia de 1 núcleo del procesador de servidor, sabremos que tendremos potencia suficiente para que la web cargue rápido.
- ✔ **Mínimo 2 MB/s de I/O de disco:** Esto es el caudal máximo que podrá usar nuestro plan de *hosting* para leer y escribir en el disco duro.

¿No sabes qué hacer con todo esto? Pues simplemente busca un proveedor de *hosting* y dile que necesitas un *hosting* con las características que acabamos de listar.

En el *hosting* que has contratado en el capítulo anterior, se cumple todo esto que hemos comentado en este capítulo.

En alojamiento compartido se imponen todos estos límites a los clientes debido a que hay muchos clientes alojados en el mismo servidor.

Aun así, un plan de *hosting* compartido es el producto ideal para empezar con tu web en Internet.

No es difícil encontrar hoy en día un alojamiento que cumpla con todo esto, incluso me atrevería a decir que, excepto los proveedores más baratos o *lowcost*, el resto lo cumplen todos.

Me gustaría poder "suavizar" estos requisitos para gente con pocos conocimientos técnicos, pero es imposible hacerlo, ya que es necesario identificar las cosas por su nombre para saber qué debemos solicitarle al proveedor de *hosting*.

Pero, no te preocupes, a partir de aquí todo es más sencillo.

Y, recuerda, si tienes dudas sobre los recursos que necesita tu WordPress para funcionar, puedes preguntar a la atención comercial de Raiola Networks sin compromiso: `https://raiola.link/contactaconraiola`.

Descarga e instalación de WordPress

Antes de nada, vuelvo a aclarar que hablamos de WordPress.org y no de WordPress.com.

Ahora vamos a ver cómo descargar WordPress.org para instalarlo en nuestro *hosting*.

Como he dicho en el capítulo de introducción, WordPress es gratuito y podemos descargarlo sin pagar.

Para descargar los archivos de WordPress, que posteriormente debemos subir al *hosting*, simplemente tenemos que ir a la web oficial: `https://wordpress.org/download/`.

Si quieres acceder directamente a la descarga de la última versión de WordPress, puedes encontrarla siempre en este enlace: `https://wordpress.org/latest.zip`.

Lo que descargamos es un archivo `.zip` que debemos descomprimir para ver los archivos de WordPress. Esto lo vamos a ver en el siguiente punto.

> Nota: WordPress es completamente gratuito, es decir, nadie te puede cobrar por descargarte WordPress de Internet. Si en alguna web te cobran por esto, no lo compres, es una estafa.

A continuación, vamos a ver cómo instalar WordPress en un *hosting* mediante dos métodos diferentes: el manual de toda la vida y el automático, usando un autoinstalador como Installatron.

Para el método automático mediante autoinstalador no necesitarás descargar el `.zip` con la última versión de WordPress, ya que el autoinstalador lo descargará y lo descomprimirá por ti.

Vamos a empezar por el método automático, ya que es más simple y se adapta mejor a la mayoría de la gente.

Instalar WordPress de manera automática

Desde hace unos años, la mayoría de proveedores de *hosting* ofrecen autoinstaladores en sus servicios.

Estos autoinstaladores nos permiten instalar CMS como WordPress en un par de clics sin complicaciones, aunque eso no quiere decir que sea completamente automático, ya que debemos darle al autoinstalador algunos datos relevantes.

Aunque personalmente prefiero usar un autoinstalador, de hecho, en los últimos 3 años habré instalado WordPress de forma manual como mucho 20 veces, soy consciente de que el método que te voy a enseñar para autoinstalar WordPress está adaptado a los servicios de *hosting* de Raiola Networks y que otros proveedores de alojamiento pueden tener otro autoinstalador diferente o, directamente, no tener autoinstalador.

En Raiola Networks utilizamos Installatron como autoinstalador, existen más proveedores que lo utilizan, pero también hay otros muchos que usan Softaculous o incluso autoinstaladores desarrollados por ellos mismos.

Nosotros utilizamos Installatron porque es mucho más que un autoinstalador, ya que le estamos dando a nuestros clientes una aplicación capaz de gestionar copias de seguridad, restauraciones, actualizaciones, etc.

Para utilizar Installatron, vamos a dirigirnos al cPanel de nuestro nuevo *hosting* y vamos a ir hacia la parte baja del panel, tal como vemos en la figura 3.4.

Figura 3.4. Icono de WordPress en el autoinstalador Installatron dentro de cPanel.

Como puedes ver, vamos a ver el logo de WordPress y el de algunos CMS más.

En esta sección nos aparecen los CMS más instalados, aunque, si queremos acceder a la interfaz principal de Installatron, también podemos hacerlo buscando el icono **Installatron Applications Installer** en **cPanel**.

En este caso, nosotros vamos a hacer clic en el icono de WordPress que he señalado en la figura anterior para empezar el proceso, tal como podemos ver en la figura 3.5.

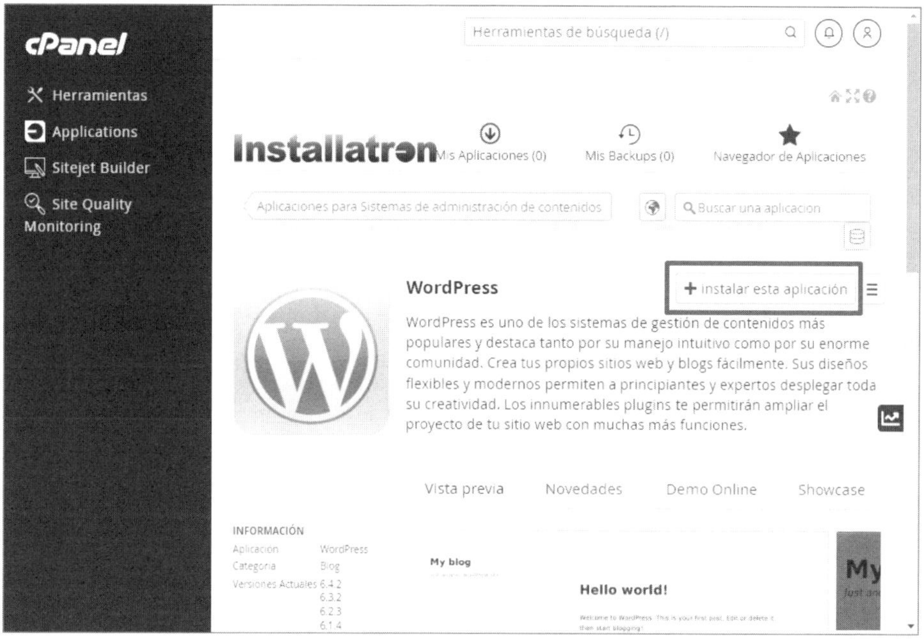

Figura 3.5. Instalar WordPress desde Installatron.

Esto nos llevará a la ficha de WordPress en Installatron, debemos hacer clic en el botón **Instalar esta aplicación** para comenzar.

Ahora tendremos delante muchas opciones, algunas pueden parecer complejas, pero no lo son, y además es imprescindible rellenar todas estas opciones, ya que son estrictamente necesarias para que podamos instalar WordPress correctamente.

Como el panel de opciones es bastante largo, vamos a ir desglosando cada grupo de opciones.

Empezamos por elegir el dominio donde vamos a instalar WordPress, en este caso en el principal del *hosting*, tal y como vemos en la figura 3.6.

Figura 3.6. Dominio y ruta donde se va a instalar WordPress con Installatron.

Mi recomendación es que siempre elijas el dominio con https y sin www.

Además, debes vaciar el campo **Ruta** para que quede en blanco, de esta forma instalaremos WordPress en la raíz del dominio.

Justo debajo, tenemos el panel de opciones **Versión**, que engloba algunas opciones interesantes que debemos tener en cuenta, como podemos ver en la figura 3.7:

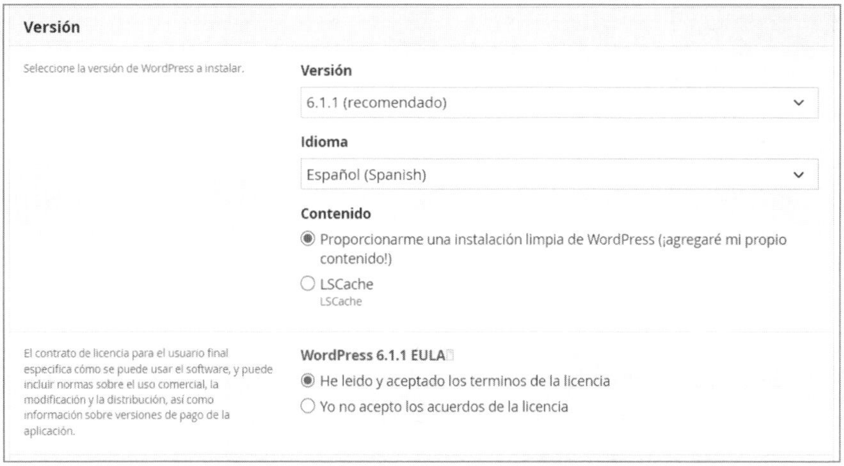

Figura 3.7. Versión, idioma y términos y condiciones de instalación de WordPress con Installatron.

- ✔ En **Versión**, dejamos la recomendada, es decir, la última disponible. Al instalar un WordPress, siempre debemos instalar la última versión disponible.
- ✔ En **Idioma**, ponemos el idioma de nuestra preferencia, en mi caso el español.

- ✔ En **Contenido** marcamos **Proporcionarme una instalación limpia de WordPress**. Aquí suelen aparecer *plugins* que nos ofrece nuestro proveedor de *hosting*, pero en este caso queremos una instalación completamente limpia.
- ✔ En el último campo, marcamos **He leído y aceptado los términos de licencia**, ya que, si no, no podremos instalar WordPress.

Nos deslizamos por las diferentes opciones y buscamos el panel **Configuración**. En este caso, vamos a hacerlo por partes, ya que es bastante grande.

Empezamos por los campos donde debes introducir los datos de la cuenta de administrador del nuevo sitio web, como puedes ver en la figura 3.8:

Figura 3.8. Configuración de usuario, contraseña y email de administrador para la nueva instalación de WordPress.

- ✔ **Nombre de usuario del administrador**: Pon el que quieras, es una elección personal.
- ✔ **Contraseña del administrador**: Como el nombre, pon la contraseña que quieras.
- ✔ **Email del administrador**: El correo electrónico del administrador del sitio.

Después de rellenar estos tres últimos campos, quédate con estos tres datos: email, usuario y contraseña de la cuenta. Son los que vas a necesitar para acceder al panel de administración de tu WordPress.

Seguimos deslizándonos hacia abajo y, en el mismo panel de configuración, tenemos más campos, los que puedes ver en la figura 3.9. Vamos a explicar cada uno de ellos a continuación:

- ✔ **Título del sitio web**: Es el nombre de la web, puedes poner el que quieras.
- ✔ **Lema del sitio web**: Yo actualmente dejaría este campo completamente vacío, ya que está en desuso y actualmente no implica nada.

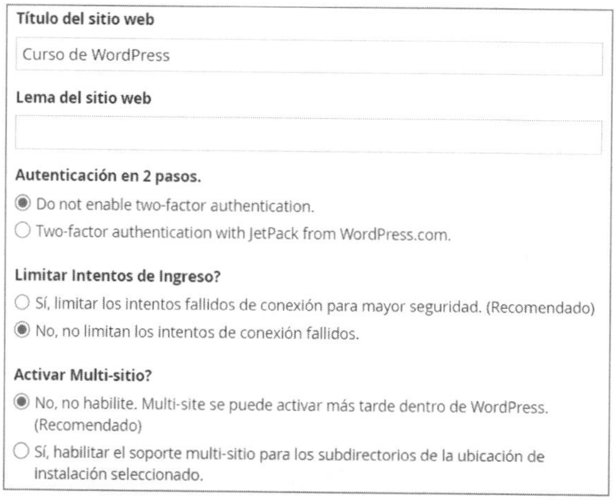

Figura 3.9. Configuración del título del sitio y varios ajustes menores.

- ✔ **Autenticación en 2 pasos**: Marcamos **Do not enable two-factor authentication**. Con esto no se instalará el *plugin* para autenticación 2FA, que mejora la seguridad, pero puede darnos problemas cuando estamos dándole forma a la web.
- ✔ **¿Limitar intentos de ingreso?**: Marcamos **No, no se limitan los intentos de conexión fallidos**. Con esto no se instalará el *plugin* Limit Login Attemps para bloquear ataques de fuerza bruta.
- ✔ **¿Activar Multi-sitio?**: Marcamos **No, no habilite**, ya que no vamos a crear un WordPress Multisite en este caso.

Después de esto, solo nos quedará el panel **Avanzado**, que vamos a dejarlo como está con la opción **Administrar automáticamente la configuración avanzada para mí**.

Ahora solo nos queda hacer clic en el botón **Instalar** y comenzará la instalación de WordPress en nuestro *hosting*, como puedes ver en la figura 3.10.

El proceso de instalación puede tardar más o menos tiempo dependiendo de cuántos clientes estén instalando CMS con Installatron al mismo tiempo, pero normalmente en menos de 30 segundos tendremos nuestro WordPress funcionando.

Cuando finalice el proceso, podremos ver nuestro WordPress instalado en la interfaz de Installatron, e incluso podremos acceder al *dashboard* o panel de administración de WordPress directamente sin contraseña, desde el autoinstalador haciendo clic sobre el enlace que pone el nombre del dominio seguido de `/wp-admin`, como puedes ver en la figura 3.11.

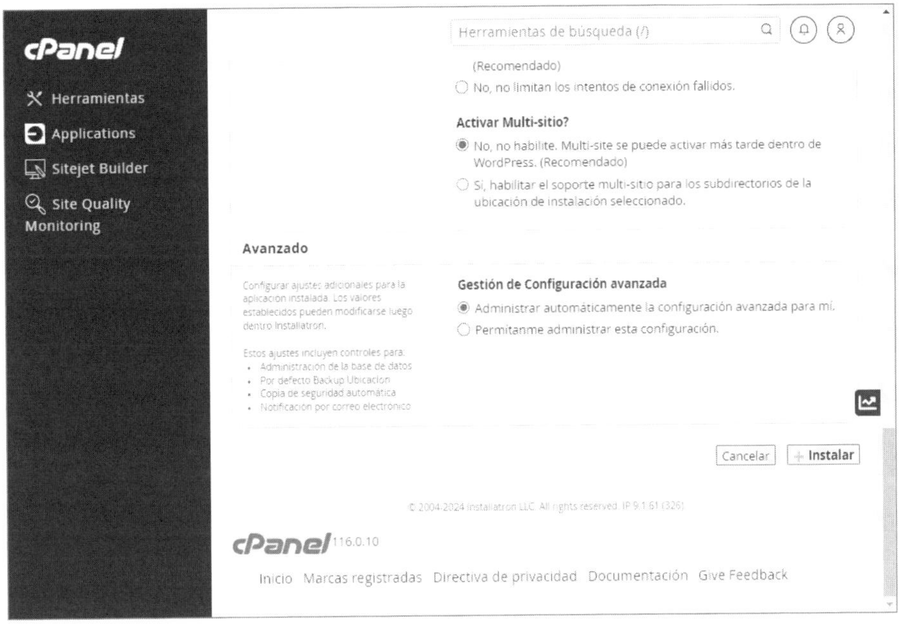

Figura 3.10. Botón Instalar de Installatron para instalar WordPress.

Figura 3.11. *Dashboard* principal de Installatron con el primer WordPress instalado.

Pero el `/wp-admin` lo explicaremos en el capítulo 4.

A continuación, vamos a ver cómo instalar WordPress de forma manual, es decir, con el método de toda la vida.

Instalar WordPress de forma manual

Partimos de la base de que ya hemos descargado la última versión de WordPress en un archivo `.zip` como he indicado anteriormente.

Una vez que los hayamos descargado, debemos descomprimir el archivo.

Yo uso Windows y te voy a mostrar el proceso para hacerlo en Windows, pero sería similar en otros sistemas operativos, siempre teniendo en cuenta el cambio de interfaz.

Si hacemos clic con el botón derecho del ratón sobre el archivo `.zip` descargado en cualquier Windows 10 o superior, tendremos la opción de **Extraer todo** que nos permitirá descomprimir el archivo en la carpeta, tal como puedes ver en la figura 3.12.

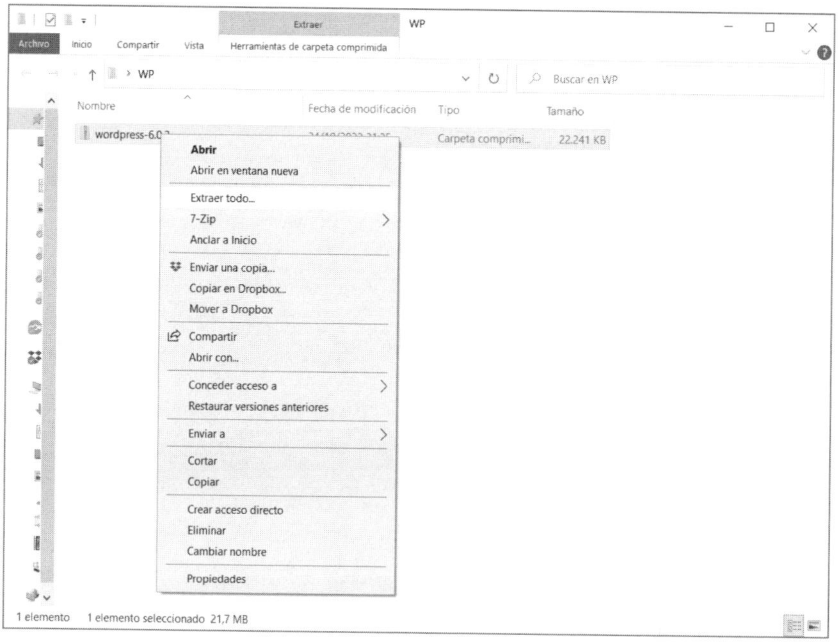

Figura 3.12. Extracción del archivo ZIP de WordPress en Windows.

Nos saldrá esta ventana donde simplemente debemos hacer clic en el botón Extraer, como puedes ver en la figura 3.13.

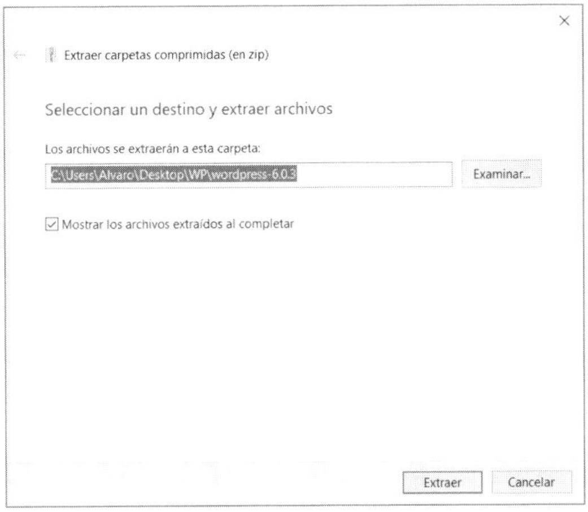

Figura 3.13. Elegir la ruta de extracción del archivo ZIP de WordPress en Windows.

Tras unos segundos, ya habremos descomprimido el archivo `.zip` y tendremos una carpeta llamada `wordpress` con los archivos para instalar WordPress. Los archivos y carpetas de WordPress son los que puedes ver en la figura 3.14.

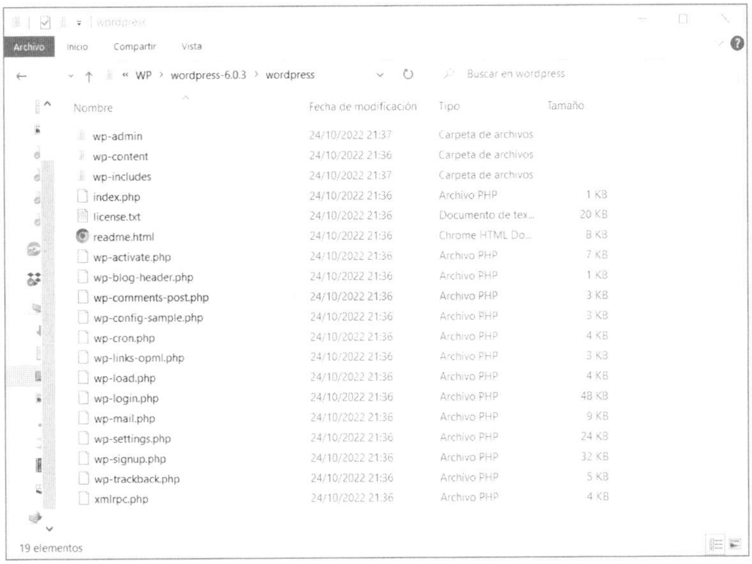

Figura 3.14. Archivos y carpetas de WordPress.

Hasta aquí fácil, ¿no?

Ahora tenemos dos opciones para subir estos archivos de WordPress a nuestro *hosting*:

- ✔ Utilizar un cliente FTP como Filezilla para subir los archivos usando los mismos datos que has usado para entrar a `cPanel`.
- ✔ Utilizar el File Manager o gestor de archivos de `cPanel`, con el que podrás subir los archivos desde el navegador directamente.

Si no sabes lo que es un cliente FTP o lo que es Filezilla, no te preocupes, ya que vamos a hacerlo utilizando el File Manager de cPanel; me parece una solución mucho mejor para alguien que no tiene experiencia en el mundo web.

Actualmente, casi todos los paneles de control de *hosting* incluyen un gestor de archivos web para no depender del uso de un cliente FTP como Filezilla. Para lograr esto, lo primero que debes hacer es volver a comprimir los archivos de WordPress, pero esta vez quiero que lo hagas sin la carpeta `wordpress`, es decir, solo los archivos y carpetas del propio WordPress, como puedes ver en la figura 3.15.

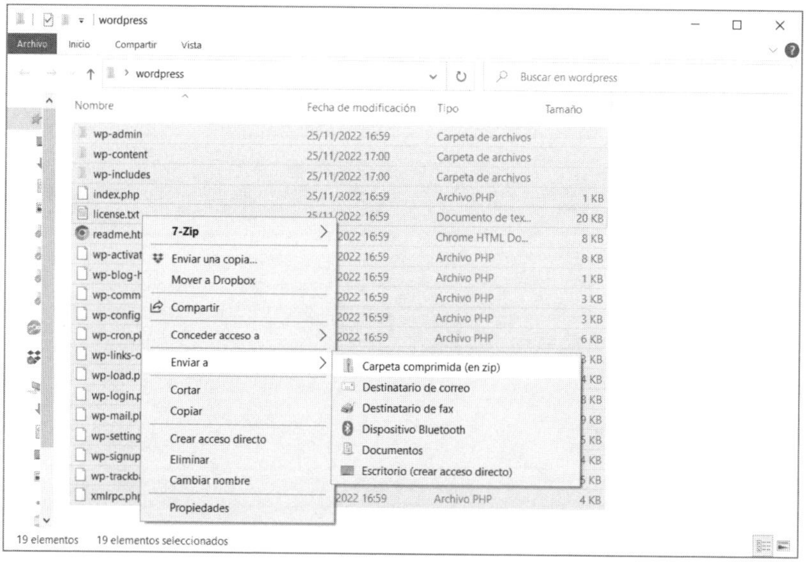

Figura 3.15. Comprimir los archivos y carpetas de WordPress en Windows.

Con esto crearemos un archivo `.zip` que vamos a subir al *hosting*. Al final de la compresión del archivo, nos permitirá ponerle un nombre. Es indiferente lo que pongamos.

Nos vamos a cPanel y buscamos el icono del File Manager o Administrador de archivos, que puedes ver en la figura 3.16.

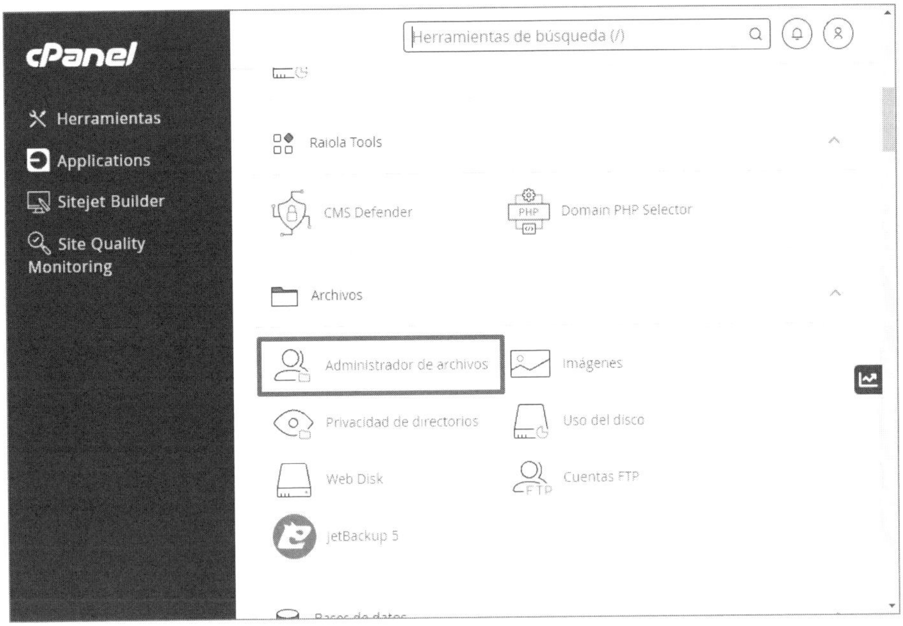

Figura 3.16. Icono del Administrador de archivos en cPanel.

Entramos y podremos ver un gestor de archivos y carpetas muy similar al de Windows, Mac o cualquier distribución Linux de escritorio, como puedes ver en la figura 3.17.

Como en este caso vamos a instalar el primer WordPress en nuestro nuevo *hosting*, nos vamos a la carpeta `public_html`.

Si fuera un segundo WordPress en un dominio distinto al principal, tendríamos que añadirlo previamente en cPanel y posteriormente subirlo a la carpeta que tenga el nombre del dominio en el gestor de archivos de cPanel.

Si entramos con un cliente FTP como Filezilla, nos encontraríamos exactamente con la misma estructura de archivos y carpetas que nos encontramos con el File Manager de cPanel.

Para subir el archivo `.zip` que hemos creado previamente, vamos a hacer clic en Cargar o Upload en el gestor de archivos de cPanel, tal y como se ve marcado en la figura 3.18.

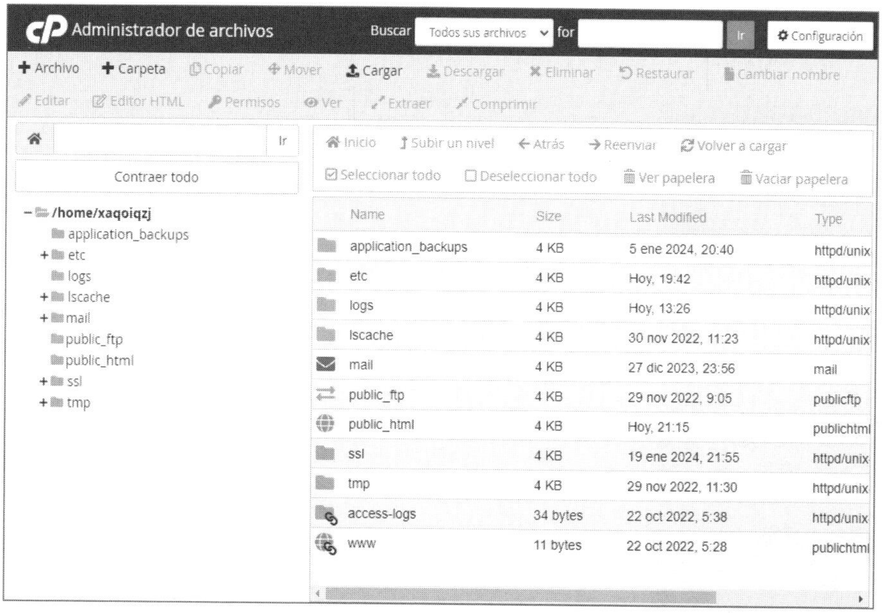

Figura 3.17. Administrador de archivos de cPanel.

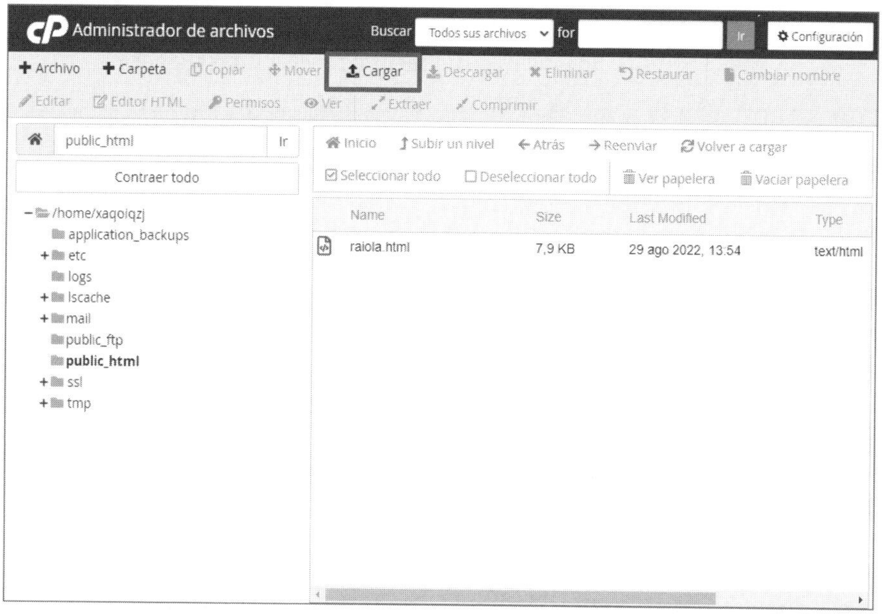

Figura 3.18. Subir archivos desde el administrador de archivos de cPanel.

Después de esto, simplemente tenemos que arrastrar y soltar el `.zip` de nuestro ordenador en la ventana que nos aparece para que se suba directamente al *hosting*.

Este proceso puede tardar algo de tiempo, ya que depende de tu velocidad de conexión a Internet y también de la carga del antivirus del servidor en ese momento, ya que todos los archivos subidos son escaneados para garantizar la seguridad de las cuentas. Y un archivo `.zip` no deja de ser un "compacto" con muchos archivos y carpetas que hay que revisar individualmente.

Cuando finalice el proceso de subida, la barra azul que nos muestra el porcentaje del archivo que se ha subido nos aparecerá en verde. Si se ha quedado al 100 % durante más de 5 minutos, recarga la página pulsando F5, ya que posiblemente se ha quedado colgado el proceso en tu navegador web.

Una vez que tenemos el archivo subido y lo podemos ver en el gestor de archivos de cPanel, simplemente debemos hacer clic con el botón derecho sobre el archivo y hacemos clic en Extraer, como se ve en la figura 3.19.

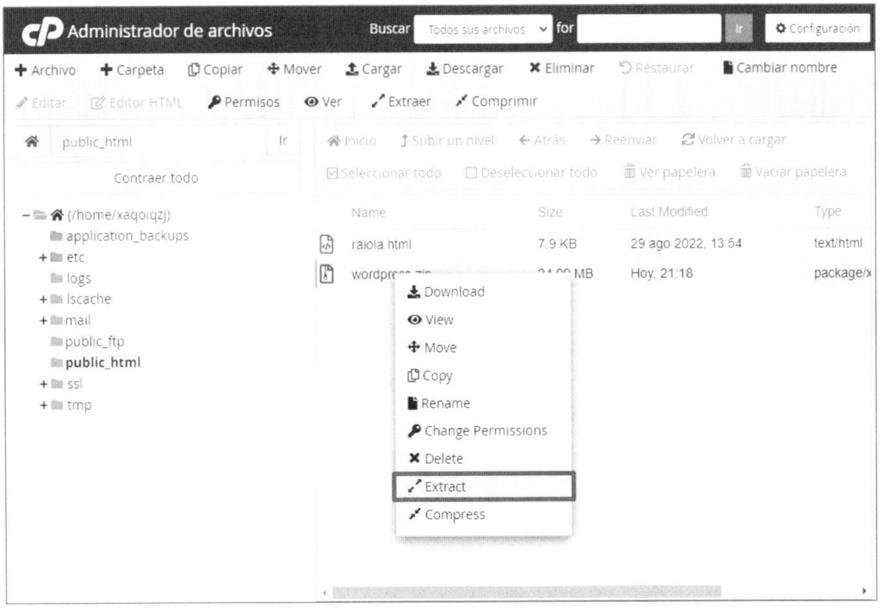

Figura 3.19. Extraer archivos con el administrador de archivos de cPanel.

Nos saldrá una ventana donde nos pedirá la ruta de descompresión, pero no vamos a tocarla. Simplemente hacemos clic en Extraer para que se inicie el proceso, de esta forma los archivos y carpetas de WordPress se descomprimirán en la raíz o base de la carpeta `public_html` y podremos continuar con el proceso de configuración. Pero, ojo, aún no cierres el File Manager de cPanel, lo vamos a volver a necesitar.

Ahora que hemos subido los archivos, debemos crear la base de datos donde se va a guardar el contenido y las opciones de nuestro nuevo WordPress.

Volvemos a la interfaz principal de cPanel y buscamos el icono Bases de datos MySQL o MySQL Databases, que puedes ver en la figura 3.20.

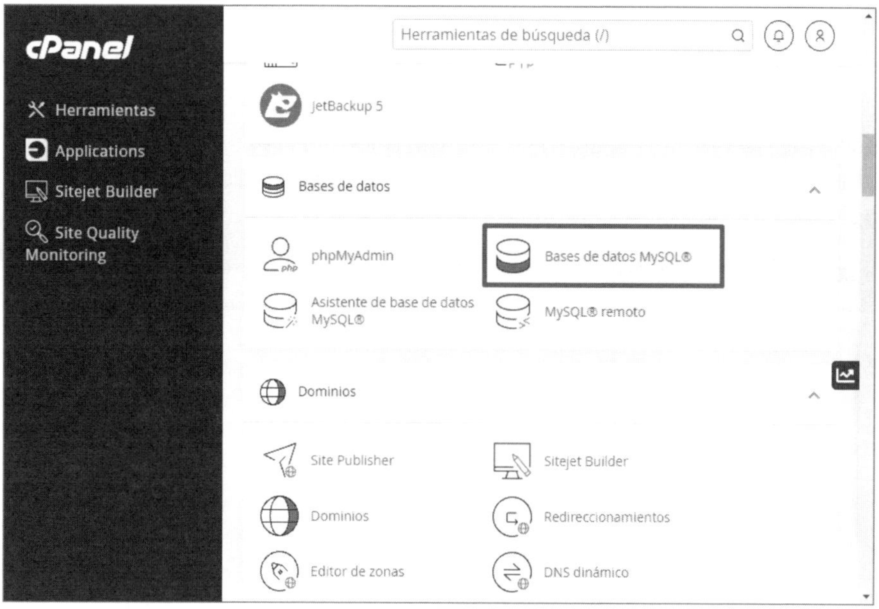

Figura 3.20. Icono de Bases de datos MySQL en cPanel.

Como curiosidad, aunque en cPanel le siguen llamando MySQL, realmente la mayoría de los servidores de *hosting* actualmente ejecutan MariaDB como motor de bases de datos, ya que ofrece mejor rendimiento, pero funciona exactamente igual que MySQL.

Una vez dentro, debemos crear una base de datos nueva y un usuario nuevo con permisos para acceder a la nueva base de datos.

Esto puede parecer un rollo, pero no te preocupes, lo vamos a hacer fácil.

Siguiendo la figura anterior, vamos a hacerlo en orden:

1. En primer lugar, vamos a crear la base de datos. Ten en cuenta que el nombre de la base de datos en cPanel siempre va a ser el nombre de la cuenta con un guion bajo al final, seguido por el nombre que tú le pongas, como se ve en la figura 3.21. No puede ser muy largo y asegúrate de apuntarlo porque lo vas a necesitar.

Figura 3.21. Configurar nombre de la nueva base de datos en cPanel.

2. En segundo lugar, vamos a crear el usuario, como se ve en la figura 3.22. Ten en cuenta que, como en el caso del nombre de la base de datos, el usuario también empieza por el nombre de la cuenta, es decir, utiliza el nombre de la cuenta como prefijo.

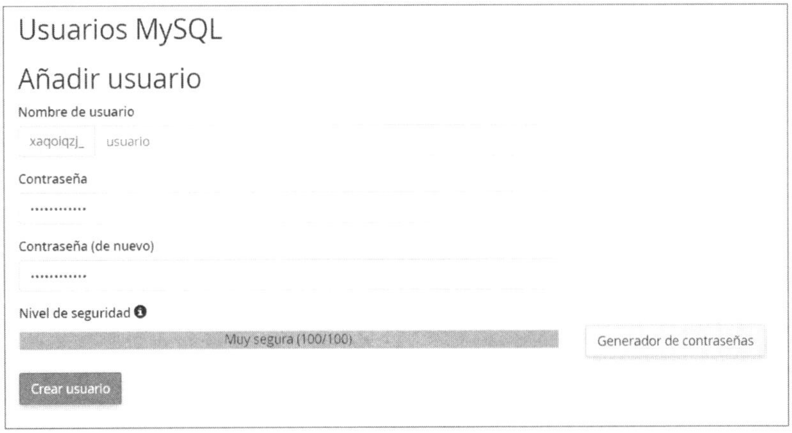

Figura 3.22. Crear el usuario y la contraseña para la nueva base de datos en cPanel.

En cuanto a la contraseña, lo ideal es que la generes, pero guárdala en un bloc de notas o similar, ya que la vas a necesitar para acabar de instalar WordPress. Debes guardar tanto el usuario como la contraseña.

3. Como paso final, debemos darle permisos al usuario que acabamos de crear para leer y editar en la base de datos que acabamos de crear, como se ve en la figura 3.23. Es simple, le vamos a dar todos los permisos.

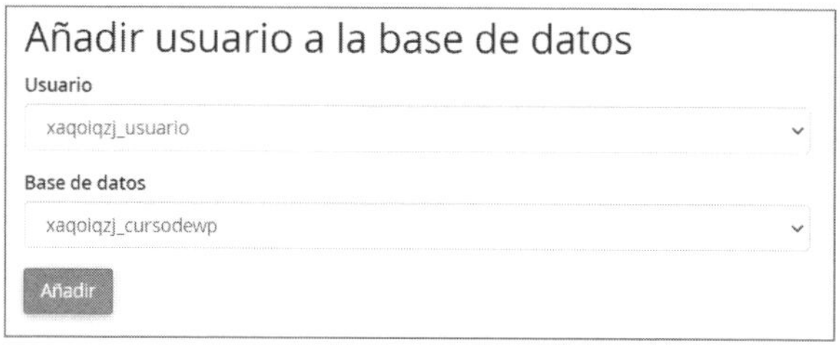

Figura 3.23. Formulario para asignar permisos al nuevo usuario en la nueva base de datos.

Con esto ya tendremos nuestra nueva base de datos lista para funcionar.

Acuérdate de que te he dicho en el paso 1 y paso 2 que tenías que apuntar el nombre de la base de datos, junto con el usuario y la contraseña.

Pues bien, llega el momento de usarlos. Vamos a abrir en el navegador web una pestaña nueva y ponemos el nombre de dominio de nuestra web. Ahora, si hemos realizado la subida y extracción del `.zip` correctamente, debería aparecernos esto que vemos en la figura 3.24.

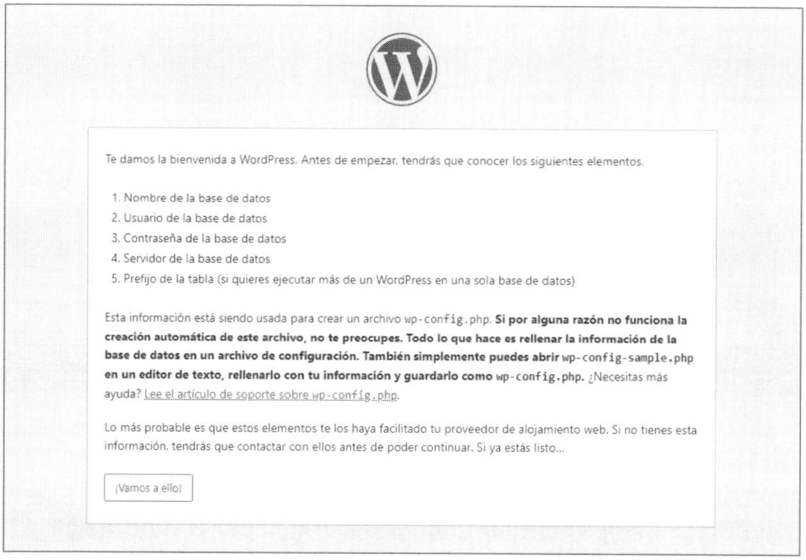

Figura 3.24. Paso inicial en el asistente de instalacion de WordPress de forma manual.

Esto que estás viendo en pantalla (si encaja con la figura anterior) es el asistente de instalación de WordPress. Si no ves esto, no has subido tus archivos a la carpeta correcta o tu dominio aún no está funcionando.

El asistente es muy fácil de entender y, aunque tiene 4 pasos, realmente solo en 2 nos va a pedir datos relevantes:

1. El primer paso es simplemente hacer clic en el botón ¡Vamos a ello!.
2. En el segundo paso, debemos introducir los datos de conexión con la base de datos que acabamos de crear, por esta razón te dije que tenías que apuntar el nombre de la base de datos, el usuario y la contraseña. Los introducimos y hacemos clic en Enviar. Si todo está correcto, avanzaremos al siguiente paso.
3. Esta ventana solo aparecerá si se realiza la conexión correctamente con la base de datos. En ella solo tenemos que hacer clic en el botón Realizar la instalación.
4. En esta cuarta ventana es donde debemos rellenar algunos datos importantes para nuestro nuevo sitio web y al mismo tiempo totalmente personales:
   - ✔ Nombre del sitio web.
   - ✔ Nombre del usuario administrador.
   - ✔ Contraseña de administrador.
   - ✔ Correo electrónico del administrador.
   - ✔ Si queremos que Google vea o no vea nuestra web, en este caso recomiendo dejar desmarcada la casilla Pedir a los motores de búsqueda que no indexen este sitio, aunque se puede cambiar posteriormente.

   Cuando tengamos todos estos datos rellenados, hacemos clic en el botón Instalar WordPress.
5. El paso 5 realmente no es un paso, es la confirmación de que todo ha ido correctamente. Si vemos exactamente lo que aparece en la figura 3.25, el proceso de instalación habrá terminado.

A partir de aquí podemos acceder al *dashboard* o panel de administración de WordPress simplemente haciendo clic en el botón Acceder.

Esto nos llevará a `/wp-admin` y nos aparecerá una ventana de autentificación, pero esto lo explicaremos en el siguiente capítulo.

Figura 3.25. Paso final en la instalación de WordPress de forma manual.

4 Conociendo WordPress

Aunque me toque las narices admitirlo, quizás este capítulo es el más atemporal de todo este libro.

Desde hace muchos años, el *dashboard* o panel de administración de WordPress se mantiene más o menos igual.

En los últimos años han añadido secciones para nuevas funcionalidades nativas (pocas) que han ido añadiendo y han hecho algunos cambios a nivel interfaz muy pequeños, pero también hay secciones como la configuración de los comentarios que sigue siendo la misma desde hace años.

En este capítulo vamos a hablar tanto de las opciones como de la interfaz que tiene WordPress de forma nativa, lo comento, porque cuando vamos añadiendo nuevos *plugins* la interfaz va cambiando, cada vez hay más opciones y, aunque la forma es la misma, la interfaz puede parecer completamente diferente.

Acceder al *dashboard* de WordPress

Como hemos comentado en el capítulo anterior, si queremos acceder al *dashboard* o panel de administración de nuestro WordPress, simplemente debemos escribir nuestro nombre de dominio seguido por `/wp-admin/`.

Te pongo un ejemplo: `https://cursodewordpress.net/wp-admin/`.

Te debería aparecer una pantalla de autentificación como la que puedes ver en la figura 4.1.

Figura 4.1. Pantalla de acceso al panel de administración o *dashboard* de WordPress.

Y para acceder, debes utilizar los datos que has introducido para la cuenta de administrador durante la instalación.

Si los datos son correctos, nos llevarán directamente al panel de administración de WordPress, que hablaremos de él en el siguiente punto.

Dashboard de WordPress

El *dashboard* o panel de administración de WordPress es el lugar desde donde se realiza toda la administración de una web creada con WordPress. Yo le suelo llamar *dashboard*, porque es lo común en la jerga entre profesionales de WordPress.

La pantalla que puedes ver en la figura 4.2 es la que nos aparece cuando nos autentificamos en `/wp-admin/` y simplemente es informativa. Pero la columna de la izquierda contiene el menú y los submenús que nos permiten acceder a todas las opciones disponibles.

La apariencia del panel de administración de WordPress ha ido cambiando sutilmente en apariencia a lo largo de los años, pero, en esencia, podemos decir que es exactamente la misma desde hace más de 10 años.

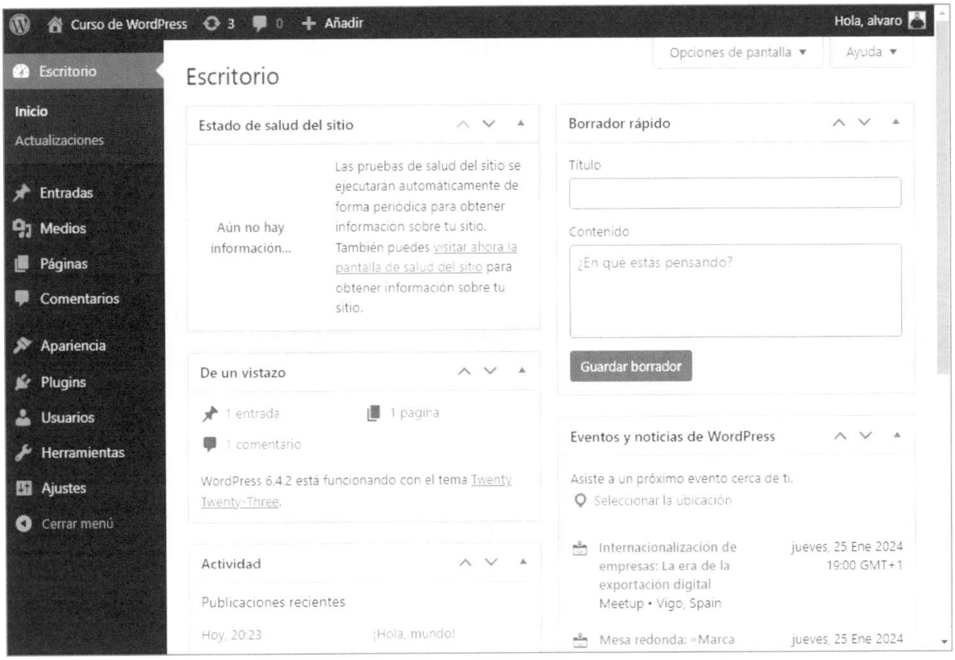

Figura 4.2. *Dashboard* o panel de administración de WordPress.

Como puedes ver en la figura anterior, tenemos el menú de la izquierda de color negro (oscuro) y a la derecha (claro), la parte más grande, es donde nos aparecen todas las opciones y podeos ver la información.

Utilizando el menú para navegar podemos ir viendo cómo la estructura y la información de la parte de color clara va cambiando.

En el menú principal podemos ver todas las opciones:

- ✔ **Escritorio**: Es decir, la pantalla que puedes ver en la figura anterior.
- ✔ **Entradas**: Desde aquí se gestionan los contenidos en formato blog, comúnmente llamados *posts*. Podemos crear, editar y borrar.
- ✔ **Medios**: Desde aquí se gestionan las imágenes y otros archivos subidos a la galería multimedia de WordPress; evidentemente, también podemos subir archivos.
- ✔ **Enlaces**: Esto no siempre está, es un menú que puede desactivarse o activarse. Se trata de un gestor de enlaces muy simple.

- ✔ **Páginas**: Desde aquí se gestionan las páginas de nuestro sitio web WordPress. Podemos crear, editar y borrar.
- ✔ **Comentarios**: Desde aquí podemos moderar o gestionar los comentarios que nos dejan los visitantes en nuestros artículos (entradas) e incluso podemos responderles.
- ✔ **Apariencia**: Desde aquí podemos gestionar *themes* o plantillas visuales para nuestro WordPress, es decir, lo que van a ver nuestros visitantes. Podemos instalar, personalizar, activar y desactivar o directamente eliminar plantillas.
- ✔ **Plugins**: Esta sección nos permite gestionar los *plugins* que le dan las funcionalidades a nuestro sitio web. Desde aquí podemos instalar, desinstalar, activar y desactivar *plugins*.
- ✔ **Usuarios**: Esta sección nos permite gestionar los usuarios registrados en el sitio web, incluyendo sus datos personales y sus contraseñas. Además, también nos permite ver listados de usuarios agrupados por algo concreto. También podremos editar nuestra propia cuenta.
- ✔ **Herramientas**: En esta sección de forma nativa tenemos el importador y exportador, pero poco más. No es una sección que se utilice mucho, salvo que algún *plugin* meta algunas opciones dentro de ella.
- ✔ **Ajustes**: Aquí se encuentran las opciones de configuración de WordPress, cosa que vamos a explicar en el capítulo 5.

Quiero recordarte que, si ya tienes un WordPress instalado y vas a ver tu panel de control, posiblemente tengas más opciones, pero estas son introducidas por los *plugins* o por el *theme*.

Lo que puedes ver en la figura anterior y lo que he desglosado son los elementos del menú en un WordPress recién instalado.

Quiero que este libro sea práctico, por lo que, aunque ahora mismo he listado las principales opciones del *dashboard* de WordPress, iremos explicándolas según vaya siendo necesario para darle forma al sitio web.

Editor de WordPress: Gutenberg vs. Editor clásico

Hablar del editor de WP sin posicionarse es bastante difícil, ya que existe división de opiniones: por un lado, los amantes del editor clásico y, por otro, los amantes de Gutenberg.

El editor clásico es el que ha tenido WordPress toda la vida y que puedes ver en la figura 4.3.

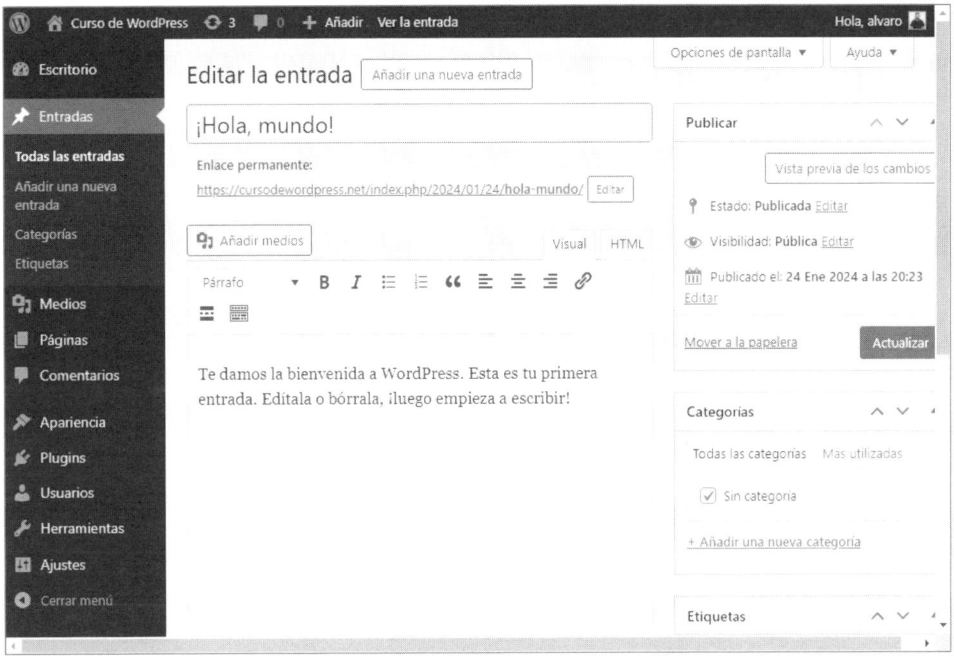

Figura 4.3. Editor clásico de WordPress.

Además, el editor clásico es un complemento perfecto para otros maquetadores visuales más potentes como Elementor.

Gutenberg es el *pagebuilder* nativo de WordPress. Nunca ha tenido una buena acogida porque, cuando lo publicaron, el desarrollo del proyecto aún no estaba maduro y eso hizo que la gente se encontrase con muchos problemas.

Han pasado unos años desde que Gutenberg se incluyó en WordPress de forma nativa y tampoco es que haya tenido una aceptación muy alta. Otros maquetadores como Elementor han crecido muchísimo más en cuota de mercado, ya que son más potentes y estables.

> Nota: En el momento de escribir esto, la cuota de mercado de Elementor es del 22,2 % y sigue subiendo. Desde 2023 se ha convertido en el *plugin* más utilizado en instalaciones WordPress.

Gutenberg nació con la idea de ser un *pagebuilder* o maquetador visual nativo para WordPress, pero personalmente creo que llegaron tarde, ya que debido a su competencia llevaba mucho tiempo haciendo I+D y consiguiendo cuota de mercado. Además, Gutenberg tampoco aportó nada nuevo, teniendo en cuenta que todas las funciones que implementaron en Gutenberg ya se podían realizar antes con otros maquetadores.

Esto que puedes ver en la figura 4.4 es Gutenberg.

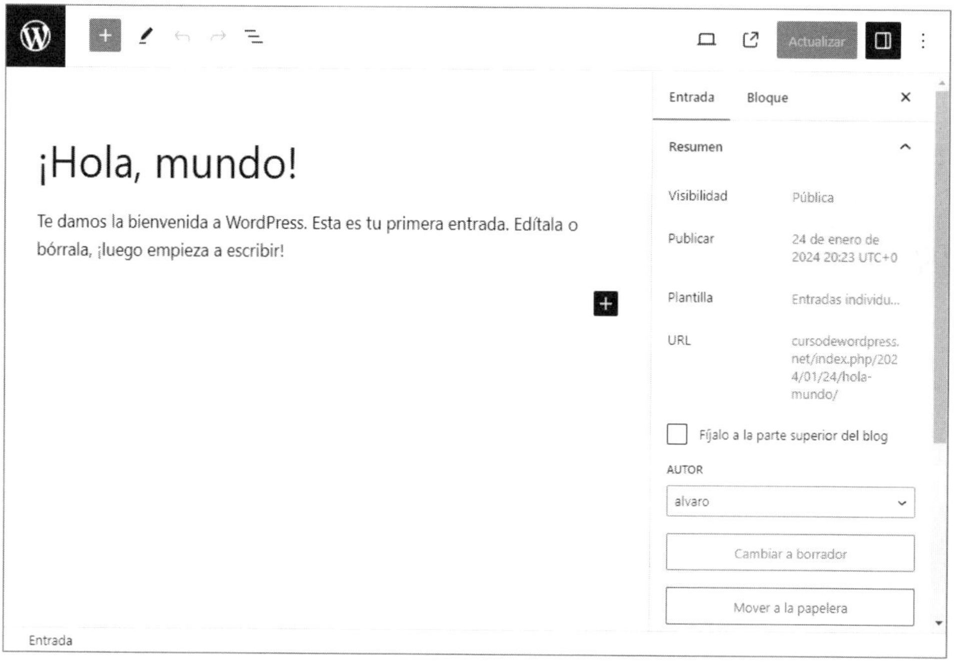

Figura 4.4. Editor Gutenberg de WordPress.

Nosotros en este libro vamos a trabajar con Elementor como maquetador visual o *pagebuilder*.

También vamos a ver cómo desactivar Gutenberg para evitar problemas con Elementor y vamos a activar el editor clásico de WordPress, que es muchísimo más practico a la hora de publicar contenido puro, como por ejemplo los artículos de un blog.

Autoguardado y borradores en WordPress

Uno de los puntos fuertes del editor de WordPress y que funciona independientemente de si usamos Gutenberg, el editor clásico o Elementor, es el autoguardado.

Si editamos un contenido y por cualquier razón nuestro ordenador se apaga, tienes que saber que WordPress está guardando el contenido que tenemos abierto cada 60 segundos.

Pero hay algo más: imagínate que no se apaga, sino que somos nosotros mismos los que nos equivocamos y borramos algo que no deberíamos.

Pues el sistema de revisiones nos permite gestionar esto y volver al punto anterior. Algo muy similar al sistema de restauración que traen los ordenadores con Windows y que te permiten volver atrás en caso de que aparezcan problemas.

Puedes acceder a las revisiones guardadas y volver atrás en cualquier momento desde la opción **Revisiones**, marcada en la figura 4.5.

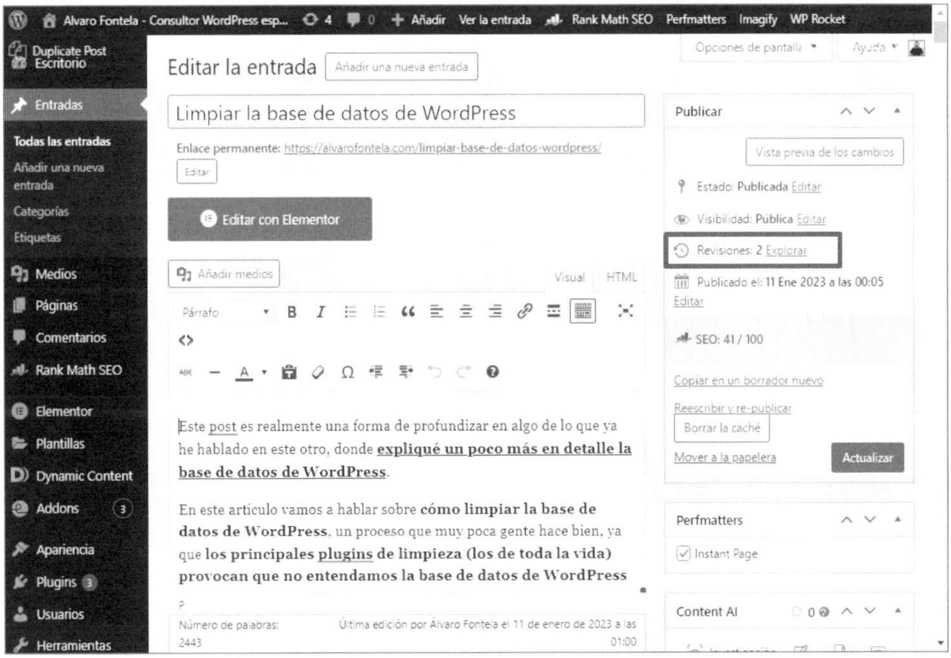

Figura 4.5. Acceso al sistema de revisiones del editor de WordPress.

¿Qué son y cómo funcionan las entradas o *posts*?

Los *posts* o entradas son una de las partes más importantes de WordPress en muchos casos, ya que WordPress nació como CMS para blogs.

Realmente solo vamos a meter el contenido en entradas o *posts* cuando nuestro objetivo es crear un blog específicamente, o un blog dentro de una web o tienda *online* más grande.

Todos los *posts* o entradas que publiquemos estarán listadas en la página de blog, también llamada *loop*, y en los listados de las categorías o etiquetas. Este tipo de contenido está pensado para tener una fecha de publicación y normalmente ordenarse cronológicamente por esa fecha, como puedes ver en la figura 4.6.

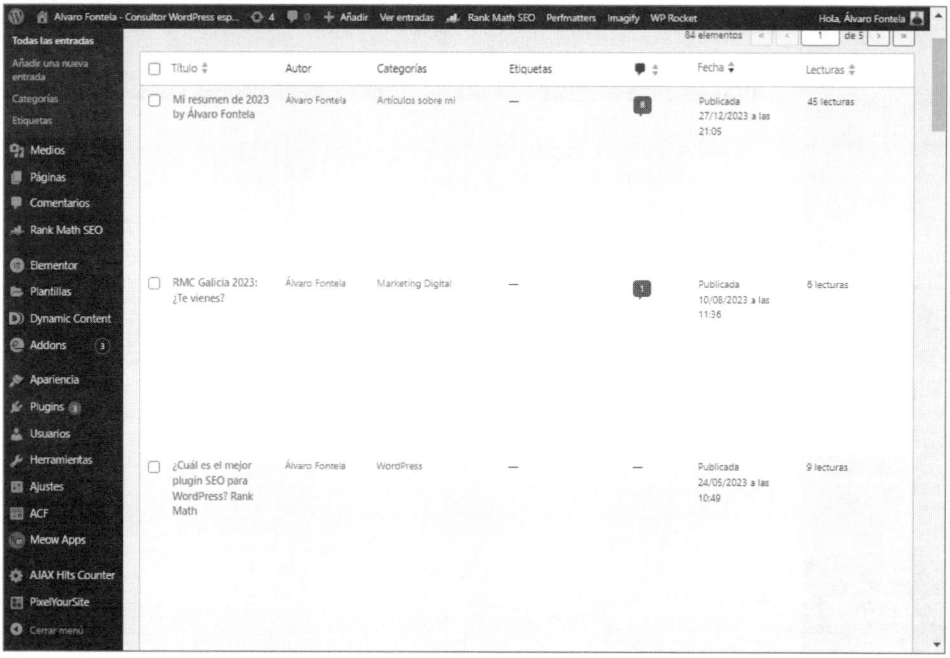

Figura 4.6. Listado de entradas en el panel de administración de WordPress.

Por otro lado, aunque de forma nativa WordPress nos permite editar las entradas con Gutenberg, su editor visual, personalmente no soy muy partidario de editar el contenido de los *posts* o entradas utilizando un maquetador. Creo que nos evitamos muchos problemas si utilizamos directamente un editor de texto como el editor clásico de WordPress. Por esta razón, yo siempre desactivo Gutenberg y activo el editor clásico de WordPress. En el siguiente capítulo vamos a ver cómo hacer esto.

Con el editor clásico de WordPress todo se simplifica mucho, la que puedes ver en la figura 4.7 es la interfaz base del editor clásico de WordPress sin ningún *plugin*.

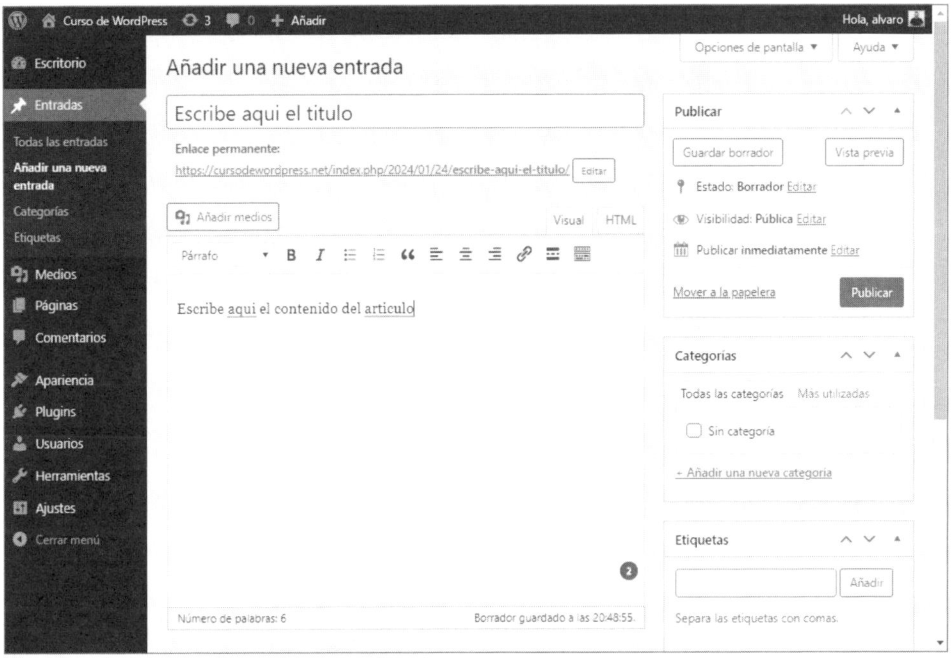

Figura 4.7. Editor clásico de WordPress con el que publicar artículos en un blog.

Simplemente tendremos que rellenar un título, la URL pública (*slug*), el contenido de la entrada y configurar algunos parámetros extra como a qué categoría pertenece el contenido y si le queremos configurar alguna Etiqueta, que ya te adelanto que están en desuso.

Adicionalmente, podremos configurar una imagen destacada que puede salir al lado del título en los listados que ven los visitantes.

WordPress tiene una forma interna de trabajar bastante curiosa, bastante desacertada para muchos: guarda todos los contenidos dentro de las mismas tablas de la base de datos, independientemente del tipo de contenido del que se trate.

Esto quiere decir que, en una tienda *online* creada con el *plugin* WooCommerce, guarda en el mismo sitio los *posts* o entradas del blog, que los productos de la tienda *online*.

Las categorías en WordPress

WordPress dispone de un método para clasificar el contenido bastante eficiente: son las taxonomías. Las taxonomías por defecto de WordPress son las etiquetas y las categorías, aunque realmente las categorías son las únicas que se utilizan.

Con las categorías podemos clasificar contenido y WordPress nos va a generar listados de entradas agrupadas que pertenecen a la misma categoría.

En el momento de publicar un artículo desde el editor de WordPress, siempre nos va a preguntar a qué categoría o categorías queremos asignarlo, tal y como se puede ver en la figura anterior.

Adicionalmente, desde la interfaz de **Categorías**, dentro de **Entradas**, podremos editar y añadir nuevas categorías, como puedes ver en la figura 4.8.

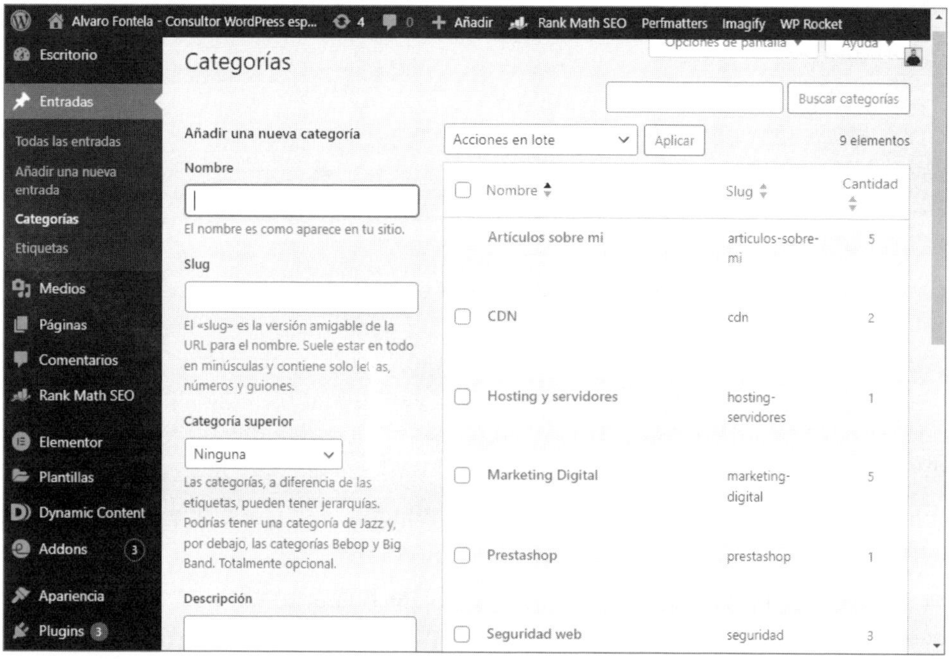

Figura 4.8. Listado de categorías en el panel de administración de WordPress.

Como hemos mencionado previamente, una misma entrada puede ser asignada a varias categorías, pero debemos tener cuidado con el contenido duplicado, ya que esto puede ser contraproducente para el posicionamiento SEO de la web.

Las etiquetas en WordPress

La otra taxonomía nativa de WordPress son las etiquetas.

Las etiquetas son muy similares a las categorías, pero, por su funcionamiento, están más orientadas a que una misma entrada pueda tener varias etiquetas.

Actualmente, las etiquetas no se suelen utilizar para prevenir problemas de contenido duplicado al utilizar las categorías. Por esta razón no vamos a hablar más de ellas.

Vamos a hacer como si no existieran, ya que prácticamente no se utilizan.

¿Qué son los Medios?

Si nos deslizamos un poco más por el *dashboard* de WordPress nos vamos a encontrar con la sección Medios.

En Medios encontraremos la biblioteca multimedia de archivos subidos a nuestra instalación WordPress, como puedes ver en la figura 4.9.

Simplemente arrastrando y soltando podremos subir imágenes, PDF, GIF y otros tipos de archivo a nuestro WordPress.

En la galería multimedia de WordPress no solo nos aparecerán los archivos subidos desde Medios, sino cualquier archivo subido directamente desde el editor de WordPress con el botón Añadir medios o subido por un *plugin* a través de alguna funcionalidad personalizada.

El botón Añadir medios del editor de WordPress puedes identificarlo en la figura 4.10.

Por resumirlo de alguna manera, en Medios encontraremos todos los archivos subidos a WordPress.

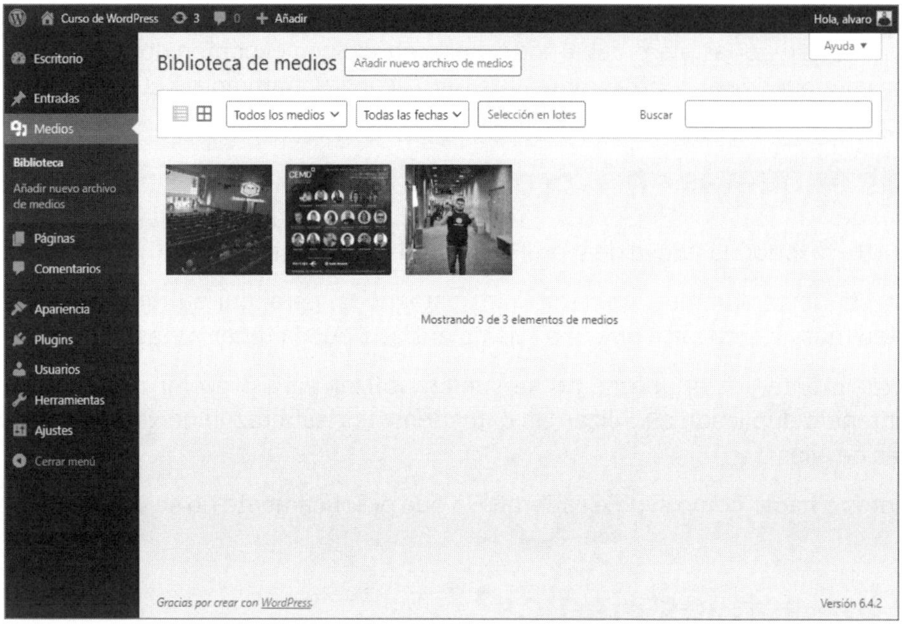

Figura 4.9. Galería de medios en el panel de administración de WordPress.

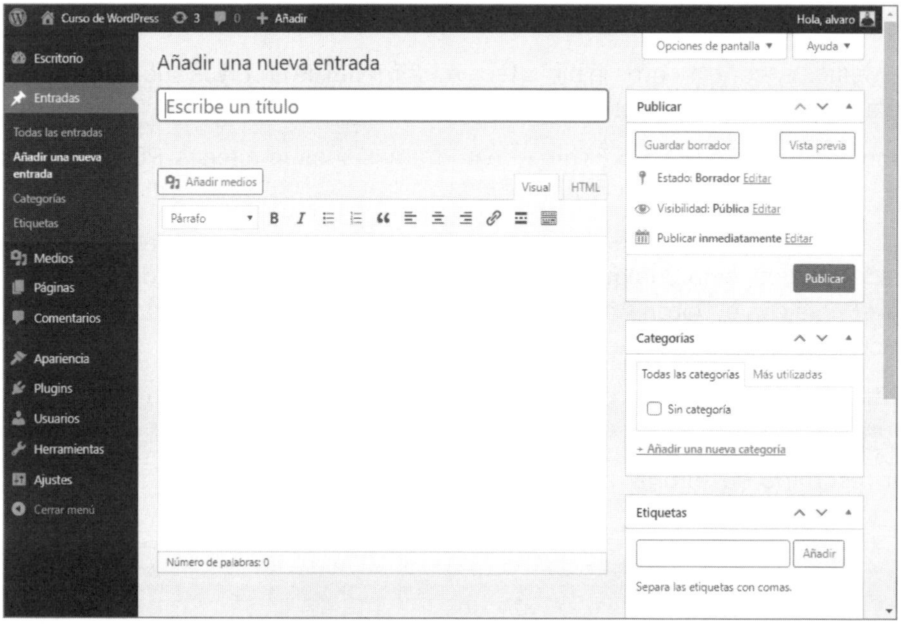

Figura 4.10. Botón Añadir medios en el editor de WordPress.

¿Qué son y cómo funcionan las páginas?

En mi opinión, las páginas son la base de todo, ya que son el tipo de contenido con el que le damos la forma al sitio web. Como he comentado antes, se guardan en el mismo sitio que los artículos o entradas dentro de la base de datos de WordPress, pero, a diferencia de las entradas, las páginas no están pensadas para ser listadas de forma cronológica ni tampoco se pueden asignar a taxonomías como las categorías y etiquetas.

Desde el punto de vista de la interfaz del *dashboard* de WordPress, el editor se comporta exactamente igual que en el caso de las entradas, pero tiene menos elementos de configuración, como puedes ver en la figura 4.11.

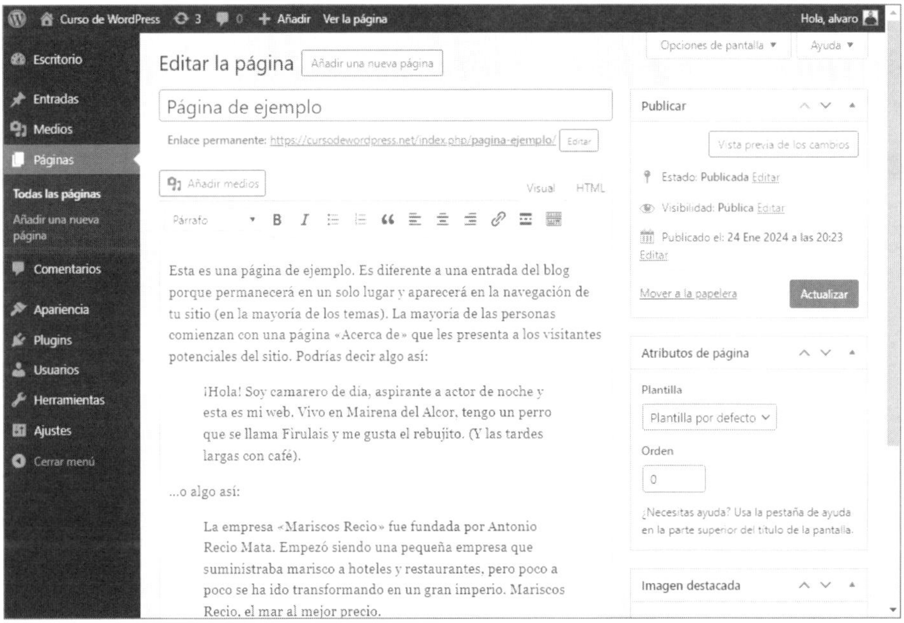

Figura 4.11. Editor clásico de WordPress para edición de páginas.

Aunque en el ejemplo de la figura anterior muestro una página editada con el editor clásico de WordPress, las páginas se suelen maquetar utilizando un *pagebuilder* o maquetador visual como Elementor.

La finalidad de una página puede ser totalmente diferente a la de las entradas. Una entrada o *post* siempre es informacional, pero una página puede ser transaccional, es decir, puede estar orientada a vender un producto o servicio o a informar sobre un producto o servicio. Como las páginas no están enlazadas en ningún listado, somos nosotros quienes tenemos que enlazar las páginas desde un menú o desde enlaces individuales.

¿Qué son y cómo funcionan los comentarios?

Cuando apareció WordPress, uno de sus puntos fuertes eran los comentarios que nos podían dejar los lectores y visitantes.

Justo en este momento apareció lo que llamamos web 2.0 y el *blogging*. Las páginas web ya no solo mostraban contenido, sino que ahora los visitantes podían interactuar con la web.

He de decir también que, desde que salieron las primeras versiones de WordPress, el sistema de comentarios de este CMS y sus opciones no han cambiado mucho, como se ve en la figura 4.12.

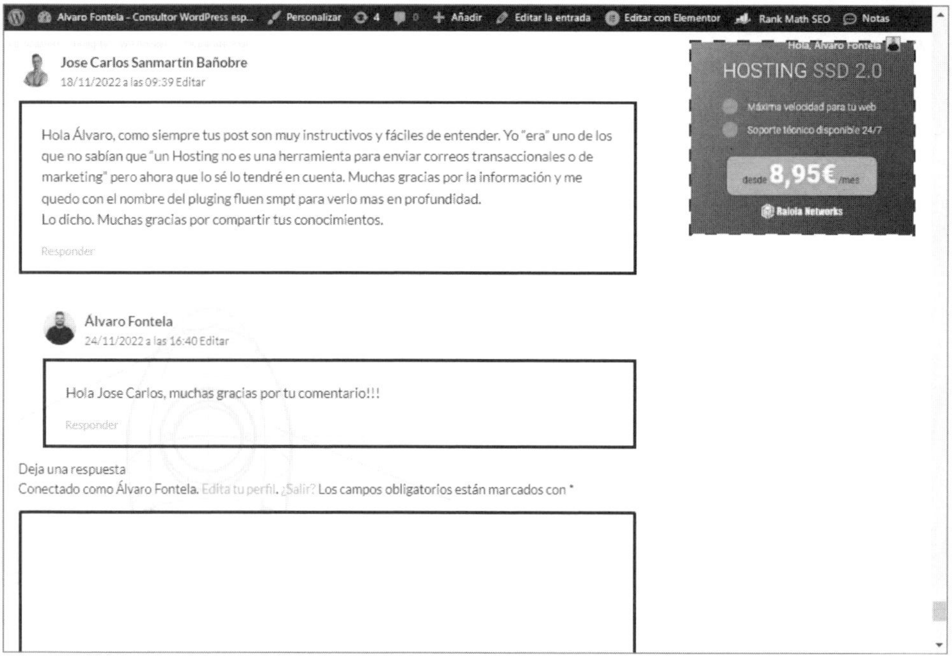

Figura 4.12. Ejemplo del sistema de comentarios de un blog creado con WordPress.

De hecho, actualmente la mayoría de administradores de sitios web WordPress echan de menos funcionalidades en los comentarios de WordPress, pero siempre podemos añadir esas funcionalidades al sitio web con *plugins*.

Podemos moderar y administrar los comentarios que nos van dejando en las entradas directamente desde la sección **Comentarios** dentro del *dashboard* de WordPress, como puedes ver en la figura 4.13.

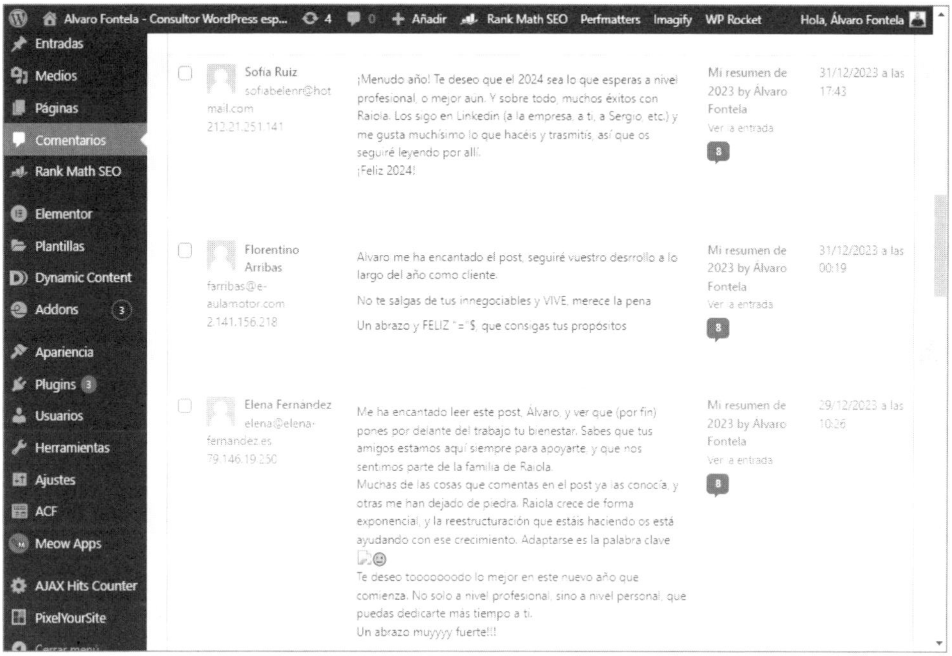

Figura 4.13. Listado de comentarios en el panel de administración de WordPress.

Podemos configurar WordPress para que no autopublique los comentarios que cumplan ciertos parámetros con el fin de moderarlos o directamente que no autopublique ninguno, si lo que queremos es moderar todos los comentarios de la web.

Algo que debemos tener en cuenta en WordPress es que, de forma nativa, no trae sistema *antispam* para los comentarios, pero existen *plugins* muy buenos (y gratuitos) para protegernos de los *spammers*.

¿Qué podemos hacer dentro de Apariencia?

Desde la sección Apariencia podemos instalar nuevos *themes* o plantillas, tanto desde el repositorio oficial de WordPress como una plantilla subida directamente desde nuestro ordenador en un archivo `.zip`.

En Temas podremos ver los *themes* o plantillas instaladas y en primer lugar tendremos la plantilla activa, como puedes ver en la figura 4.14.

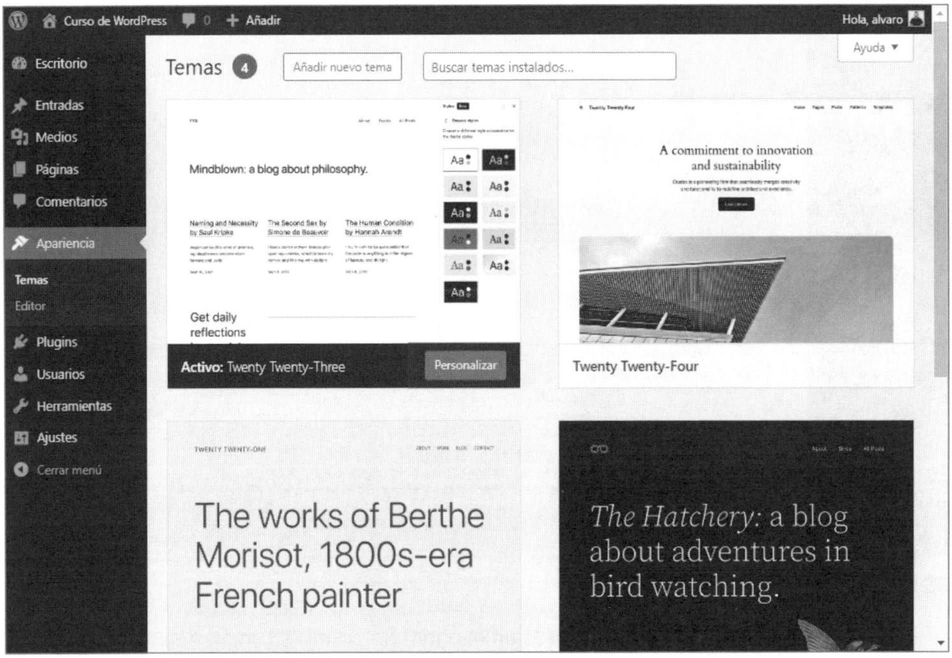

Figura 4.14. Listado de *themes* o temas instalados en WordPress.

Al pasar el ratón por encima podremos acceder a más detalles sobre el *theme* o plantilla en cuestión.

> **Nota:** Podemos instalar varios *themes* en nuestro WordPress, pero solo uno puede estar activo al mismo tiempo. Lo ideal por motivos de seguridad web es que solo tengamos instalado el *theme* activo y, como mucho, otro por si tenemos que hacer alguna prueba.

Por otro lado, si hacemos clic en el botón Añadir nuevo que tenemos arriba, podremos acceder a una interfaz que nos permitirá añadir un nuevo *theme* o plantilla de dos formas:

- ✔ Buscando un *theme* o plantilla gratuita para WordPress en el repositorio oficial de WordPress.
- ✔ Subiendo un archivo `.zip` con un *theme* o plantilla que tengamos en nuestro ordenador.

Normalmente, los *themes* o plantillas gratuitas están en el repositorio oficial de WordPress, pero, cuando compramos un *theme premium* o de pago en un *marketplace* como ThemeForest, nos darán un archivo `.zip` que tendremos que subir manualmente a nuestro WordPress.

Para subir un *theme* o plantilla, debemos hacer clic en el botón Subir tema, que puedes ver en la figura 4.15, y seleccionar donde se encuentra el archivo `.zip` en nuestro ordenador.

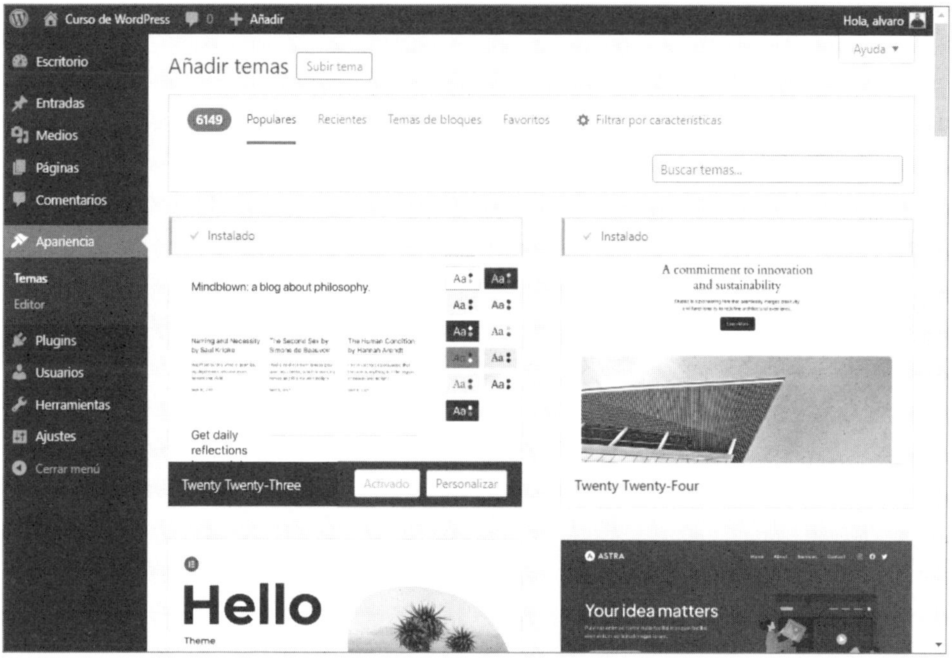

Figura 4.15. Pantalla para instalar nuevos temas en WordPress, mediante el repositorio oficial o mediante el botón Subir tema.

Ojo, porque el archivo debe cumplir ciertas características, pero lo normal es que el desarrollador del *theme* ya nos proporcione el archivo preparado para ser subido al sitio web sin tener que hacer nada más.

Por otro lado, en la sección Apariencia también encontraremos más elementos que nos permitirán personalizar nuestro *theme* activo.

Actualmente, los *themes* predeterminados de WordPress utilizan una funcionalidad llamada Editor que nos permite modificar las distintas partes de la web utilizando Gutenberg, aunque lo normal es que te salga el personalizador como el que puedes ver en la figura 4.16 y, desde ahí, puedas editar algunos parámetros importantes, como por ejemplo el logo de tu web.

Figura 4.16. Personalizador de WordPress, en la sección Apariencia.

Otra funcionalidad que suele encontrarse dentro de la sección Apariencia es el editor de menús.

Desde la sección **Menús**, dentro de **Apariencia**, podremos darles forma a los menús y también gestionar dónde van a aparecer estos menús, aunque esto puede variar dependiendo del *theme* o plantilla utilizada. La apariencia del editor de menús es la que puedes ver en la figura 4.17.

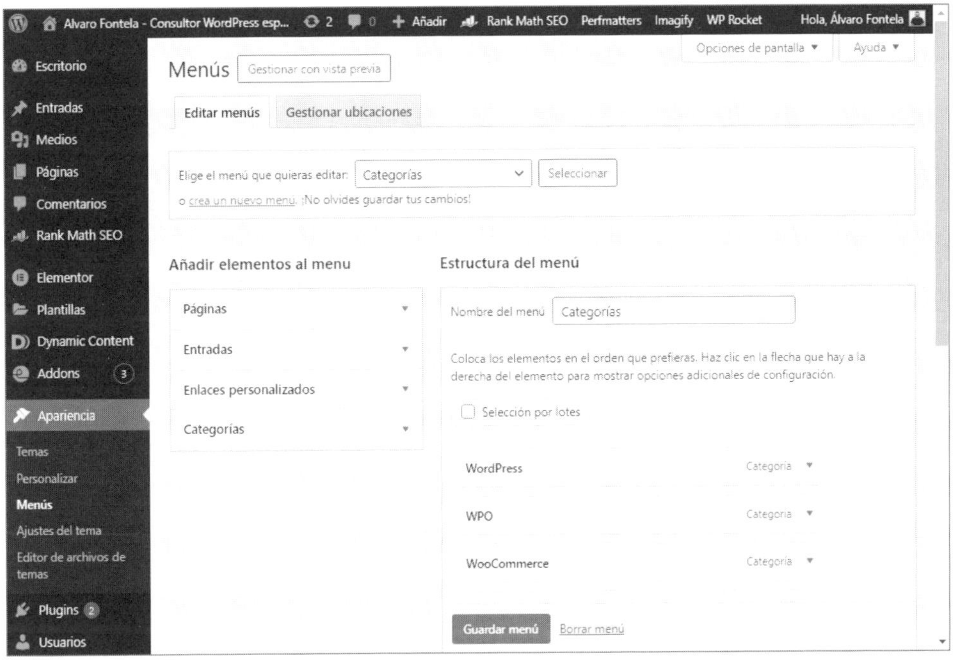

Figura 4.17. Editor de menús de WordPress, dentro de la sección **Apariencia**.

Aunque con la aparición de los *pagebuilders* o maquetadores visuales los *widgets* han ido desapareciendo poco a poco, todavía existen algunos *themes* que permiten la ubicación y gestión de *widgets* en el *sidebar* del blog o en el *footer*.

Si el *theme* utilizado soporta los *widgets*, nos aparecerá **Widgets** en la sección **Apariencia**, como puedes ver en la figura 4.18.

Los *widgets* son pequeños bloques que nos permiten mostrar información dinámica o estática en ciertas partes de nuestra web.

Esto durante un tiempo fue una revolución, pero actualmente, con el uso de los *pagebuilders*, estos últimos pueden ir mucho más allá.

Dentro de Apariencia en el *dashboard* de WordPress, la sección Temas siempre va a estar, pero las otras que hemos comentado son totalmente variables y dependen del *theme* o plantilla utilizada por el sitio web.

Incluso algunos *themes* tienen activo el Editor de archivos de temas, que permite que los usuarios avanzados puedan editar el código de la plantilla activa directamente desde el panel de control de WordPress.

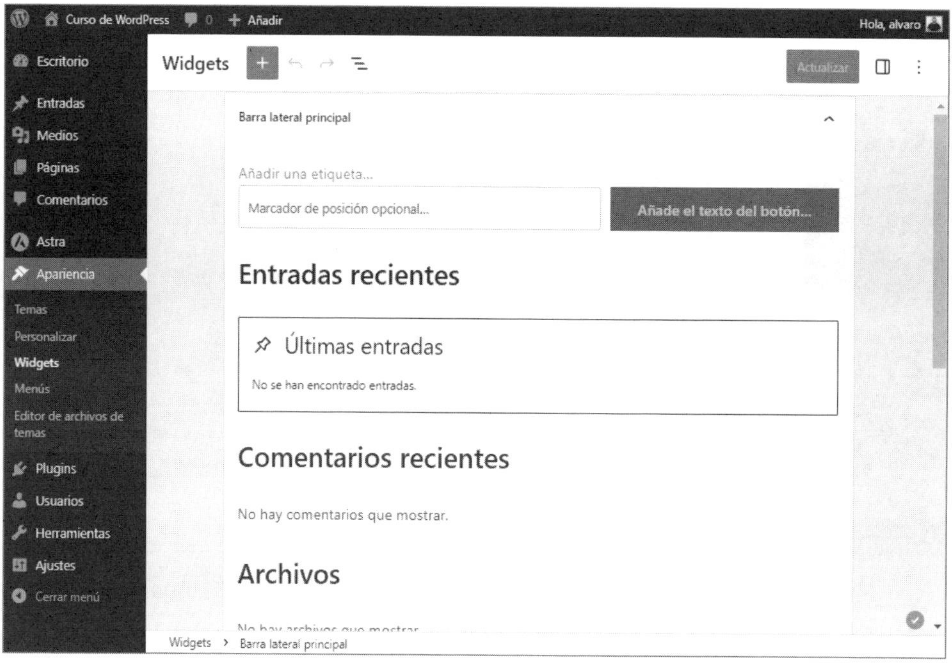

Figura 4.18. Editor de *widgets* de WordPress, dentro de la sección Apariencia.

¿Qué podemos hacer en Plugins?

Como ya te he comentado en el capítulo de introducción de este libro, los *plugins* son uno de los puntos fuertes de WordPress.

Nos permiten añadir a nuestra web ciertas funcionalidades simples o avanzadas sin necesidad de programar. Esto es algo que puede no parecer demasiado impresionante, pero hay que tener en cuenta que actualmente existen *plugins* para hacer casi cualquier cosa en WordPress.

Desde la sección **Plugins** del panel de administración de WordPress podemos instalar, desinstalar, activar y desactivar *plugins*, como puedes ver en la figura 4.19.

En azul oscuro tenemos los *plugins* instalados y activados, y en blanco los *plugins* instalados pero desactivados. Cada fila es un *plugin* diferente que en algún momento hemos añadido a nuestro WordPress. Al igual que en el caso de los *themes* o plantillas, si hacemos clic en el botón **Añadir nuevo** podremos instalar un *plugin* gratuito desde el repositorio oficial de WordPress o subir un archivo `.zip` con un *plugin* que tengamos en nuestro ordenador.

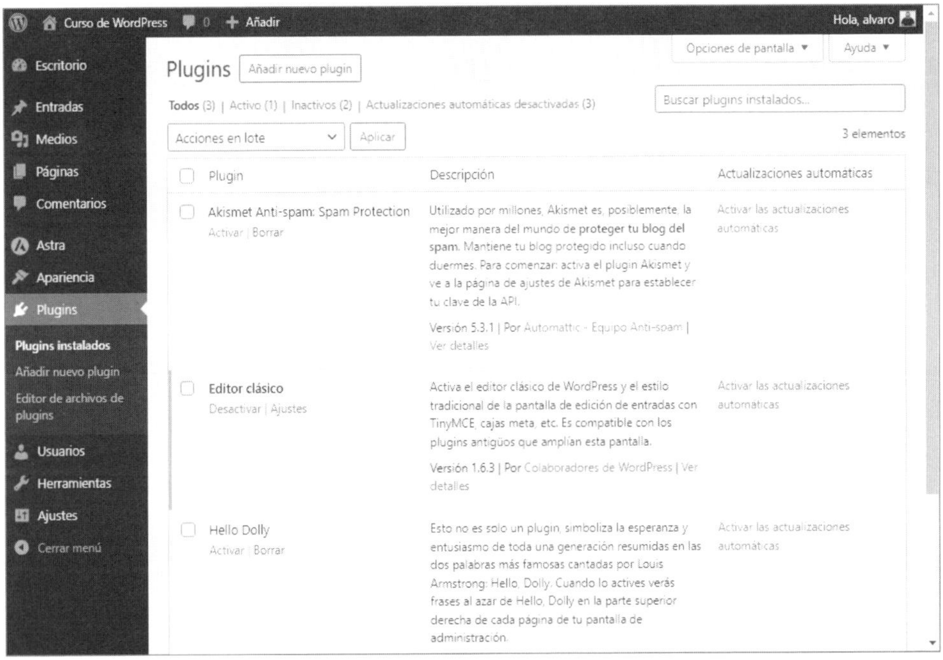

Figura 4.19. Listado de *plugins* instalados en WordPress.

Cuando compremos un *plugin* Premium, como por ejemplo el *pagebuilder* Elementor Pro, el desarrollador nos proporcionará un archivo `.zip` para subir a nuestra instalación y podremos subirlo a través de los botones **Seleccionar archivo** e **Instalar ahora**, que puedes ver en la figura 4.20.

Aunque en WordPress gracias a los *plugins* y los *themes* las posibilidades son infinitas, debemos recordar que en informática todo tiene un coste de recursos.

Por resumirlo de alguna manera: cuantos más *plugins* utilicemos y más complejos sean estos, mayor será el consumo de recursos de nuestra web y más caro será el *hosting* o alojamiento web que vamos a necesitar.

A mí me gusta explicarlo de otra forma: el hecho de que podamos instalar un *plugin* no quiere decir que lo tengamos que hacer si no lo necesitamos. Esto puede parecer obvio, durante mis años de experiencia, me he encontrado más de una vez 100 *plugins* instalados, pero solo se utilizaban 3 o 4.

Además, esto puede ser un problema importante para la seguridad de WordPress, pero eso lo vamos a ver en un capítulo más adelante.

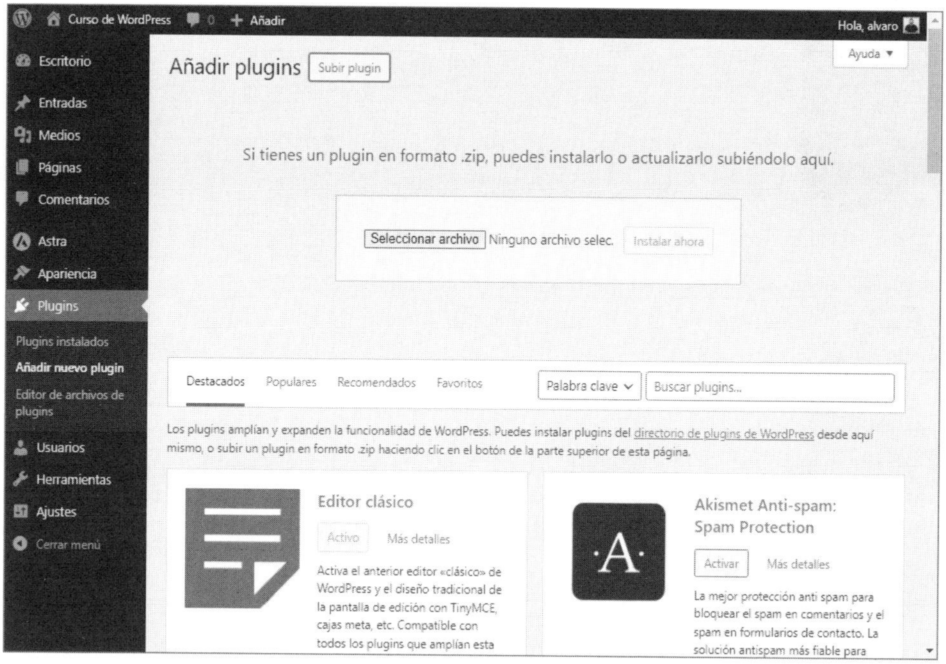

Figura 4.20. Listado de *plugins* para instalar desde el repositorio oficial de WordPress.

Los usuarios en WordPress

Aunque el sistema de gestión de usuarios de WordPress está bastante simplificado, la verdad es que es muy potente y con los conocimientos necesarios se pueden llegar a crear cosas muy interesantes.

Desde la sección **Usuarios** dentro del *dashboard* de WordPress podremos encontrar el listado de usuarios, la capacidad de añadir un nuevo usuario y también nuestra propia página de perfil donde podemos editar los datos de nuestra cuenta. En la figura 4.21 puedes ver el listado de usuarios de una instalación WordPress.

Es sencillo, ¿verdad? Como ya he comentado antes, realmente el sistema de usuarios de WordPress es mucho más potente, pero, para la mayoría de los casos, con las opciones que vienen por defecto en el panel de control de WordPress es suficiente.

Si añadimos o editamos un usuario, la pantalla que nos aparecerá es similar, los campos son similares. Son campos que debemos rellenar específicamente para cada usuario, no tiene demasiada ciencia. Lo único que puede resultar más complejo es el rol de usuario, pero eso lo voy a explicar en el siguiente punto.

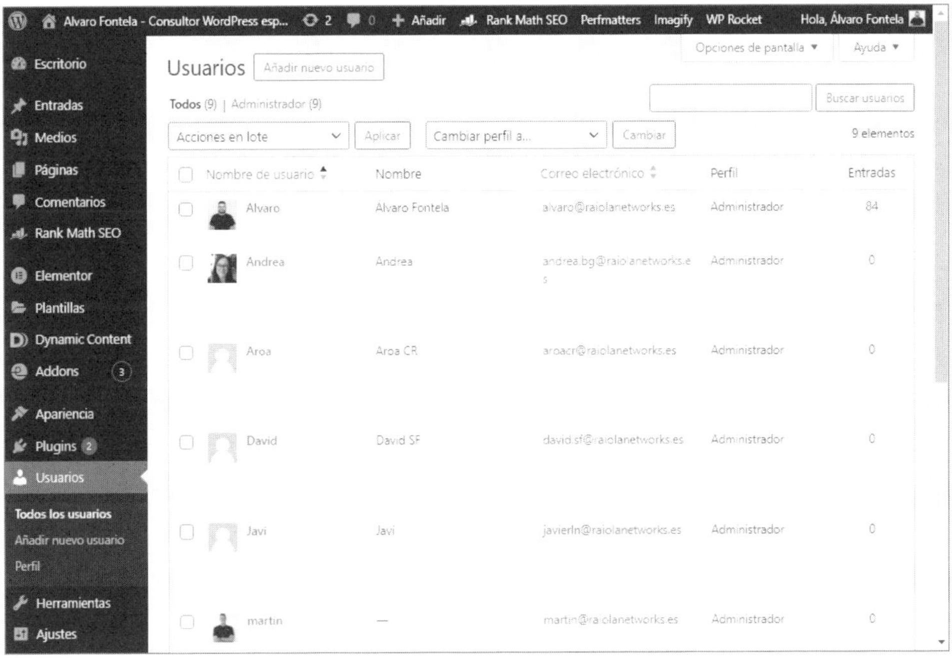

Figura 4.21. Listado de usuarios registrados en la instalación WordPress.

Los roles y permisos de usuario en WordPress

Podemos decir que los roles de usuario son tipos de usuario y creo que, por su parte, los permisos no necesitan explicación. Cada tipo de usuario tiene sus propios permisos específicos asignados para permitir o denegar ciertas acciones a los usuarios.

De forma nativa WordPress trae 5 roles de usuario, cada uno con sus permisos:

- ✔ Suscriptor.
- ✔ Colaborador.
- ✔ Autor.
- ✔ Editor.
- ✔ Administrador.

El nombre de estos roles viene de cuando WordPress era un simple CMS para crear blogs.

Lo más común en la mayoría de páginas web estáticas es que tanto nosotros mismos como cualquier otro usuario que tenga que realizar cambios en la web se utilice el rol de Administrador.

Si tenemos una web donde hay redactores, pueden tener el rol de Editor o Autor, dependiendo de si queremos darles la capacidad de publicar contenidos o solo dejarlos en borradores.

Por otra parte, cuando nosotros instalamos un *plugin* complejo, puede añadir ciertos tipos de roles con permisos específicos. Te pongo un ejemplo:

- ✔ WooCommerce: El principal *plugin* para crear tiendas *online* con WordPress añade los roles Customer y Shop Manager.
- ✔ LearnDash: El principal *plugin* para crear plataformas de eLearning con WordPress añade el rol Group Leader.

Pero esto no acaba aquí, ya que podemos personalizar nuestros propios roles y permisos para cada rol, aunque este no es el momento de explicarlo.

Los misterios de Herramientas

La sección **Herramientas** del *dashboard* de WordPress es muy polivalente. Algunos *plugins* suelen añadir sus paneles de opciones dentro de **Herramientas**, pero siempre ha sido una sección "variada".

De forma nativa, dentro de **Herramientas** no hay nada que nos interese en este preciso momento inicial, mientras estamos conociendo WordPress y explicando el entorno.

Desde esta sección podemos importar y exportar contenido, pero esto solo se realiza en casos muy concretos y es una acción que debe ser realizada por alguien que tenga algo de experiencia trabajando con WordPress.

También tenemos el acceso al panel **Salud del sitio**, que puede ser interesante cuando tenemos la web funcionando, pero que ahora mismo no viene al caso.

Ajustes: Configuración básica de WordPress

Dentro de la sección **Ajustes** tenemos todas las opciones necesarias para realizar la configuración básica de WordPress, pero es algo que no veremos en este capítulo, sino en el siguiente.

Simplemente lo comento en este punto para que no pienses que me he olvidado de una de las secciones más importantes del *dahsboard* de WordPress.

5 Configuración básica de WordPress

No te confundas, aunque se llame configuración básica de WordPress, hay algunas opciones que debemos configurar justo después de instalar WordPress para evitar problemas *a posteriori*, por lo que podemos deducir que son opciones importantes.

Algo muy curioso es que la sección Ajustes prácticamente no ha cambiado en 10 años, solo le han añadido la parte de Privacidad que no aporta nada (al menos en España) y han ajustado algunas cosas en la interfaz. Algunas de ellas llevaban años siendo solicitadas en el momento en que se implementaron.

> Nota: Quiero volver a aclarar que realizar la configuración básica de WordPress es muy fácil, y que hay muchas opciones que son iguales en todos los WordPress. Sin embargo, es muy importante hacerla al principio.

Como las pantallas con opciones son muy largas, en este capítulo del libro vamos a ir recortando las capturas de pantalla para fijarnos solo en las opciones concretas. Sé que saca bastante de contexto a la explicación, pero son limitaciones asumibles.

Sección Generales de WordPress

Cuando abrimos Ajustes la primera sección que nos carga es la sección general Generales.

En Generales podemos ver las opciones más básicas de WordPress. Muchas de ellas son específicas para tu sitio web, como por ejemplo el título.

Antes de nada, quiero dejar claro que ninguna de las opciones de **Generales** es fija, es decir, que estas opciones pueden ser cambiadas en cualquier momento sin ningún problema.

Voy a comentar las opciones una por una, explicando para qué sirven.

Las opciones que podemos ver en la figura 5.1 son:

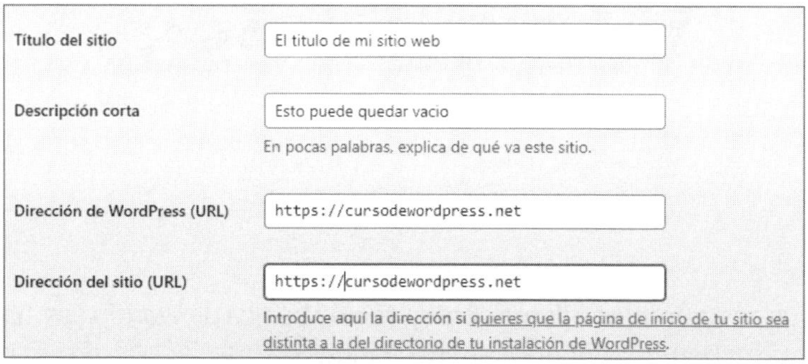

Figura 5.1. Configuración de título de la web, descripción y URL en la configuración de WordPress.

- ✔ **Título del sitio**: Es el título que nosotros le queramos dar a nuestra web, una decisión totalmente personal.
- ✔ **Descripción corta**: Este campo actualmente está en desuso, ya que los *themes* han dejado de mostrarlo en la cabecera.
- ✔ **Dirección de WordPress (URL)** y **Dirección del sitio (URL)**: No recomiendo cambiar ninguno de estos dos parámetros, ya que, incluso aunque queramos cambiar el dominio de nuestra web, no lo podemos cambiar simplemente cambiando esto. Son dos campos meramente informativos.

En el campo que puedes ver en la figura 5.2 llamado **Dirección de correo electrónico de administración** debemos introducir un correo electrónico nuestro.

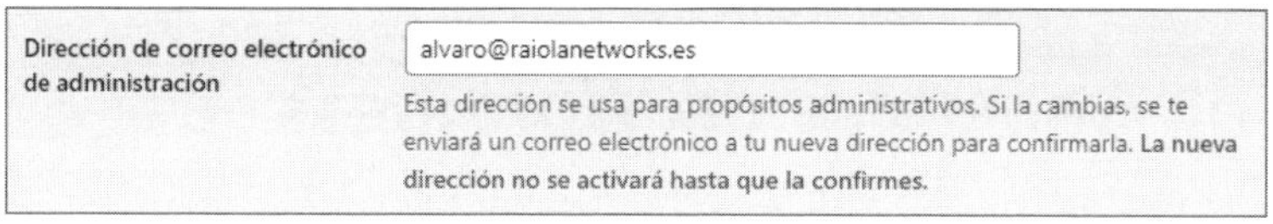

Figura 5.2. Configuración del correo electrónico del administrador de WordPress.

Esta dirección de email es independiente de la de nuestra ficha de usuario, y se utilizará para el envío de notificaciones de problemas o avisos del sitio web. Es importante poner una dirección de correo que esté funcionando y que revisemos periódicamente.

Si nos deslizamos hacia abajo por la pantalla de configuración nos encontraremos con lo que puedes ver en la figura 5.3.

Figura 5.3. Configuración de los registros para nuevos usuarios en WordPress.

La opción **Cualquiera puede registrarse** es bastante peligrosa, ya que va a permitir a cualquier usuario registrarse en nuestro sitio web.

Va a juego con **Perfil por defecto para los nuevos usuarios**, ya que es el rol predeterminado que se asignará a los nuevos usuarios registrados automáticamente.

Un ejemplo práctico sería el siguiente: si nosotros marcamos la casilla para que cualquiera puede registrarse y ponemos que el rol por defecto para nuevos usuarios sea el administrador, todos los nuevos usuarios podrían modificar nuestra web y sería un desastre.

En la práctica existen varias reglas para configurar estos parámetros:

- ✔ Si tenemos una web corporativa o blog que no requiere el registro de usuarios, siempre desmarcamos la casilla **Cualquiera puede registrarse**, por lo tanto, nos da igual cuál sea el rol por defecto.
- ✔ Si tenemos una tienda *online*, una plataforma de *eLearning* o cualquier tipo de web que pueda requerir el registro de usuarios, entonces marcamos la casilla **Cualquiera puede registrarse** y posteriormente seleccionamos el rol más limitado (**Suscriptor**) o el rol limitado que nos pida el *plugin* en cuestión (como el rol **Customer** de WooCommerce).

> Nota: Ojo, si los usuarios no tienen por qué registrarse en nuestra web, la opción **Cualquiera puede registrarse** debe estar siempre desactivada.

Si nos deslizamos hacia abajo un poco más por la configuración de **Generales**, nos encontraremos todas las opciones que puedes ver en la figura 5.4.

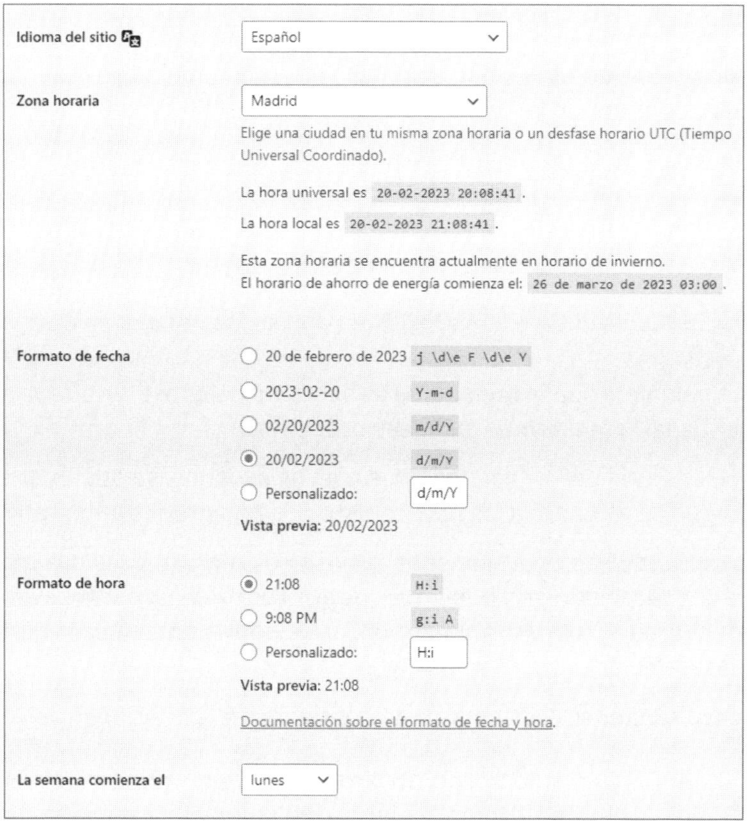

Figura 5.4. Configuración de idioma, zona horaria, formato de fecha y hora y día en el que empieza la semana.

Y estas son las opciones que nos faltan de **Generales**. Pienso que no necesitan explicación, simplemente son datos que deberás configurar según tu zona geográfica, tus costumbres y tus gustos.

El idioma, la zona horaria, el formato de fecha y hora y qué día empieza la semana en tu zona.

Sección Escritura de WordPress

Esta sección se ha quedado algo obsoleta, ya que hay funcionalidades incluidas en ella que se han quedado obsoletas o directamente no se han utilizado nunca. De los dos primeros desplegables que puedes ver en la figura 5.5, el de **Categoría por defecto para las entradas** sí que se suele usar, aunque al principio siempre muestra la única categoría que viene creada por defecto en WordPress: **Uncategorized**.

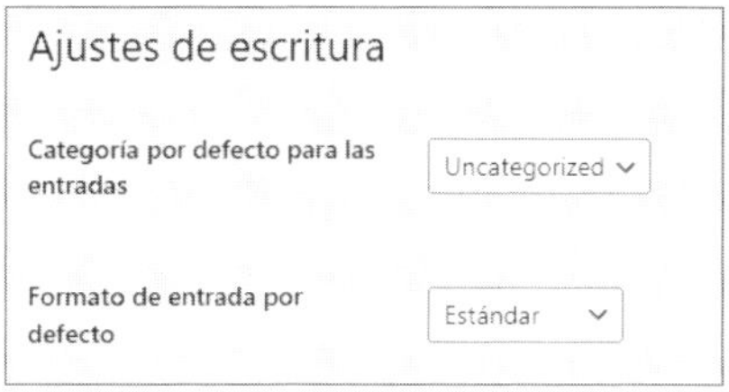

Figura 5.5. Configuración de la categoría por defecto de WordPress y del formato por defecto, este último en desuso.

En cuanto al desplegable **Formato de entrada por defecto**, esto está en desuso y ya no se utiliza. De hecho, los formatos de entrada nunca se usaron mucho. Un poco más abajo nos encontramos con la sección **Publicar por correo electrónico**, que puedes ver en la figura 5.6.

Figura 5.6. Configuración de la publicación por correo electrónico en WordPress.

Francamente, no recuerdo haber conocido a nadie que alguna vez haya publicado contenido en su WordPress mediante correo electrónico. Es un método bastante incómodo y puede causar problemas con el formato y la maquetación del contenido.

Al final de esta pantalla tenemos **Servicios de actualización**, que puedes ver en la figura 5.7, que nos permite hacer un listado de servicios a los que notificar las actualizaciones de contenido de nuestro WordPress. Esto solo funciona para los artículos y no para otro tipo de contenidos como las páginas.

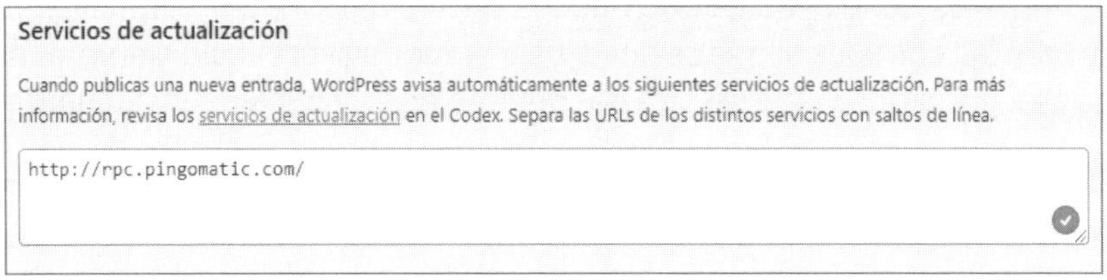

Figura 5.7. Configuración de los *pings* en WordPress, actualmente en desuso.

Actualmente, los servicios de *ping* a los que notificar actualizaciones de contenido están en desuso y prácticamente nadie los utiliza. Tuvieron su *boom* en el pasado cuando empezó a extenderse el concepto web 2.0, pero actualmente su uso ha disminuido drásticamente.

Y con esto concluimos nuestra sección sobre la configuración de WordPress; como puedes ver, lo único que debemos tener en cuenta es la categoría por defecto, pero tampoco es muy importante, ya que podremos modificar esto en el editor de WordPress para cada artículo.

Sección Lectura de WordPress

La sección **Lectura** tiene opciones mucho más interesantes que la anterior, algunas de ellas bastante decisivas.

En primer lugar, tenemos la configuración de la página de inicio que puedes ver en la figura 5.8, una de las más importantes.

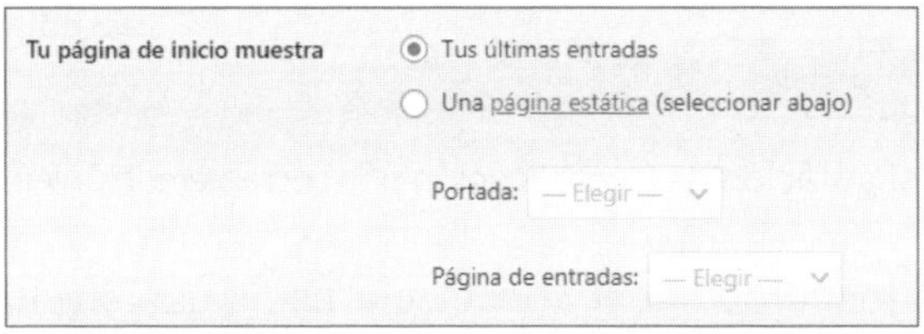

Figura 5.8. Configuración de lo que se va a mostrar en la página de inicio de nuestro sitio web.

Por defecto, WordPress siempre viene preconfigurado para mostrar **Tus últimas entradas** en la página de inicio, pero puede que quieras mostrar una página estática; en ese caso, debes marcar **Una página estática** y seleccionar en **Portada** la página que hayas creado previamente para ser la página de inicio.

Como en este libro vamos a ver cómo se crea una web corporativa, lo anterior lo veremos con más detalle más adelante.

Lo siguiente que nos encontramos en la sección **Lectura** de la configuración de WordPress son los campos de configuración de cuántos artículos se van a mostrar en los listados, tanto en la web como en el *feed* RSS. Estos campos los puedes ver en la figura 5.9.

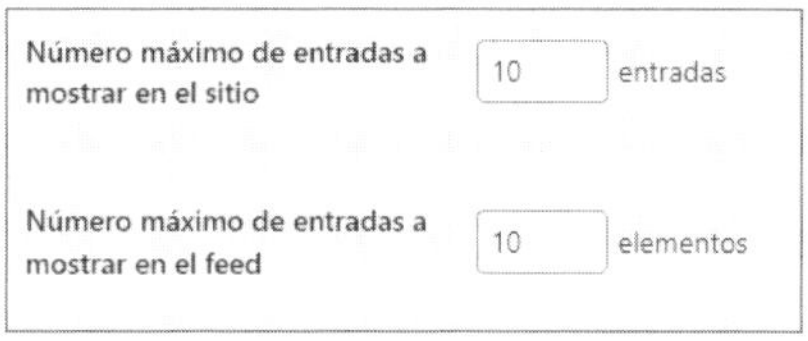

Figura 5.9. Configuración del número de entradas que se van a mostrar en los listados del blog y en el *feed* RSS.

Por si no lo sabes, el *feed* RSS es un sistema de distribución de contenidos que permite a los lectores usar servicios como Feedly o cualquier otro lector RSS para estar informado de los últimos contenidos de los blogs que siguen.

Actualmente, muchas plantillas o *themes* para WordPress no determinan el número máximo de entradas por esta configuración, y suelen tener configuraciones específicas para esto. Lo mismo ocurre con los *pagebuilders* y maquetadores visuales al insertar bloques que nos muestran listados de contenido.

Personalmente, ambos campos los dejo por defecto y, si necesito hacer algún ajuste en el futuro, lo hago, pero se puede dejar por defecto sin afectar a nada.

Lo siguiente que nos encontramos en **Lectura** es un campo llamado **Para cada entrada en el feed, incluir** que nos dará a elegir entre **Texto completo** y **Extracto**, tal y como puedes ver en la figura 5.10.

En este caso, siempre recomiendo marcar **Extracto**, ya que si marcamos **Texto completo** quiere decir que el contenido completo de nuestros artículos va a enviarse en el *feed* RSS, y esto puede hacer que muchos *bots* nos puedan copiar o plagiar el contenido de una forma mucho más fácil para publicarlo en otras páginas web de Internet.

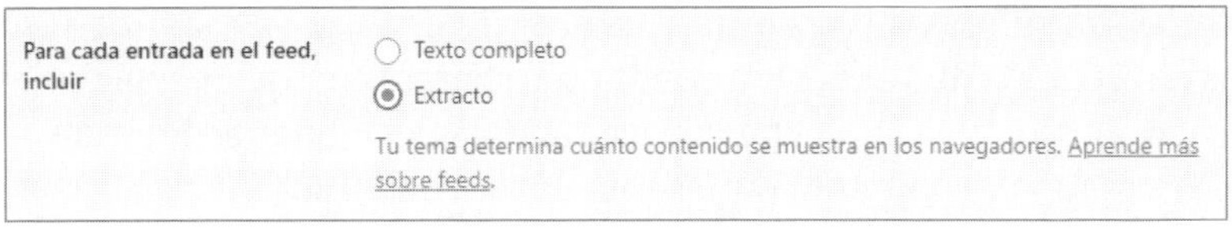

Figura 5.10. Configuración del contenido que será mostrado en el *feed* RSS.

Por último, en la sección **Lectura** de la configuración de WordPress, nos encontramos con la opción **Visibilidad en los motores de búsqueda**, que puedes ver en la figura 5.11.

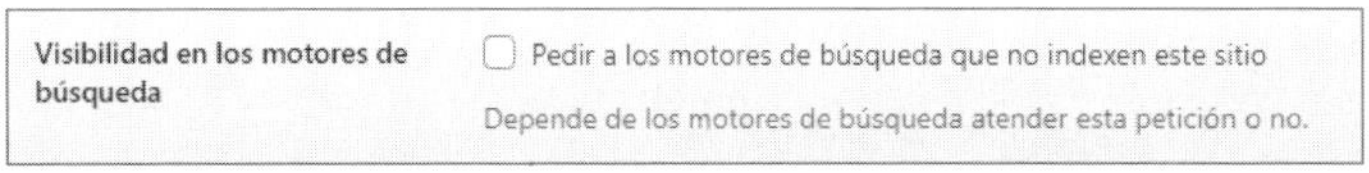

Figura 5.11. Configuración que nos permite elegir si queremos que nuestra web aparezca en los buscadores como Google o no.

Esta casilla de verificación o *checkbox* siempre debe estar desmarcada si queremos que nuestro sitio web sea completamente visible en Internet.

Sección Comentarios de WordPress

Como he comentado anteriormente, el sistema de comentarios de WordPress está bastante obsoleto y las opciones que encontramos dentro de **Comentarios** en la configuración de WordPress llevan mucho tiempo ahí.

Aunque vamos a explicar para qué sirve cada opción, en la mayoría de los casos, yo simplemente desmarco las dos casillas que nos encontramos en la parte **Enviarme un correo electrónico cuando**, que puedes ver en la figura 5.12, y dejo todo lo demás tal y como viene por defecto.

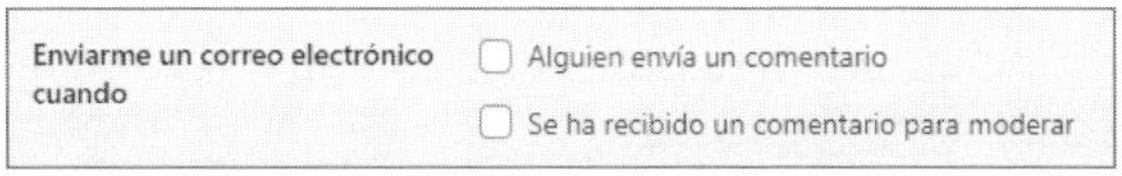

Figura 5.12. Configuración para elegir si queremos recibir un correo electrónico cada vez que alguien publique un comentario en nuestro blog.

La principal razón es que hay muchas opciones obsoletas que no afectan en nada y otras que, si queremos explotarlas, vamos a necesitar un *plugin*.

Volviendo a las opciones de **Comentarios**, empezamos por arriba con el bloque **Ajustes por defecto de las entradas**, que puedes ver en la figura 5.13.

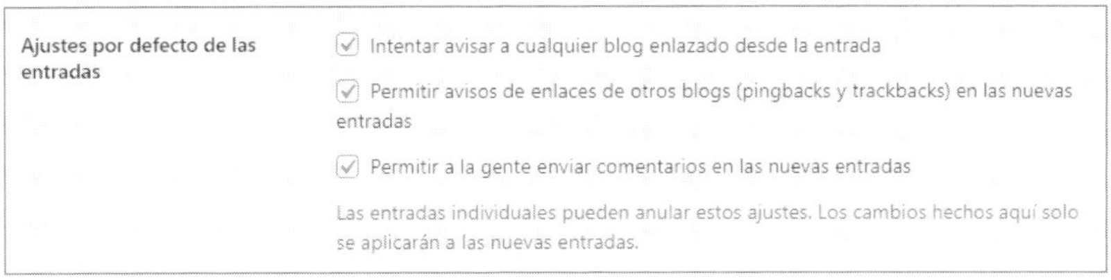

Figura 5.13. Configuraciones varias del sistema de comentarios nativo de WordPress.

Estas tres opciones siempre vienen marcadas por defecto:

- ✔ **Intentar avisar a cualquier blog enlazado desde la entrada**: Esto forma parte del sistema de *pingbacks* y *trackbacks* de WordPress, es automático, así que mi recomendación es dejarlo marcado, ya que no tendrás que preocuparte por nada.
- ✔ **Permitir avisos de enlaces de otros blogs (pingbacks y trackbacks) en las nuevas entradas**: Eso también viene marcado por defecto, mi recomendación es que la dejes activa si has dejado marcada la anterior.
- ✔ **Permitir a la gente enviar comentarios en las nuevas entradas**: Esta opción es muy importante, ya que con ella podemos activar y desactivar los comentarios en WordPress.

Seguimos bajando por la sección **Comentarios** y nos encontramos otro bloque de opciones, el que podemos ver en la figura 5.14. En este caso, es bastante personal, la configuración por defecto está bien, pero podemos personalizarla para adaptarla a las necesidades de nuestro proyecto.

Personalmente, no suelo tocar estas opciones salvo que necesite algo específico:

- ✔ **El autor del comentario debe rellenar el nombre y el correo electrónico**: Esto creo que es algo básico y necesario en cualquier sistema de comentarios, por eso lo dejamos marcado, tal y como viene por defecto.
- ✔ **Los usuarios deben registrarse y acceder para comentar**: Esto, salvo que tengas necesidades específicas, debe estar desactivado para que cualquier visitante de la web pueda comentar.

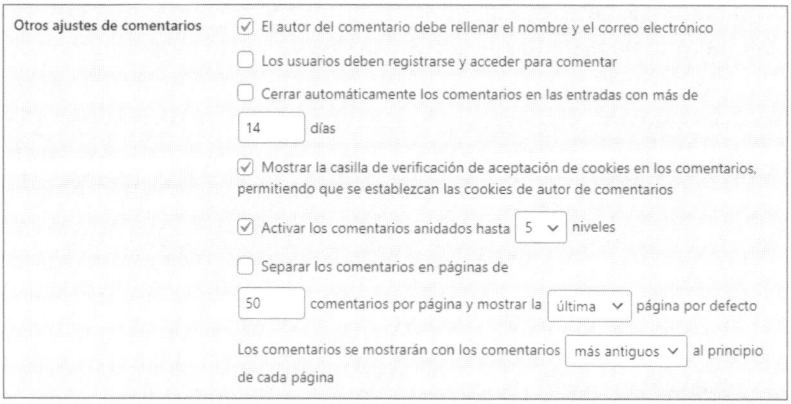

Figura 5.14. Configuración del sistema de comentarios de WordPress.

- ✔ **Cerrar automáticamente los comentarios en las entradas con más de**: Esta es una opción muy personal que no suele ser utilizada salvo casos muy concretos; yo personalmente nunca la he usado. Te recomiendo dejarla desactivada para evitar problemas.
- ✔ **Mostrar la casilla de verificación de aceptación de cookies en los comentarios, permitiendo que se establezcan las cookies de autor de comentarios**: Si quieres que el sistema de comentarios funcione correctamente para usuarios recurrentes, te recomiendo dejarla marcada.
- ✔ **Activar los comentarios anidados hasta**: Esta es otra opción muy personal, depende de cada uno, aunque dejar la configuración por defecto (5) tampoco es una mala opción.
- ✔ **Separar los comentarios en páginas de**: Esto es para casos muy raros donde hay miles de comentarios en una publicación; aun así, yo siempre recomiendo dejarla desactivada.
- ✔ **Los comentarios se mostrarán con los comentarios**: Otra opción muy personal, con esto eliges si se van a ver más arriba los comentarios más antiguos o los más nuevos. Yo siempre lo dejo por defecto en **más antiguos**.

Justo debajo tenemos las dos casillas de verificación de las que hablamos al principio, en la figura 5.15.

Como hemos dicho, a mí me gusta dejarlas desactivadas, pero es cuestión de gustos. Si quieres que WordPress te envíe un correo electrónico cada vez que te dejen un comentario, debes activar ambas.

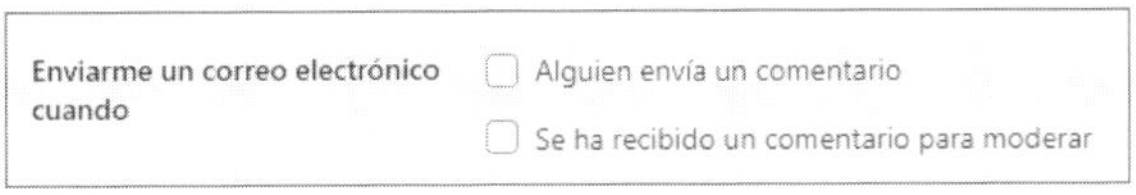

Figura 5.15. Configuración para elegir si queremos recibir un correo electrónico cada vez que alguien publique un comentario en nuestro blog.

Justo debajo, tenemos otras dos casillas o *checkbox* que nos permiten establecer algunas reglas de moderación de comentarios bastante interesantes. Puedes verlas en la figura 5.16.

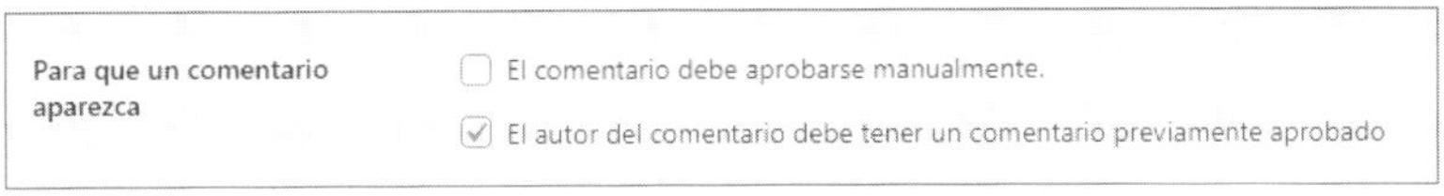

Figura 5.16. Configuración de la moderación de comentarios nativa de WordPress.

Aunque yo siempre lo dejo exactamente como viene, la verdad es que son opciones personales:

- ✔ **El comentario debe aprobarse manualmente**: Si quieres que todos los comentarios que te dejen sean moderados manualmente por ti desde la sección **Comentarios** de WordPress, activa esta casilla.
- ✔ **El autor del comentario debe tener un comentario previamente aprobado**: Al activar esta opción, sin marcar la anterior, hacemos que el primer comentario siempre deba ser moderado, pero el resto no. Es como si le diéramos confianza al autor del comentario.

Nos deslizamos hacia abajo un poco por la pantalla de **Comentarios** y nos encontramos con la sección **Moderación de comentarios**, que puedes ver en la figura 5.17.

Esto es fácil; son dos reglas que podemos usar para que ciertos comentarios que las cumplan no se publiquen automáticamente y se queden en moderación:

- ✔ Por un lado, podemos retener comentarios con un determinado número de enlaces.
- ✔ Por otro lado, podemos especificar un listado de palabras clave que, al ser detectadas en los comentarios, automáticamente ese comentario será retenido para moderación.

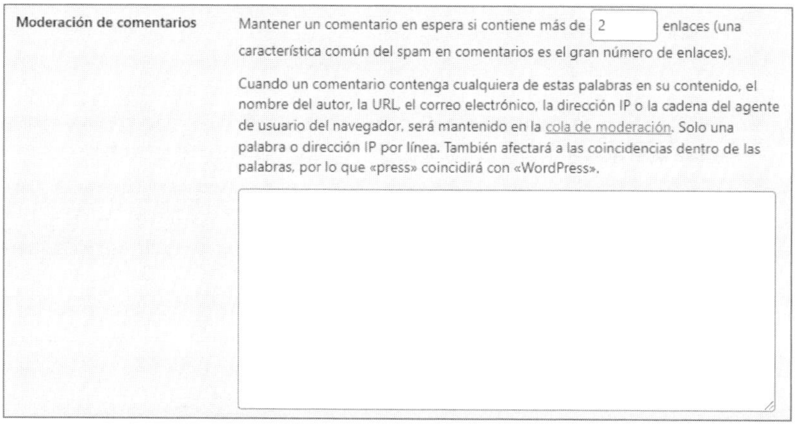

Figura 5.17. Configuraciones extra para el sistema de moderación de comentarios de WordPress.

Incluso si nos desplazamos por la pantalla y bajamos un poco más por la sección Comentarios, podremos ver la sección Palabras rechazadas en los comentarios, que se muestra en la figura 5.18, donde podremos especificar una lista de palabras que no pueden ser escritas en los comentarios o el comentario automáticamente será rechazado.

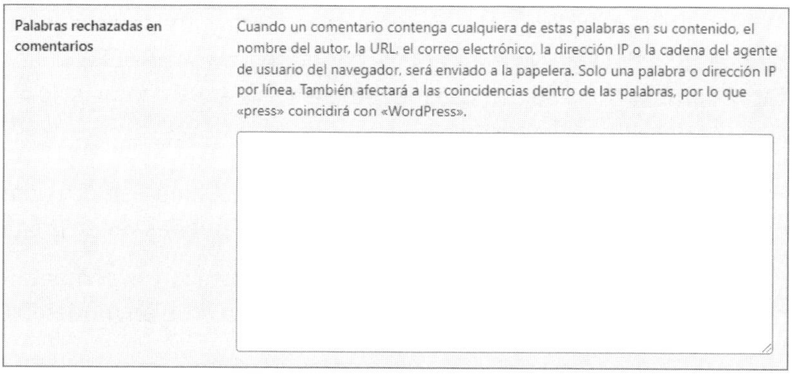

Figura 5.18. Configuración de palabras bloqueadas en el sistema de moderación de comentarios de WordPress.

Personalmente, nunca he tenido la necesidad de utilizar estos dos últimos cuadros para insertar un listado de palabras clave, ya que con una moderación basada en la confianza suele ser suficiente.

Cuando digo basada en la confianza, me refiero concretamente a que moderamos el primer comentario de un autor, pero permitimos publicar directamente a autores que ya han publicado alguna vez un comentario en nuestra web.

Por último, en esta sección, nos queda la parte de **Avatares**, donde podemos activar y desactivar los avatares.

Los avatares en WordPress se gestionan mediante el servicio Gravatar y todas estas opciones que podemos ver sobre avatares realmente son opciones de Gravatar. Al activar **Mostrar avatares**, en la figura 5.19, estamos activando Gravatar.

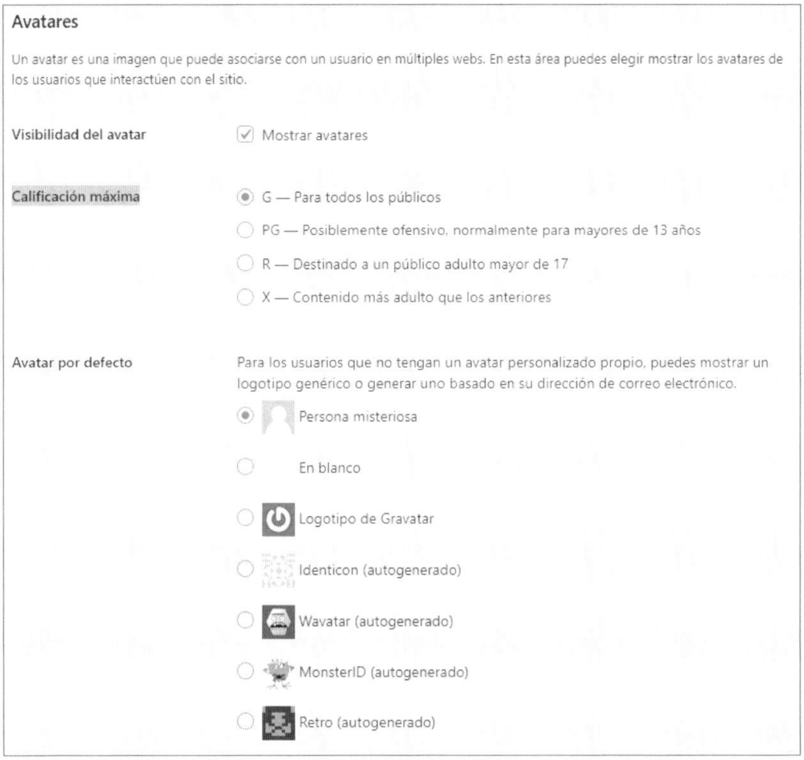

Figura 5.19. Configuración de avatares del sistema de comentarios de WordPress.

Gravatar es un servicio que nos permite tener un avatar ligado a nuestro correo electrónico, de forma que siempre tendremos el mismo avatar en los comentarios de cualquier blog o web que sea compatible con Gravatar, y todos los sitios web creados con WordPress son compatibles con Gravatar. Tienes más información en el sitio web: `https://es.gravatar.com/`:

- ✔ **Visibilidad del avatar:** Podremos activar o desactivar los Gravatar en WordPress, y con ello los avatares, ya que si queremos utilizar otro tipo de avatares debemos instalar *plugins* que nos permitan tener avatares específicos para los usuarios registrados.
- ✔ **Calificación máxima:** Se usa para evitar que aparezcan los avatares de Gravatar para los visitantes de ciertas edades. Nunca he necesitado cambiar esto.
- ✔ **Avatar por defecto:** Esto define el avatar por defecto para cualquier persona que comente que no tenga su email registrado en Gravatar. Como ves, WordPress nos ofrece varias opciones, pero, si queremos subir uno o varios personalizados, debemos utilizar *plugins* para esto.

Con esta sección de la figura 5.19 damos por finalizada la explicación de la sección **Comentarios** de la configuración de WordPress.

Para configurar algunos aspectos básicos está muy bien, pero, como ya he dicho, si queremos ir más allá y nuestro blog tiene muchos comentarios, vamos a necesitar *plugins* para añadir ciertas funcionalidades importantes, como por ejemplo la protección contra *spam*.

Sección Medios de WordPress

En **Medios** debemos definir dónde y cómo se guardan las imágenes y cualquier archivo subido a la galería multimedia de WordPress.

Realmente, WordPress no nos deja personalizar muchas cosas en esta sección, pero hay un par de opciones que deben ser personalizadas al principio para evitar que un cambio cuando la web esté funcionando pueda darnos problemas.

En primer lugar, tenemos los ajustes de tamaño de las miniaturas generadas por WordPress.

Algo que debes tener en cuenta es que WordPress genera varias miniaturas para cada imagen que subimos al sitio web (en la jerga de WordPress se llaman *thumbnails*), que nos permiten utilizar el tamaño de imagen más adecuado en cada caso, con el fin de que el sitio web cargue siempre lo más rápido posible.

WordPress de forma nativa genera estas tres miniaturas con los tamaños por defecto:

- ✔ Miniatura.
- ✔ Medio.
- ✔ Grande.

Justo en la figura 5.20 puedes ver la configuración de tamaño de los *thumbnails* para los 3 tamaños de miniaturas por defecto.

Figura 5.20. Configuración del sistema de *thumbnails* o miniaturas de WordPress.

Normalmente, no suelo tocar esta configuración, ya que los *themes* o plantillas y algunos *plugins* generan sus propias miniaturas. Incluso existen *plugins* específicos para que nosotros podamos darle la orden a WordPress de que genere ciertos tamaños de imagen específicos para cada imagen que subamos a la galería multimedia de nuestro WordPress.

Justo debajo de esto, nos encontramos algunas opciones que sí que son importantes para el funcionamiento del sitio web.

Esta parte es curiosa porque, dependiendo de cómo hayas hecho la instalación de WordPress, puedes encontrarte con esto que puedes ver en la figura 5.21.

O directamente con esto otro que puedes ver en la figura 5.22.

La diferencia radica en que al instalar WordPress con un autoinstalador como Installatron, el autoinstalador introduce una línea en el archivo de configuración donde especifica la ruta de guardado de los archivos de la galería multimedia.

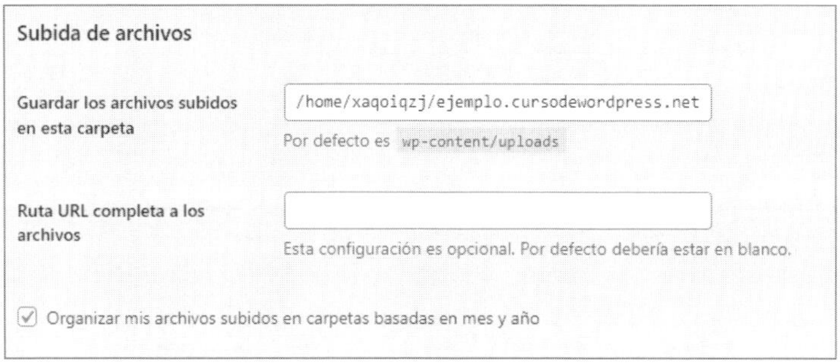

Figura 5.21. Configuración de la ubicación de guardado de las imágenes y elementos de la galería de medios de WordPress.

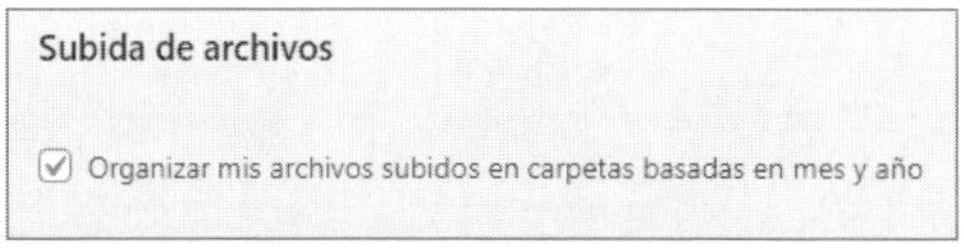

Figura 5.22. Configuración de la organización de las carpetas de guardado de archivos en WordPress.

Mi recomendación para evitar problemas en caso de que algún día tengas que migrar tu web de un *hosting* a otro es que elimines el contenido del campo Guardar los archivos subidos en esta carpeta y que guardes haciendo clic en Guardar cambios. Automáticamente desaparecerán los dos campos y quedará la interfaz únicamente como en la figura 5.22, con la casilla Organizar mis archivos subidos en carpetas basadas en mes y año.

En cuanto a la casilla Organizar mis archivos subidos en carpetas basadas en mes y año es una opción que viene marcada por defecto y que va a cambiar la organización de la carpeta `uploads`, que es donde se guardan los archivos de la galería multimedia de WordPress.

Personalmente suelo desmarcarla, porque me gustan más los enlaces a los archivos sin el mes y el año, pero es cuestión de gustos.

Sección Enlaces permanentes de WordPress

Aunque es la penúltima sección, es una de las más importantes. Debemos realizar la configuración de los enlaces permanentes generados por nuestro sitio web al principio, después de instalar nuestro WordPress.

Dentro de **Enlaces permanentes**, la parte más importante es la de **Estructura de enlaces permanentes**, que puedes ver en la figura 5.23.

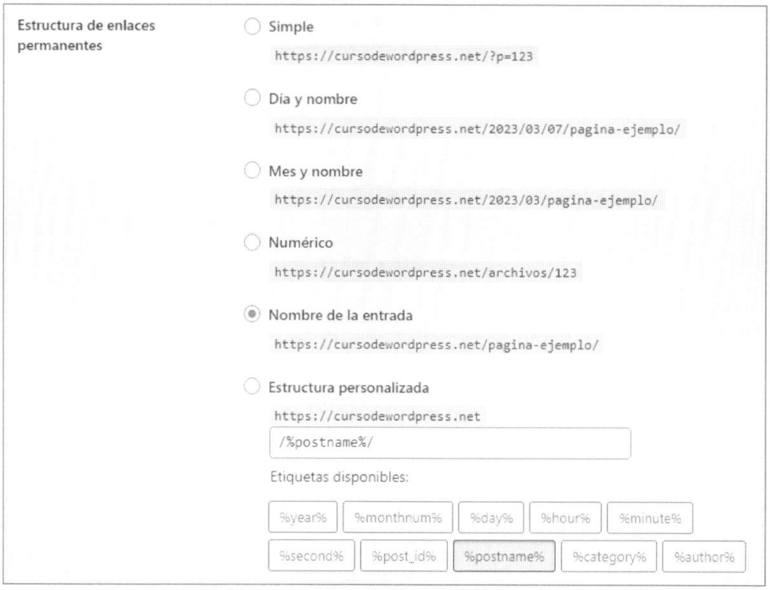

Figura 5.23. Configuración de los enlaces permanentes o *slugs* en WordPress.

Aquí no hay discusión que valga, la opción que debemos marcar es la que yo tengo marcada en la figura: **Nombre de la entrada**.

Esto va a hacer que la estructura de URL de nuestra web sea simple y limpia.

Y esto debemos configurarlo al principio, ya que, si lo cambiamos *a posteriori*, podrían generarse muchos errores 404 que son malos para la usabilidad y el posicionamiento en buscadores.

Debajo de esto, tenemos una parte llamada **Opcional**, que puedes ver en la figura 5.24, que nos permite especificar una URL base para las categorías.

Esto se suele dejar por defecto, ya que posteriormente, al instalar un *plugin* para la gestión del posicionamiento SEO, se suelen sacar las palabras intermedias de las categorías con el fin de simplificar los enlaces del sitio web.

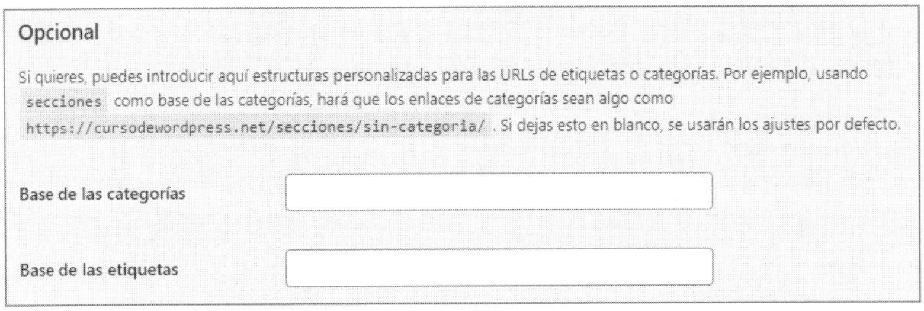

Figura 5.24. Configuración de la URL base para las categorías y las etiquetas de WordPress.

Sección Privacidad de WordPress

Como ya he comentado, la sección **Privacidad** ha sido la última que se ha añadido a la configuración básica de WordPress.

Teóricamente, facilita la creación de la política de privacidad del sitio web y nos permite configurar una página como política de privacidad.

Personalmente, creo que no es la forma ideal de crear los textos legales de una web y que, si nos tomamos en serio la web que estamos creando, debemos consultar con un abogado o profesional especializado en temas legales digitales.

6 *Themes* y plantillas para WordPress

Como ya hemos visto en capítulos anteriores, uno de los puntos más destacables de WordPress es la gran cantidad de plantillas (*themes*) y *plugins* que existen para poder personalizar completamente nuestro sitio web sin necesidad de saber programar.

Los *themes* o plantillas nos permiten aplicar una apariencia visual a nuestro sitio web y, normalmente, también nos permiten personalizar esa apariencia hasta dejarla en mayor o menor medida como nosotros queremos.

> Nota: Aunque en español su nombre es "plantillas", normalmente en la jerga WordPress nos solemos referir a ellas como "*themes*", el término utilizado en inglés.

En el año 2010, si nosotros instalábamos un *theme* en WordPress, en la mayoría de casos no teníamos muchas más opciones, y la apariencia inicial era la que había.

Pero, con el paso de los años, los avances tecnológicos y la dedicación de muchos desarrolladores de la comunidad de WordPress, actualmente los *themes* nos permiten grandes personalizaciones y adaptaciones.

Actualmente, existen *themes* multipropósito que nos permiten muchísimas combinaciones visuales, por lo que las opciones son casi infinitas.

Además, los *themes* más potentes suelen integrarse con muchos otros *plugins* y *pagebuilders*.

Aunque actualmente en las pantallas de configuración de los *themes* se suelen priorizar la simplicidad, una curva de aprendizaje fácil y la capacidad de configurar estilos predefinidos, para mucha gente puede ser agobiante encontrarse con paneles de configuración casi infinitos, de lo largos que son.

También existen *themes* como los de hace años, que se instalan y prácticamente no tienen opciones de configuración. En ellos, su puesta a punto inicial es más simple, pero sus usos prácticos más limitados.

Los *themes* para WordPress actualmente

Desde las primeras versiones de WordPress, muchas cosas han cambiado y se han adaptado a los nuevos tiempos.

Como ya he comentado anteriormente, las mejoras tecnológicas, unido a que actualmente hay muchos desarrolladores trabajando en el tema, han hecho que actualmente existan soluciones híbridas que nos permiten combinar *themes* base y *pagebuilders*, de los cuales hemos hablado anteriormente.

Actualmente, se suele trabajar con 3 opciones a la hora de crear un sitio web profesional. Yo te las voy a listar de la más recomendable (para mí) a la menos. Evidentemente, todas tienen sus pros y sus contras, pero debemos tener en cuenta que esto es un curso de WordPress para gente que empieza sin experiencia previa con el CMS y, por lo tanto, las opciones mencionadas están adaptadas a este perfil.

Theme base con *pagebuilder*

Esto consiste en el uso de un *theme* "esqueleto" o *theme* base que incluye lo justo y necesario para integrarse con un *pagebuilder*, que es con lo que realmente le damos forma y maquetamos el sitio web.

Un ejemplo de uso de esto es utilizar el *theme* Hello Elementor con el *pagebuilder* Elementor Pro, y es precisamente el método que vamos a ver en este libro.

Este método tiene la ventaja de que el *theme* tiene escasa configuración, y el *pagebuilder* que le ponemos encima nos permite darles forma a todos los elementos de la web: cabecera, pie, blog, entradas individuales, páginas de producto, etc.

Aunque personalmente me encanta esta combinación, reconozco que hay muchos profesionales de WordPress a quienes no les gusta. Sin embargo, a mí me parece que es una excelente forma de empezar a crear una web profesional para alguien que no lo ha hecho antes y sin ningún tipo de problema para el futuro, ya que la web creada es escalable y se puede mejorar con el tiempo sin hacerla desde cero.

También quiero destacar que aquí hablamos de la combinación de *theme base* y *pagebuilder*, pero dentro de esta opción también estarían los *pagebuilders* que se distribuyen e instalan como un *theme* y ya integran el *pagebuilder* dentro, como por ejemplo Bricks Builder.

Theme simple y código personalizado

Aunque para una persona con pocos o ningún conocimiento técnico esta forma no sería la aconsejada, creo que es una de las mejoras maneras que existen de crear una web con WordPress.

Existen ciertos *themes* como GeneratePress, Astra o OceanWP, que son opciones muy buenas para crear un sitio web y añadirles posteriormente ciertas funcionalidades apoyándonos en código.

De estos tres, GeneratePress es la opción más simple, pero OceanWP y Astra tienen muchas más opciones y se integran con muchos más *pagebuilders* y con otros *plugins* grandes como WooCommerce para crear tiendas *online* o LearnDash para crear una plataforma de formación *online*.

Cuando utilizamos un *theme* de este tipo, también se puede utilizar un *pagebuilder* como Elementor para maquetar los distintos elementos de la web.

Aunque personalmente me gusta esta opción, lo cierto es que, al utilizar un *theme* simple como GeneratePress, siempre recomiendo utilizar "cosas ligeras" (y no un *pagebuilder*) para aprovechar mejor sus cualidades.

Incluso en muchos casos no es necesario programar, ya que existe documentación en Internet donde podemos encontrar *snippets* de código para copiar y utilizar directamente en nuestros sitios web.

Aunque todo pueda parecer muy sencillo, debemos tener en cuenta que para alguien que empieza a hacer páginas web con WordPress puede resultar complicado, por lo que lo dejamos de lado por el momento.

Theme multipropósito con o sin *pagebuilder*

Y, por último, llegamos al método más rápido y fácil de todos, pero a la vez, el más desaconsejado.

Aunque los *themes* multipropósito suelen ser muy atractivos para la gente que empieza y no tiene conocimientos técnicos, a mí me gusta decir que utilizarlos es como tirar piedras contra tu propio tejado.

Los temas multipropósito integran miles de opciones y nos permiten hacer millones de combinaciones con ellas (la mayoría). El problema es que, a nivel técnico, el hecho de integrar tantas opciones diferentes puede traer problemas de rendimiento importantes.

No voy a entrar a especificar en qué sentido, ya que esto nos daría para otro capítulo más y no es el objetivo de este libro.

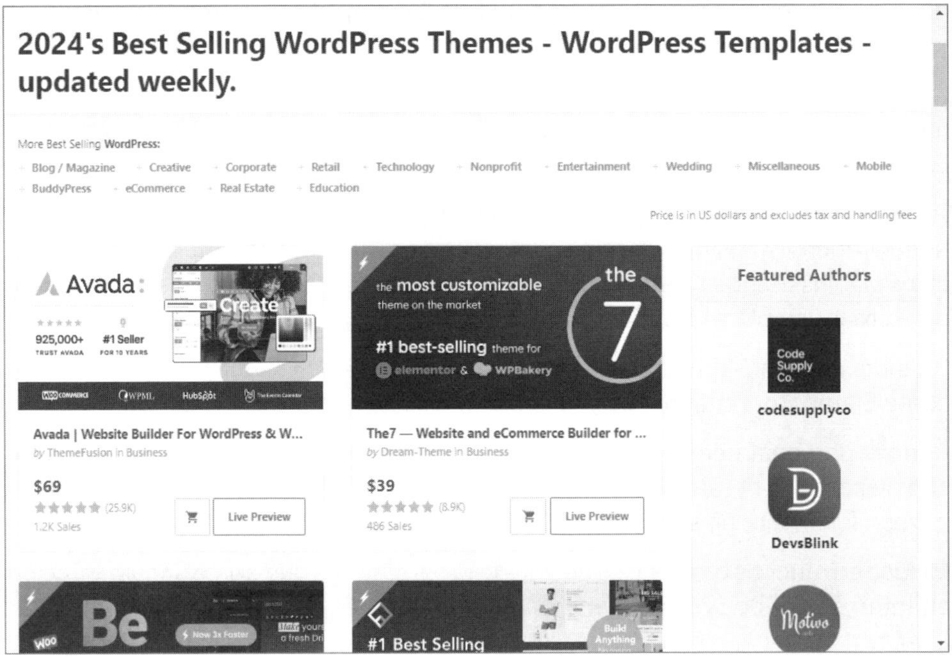

Figura 6.1. Listado de *themes* más populares en el *marketplace* ThemeForest.

Los *themes* multipropósito son opciones muy utilizadas en el desarrollo de sitios web con WordPress, y las cifras de ventas de los principales *themes* multipropósito lo confirman, pero eso no quiere decir que sean las opciones ideales.

En mi opinión, debemos limitar el uso de un *theme* multipropósito a ciertos casos, como por ejemplo la creación de un producto mínimo viable para evaluar la viabilidad o rentabilidad de un proyecto web.

Esto no quiere decir que sí o sí tengamos que cambiar el *theme* con el paso del tiempo, pero los *themes* multipropósito suelen verse más lentos con el tiempo y con las actualizaciones que van recibiendo.

También me gustaría aclarar que, hoy por hoy, hay muchos *themes* multipropósito que ya se integran con los principales *pagebuilders* del mercado y no traen directamente su propio *pagebuilder*. Aunque esto sigue pasando en *themes* como Avada, el *theme* multipropósito más vendido del mundo, que integra su propio *pagebuilder* llamado Fusion Builder y se trata del *pagebuilder* más limitado y con menos integraciones que existe.

Cuando un *theme* trae su propio *pagebuilder*, limita mucho sus opciones y compatibilidad con otros *plugins*.

Otras opciones

Evidentemente, las tres mencionadas anteriormente no son las únicas opciones disponibles. WordPress es un CMS *open source* y, por lo tanto, si tenemos los conocimientos técnicos necesarios, podríamos crear nuestro propio *theme* o incluso crear nuestra propia solución combinando varias opciones y adaptando *plugins* y *themes* existentes a lo que necesitamos para nuestro proyecto.

Personalmente, he querido mencionar las opciones que yo recomiendo y que pueden ser acertadas para gente con pocos o ningún conocimiento técnico. En este libro vamos a crear una web con el método explicado en "*Theme* base con *pagebuilder*".

¿Dónde encontrar *themes* para WordPress?

Aunque hay miles de *themes* para WordPress, lo cierto es que la gran mayoría los podemos encontrar en un par de *marketplaces* o repositorios.

Evidentemente, debemos distinguir que existen dos tipos de *themes*: gratuitos y de pago (*premium*). Normalmente donde podemos encontrar *themes* de pago no los hay gratuitos, y viceversa.

Repositorio oficial de WordPress

El repositorio oficial de *themes* para WordPress es un repositorio de *themes* gratuitos alojado y mantenido por Automattic (la empresa que desarrolla WordPress) y donde muchos desarrolladores suben *themes* para la comunidad.

Aunque solo hay *themes* gratuitos, lo cierto es que muchos son versiones "de prueba" limitadas de *themes* mucho más completas que los desarrolladores venden en sus sitios web.

La principal ventaja del repositorio oficial de WordPress es que no solo está disponible en su sitio web (`https://es.wordpress.org/themes/`), sino que también podemos acceder a él desde el *dashboard* de nuestro WordPress, como puedes ver en la figura 6.2.

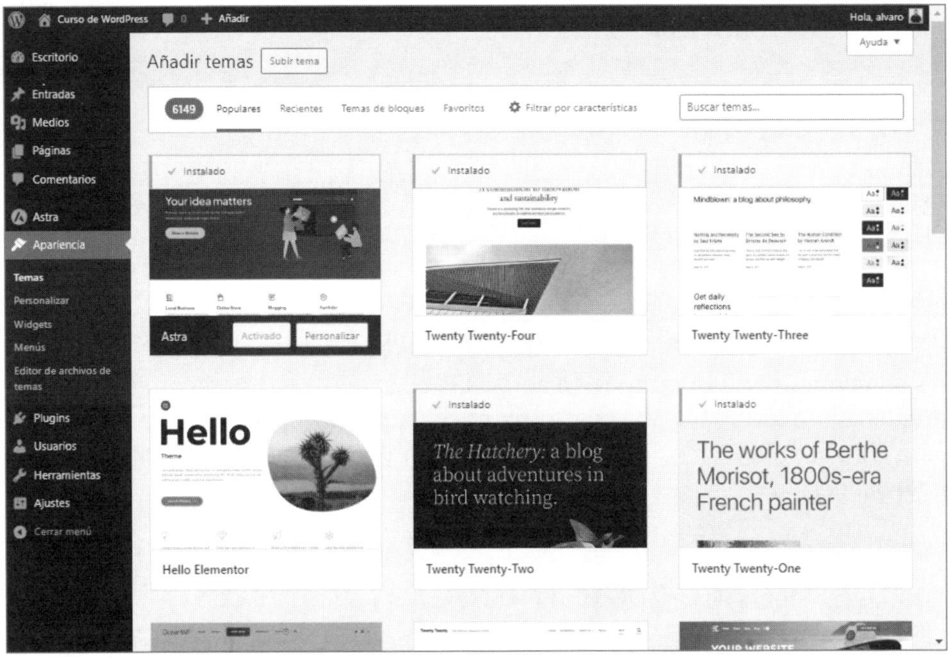

Figura 6.2. Repositorio de *themes* de WordPress dentro del panel de administración.

La integración en WordPress, junto con los filtros, facilitan la búsqueda de un *theme* que nos guste para los usuarios principiantes.

Actualmente, en el repositorio oficial de WordPress, en raras ocasiones encontraremos algo que nos encaje y que no sea una demo de un *theme premium*.

El *theme* Hello Elementor que vamos a utilizar en este curso como *theme base* para utilizar con Elementor Pro se puede encontrar en el repositorio de *themes* de WordPress y es completamente gratuito, ya que lo que es *premium* es el *plugin pagebuilder* (Elementor Pro).

El *marketplace* de ThemeForest

Aunque ThemeForest (`https://raiola.link/themeforest`) no es el único *marketplace* de *themes* de pago (*premium*) para WordPress, es el más importante y el más utilizado.

ThemeForest pertenece a Envato, que también es propietario de CodeCanyon, el mayor repositorio de *plugins premium* para WordPress. En ThemeForest podemos encontrar *themes* muy potentes, pero siempre de pago, aunque el hecho de que sean de pago, tampoco significa que sean buenas opciones siempre.

Yo suelo dar las siguientes recomendaciones a la hora de elegir un *theme* de ThemeForest:

- ✔ Elige siempre un *theme* que tenga actualizaciones, es decir, que el proyecto esté activo y el desarrollador siga sacando nuevas actualizaciones.
- ✔ Elige siempre un *theme* que tenga ventas, no tiene por qué ser el más vendido, pero que tenga las suficientes ventas para que al desarrollador le compense seguir con el proyecto y no abandonarlo.
- ✔ Esquiva en la medida de lo posible los *themes* más vendidos, porque son los que más opciones implementan y esto suele traducirse en un mayor consumo de recursos en el *hosting* y una mayor ralentización.

En ThemeForest encontraremos *themes* como Avada, The7 o Enfold, que son los más vendidos y son muy potentes, pero que tienen limitaciones importantes o penalizan mucho el rendimiento.

La web del desarrollador

Hasta ahora hemos hablado de sitios donde podemos encontrar muchos *themes* para WordPress, pero existen otros muchos casos donde ciertos *themes* solo se venden en la web del propio desarrollador. Esto es lo que ocurre con *themes* muy conocidos como Divi y su *pagebuilder* Divi Builder.

En otros muchos casos, en la web del desarrollador encontramos la versión de pago y la versión gratuita del *theme* podemos encontrarla en el repositorio oficial de *themes* de WordPress. Un ejemplo de esto son los *themes* que hemos mencionado antes: GeneratePress, Astra y OceanWP, pero hay muchos otros.

Precauciones al buscar *themes* para WordPress

Debemos ser muy cuidadosos y desconfiar a la hora de descargarnos un *theme* y subirlo a nuestra web, ya que existen ciertos sitios web que nos permiten descargar *themes* de pago de forma gratuita y que su intención suele ser la de infectar nuestro sitio web con *malware*.

En este punto, debemos hablar del concepto "*cracked*" y "*nulled*" que también se aplica a los *plugins*, además de los *themes*. Un "*theme cracked*" o "*nulled*" es un *theme* pirateado que no nos va a pedir licencia y que en la mayoría de casos (99 %) si lo descargamos de forma gratuita de Internet posiblemente traiga algún tipo de *malware* para infectar nuestro sitio web.

Por esta razón, debemos tener mucho cuidado con lo que instalamos en nuestra web, ya que el simple hecho de probar un "*theme cracked*" en nuestra instalación puede resultar en una infección, aunque después lo desinstalemos.

Mucha gente que acude a mí con instalaciones WordPress *hackeadas* me dicen que solo han probado un *plugin* o un *theme* "*nulled*" o "*cracked*" y que después lo han desinstalado. En la mayoría de los casos, simplemente con subirlo a WordPress, tu sistema ya podría resultar infectado, incluso si nunca llegas a activar el *plugin* o *theme*.

Cómo instalar un *theme* en WordPress

Según el origen del *theme* podemos utilizar varios procesos para instalar un *theme* en WordPress.

Si el *theme* está en el repositorio de WordPress, entonces podemos instalarlo directamente desde el *dashboard* de WordPress, tal y como hemos comentado antes.

En cambio, si el *theme* no está en el repositorio de WordPress, entonces debemos subir un archivo `.zip` que contenga el *theme*, y esto podemos hacerlo también desde el *dashboard* de WordPress.

Evidentemente, para un usuario que empieza, es mucho más fácil instalar un *theme* desde el repositorio de WordPress. Sin embargo, es importante destacar que todos los temas de pago deben ser instalados mediante archivos `.zip`.

Instalar un *theme* desde el repositorio oficial de *themes* para WordPress

Antes hemos mencionado que el repositorio oficial de *themes* para WordPress está disponible en la interfaz del *dashboard* de WordPress, pero, si solo quieres echar un ojo y buscar un *theme* que te guste, puedes hacerlo a través de esta dirección: `https://es.wordpress.org/themes/`. Para instalar un *theme* del repositorio oficial desde el *dashboard*, debemos abrirlo y dirigirnos a la sección **Apariencia**, como puedes ver en la figura 6.3.

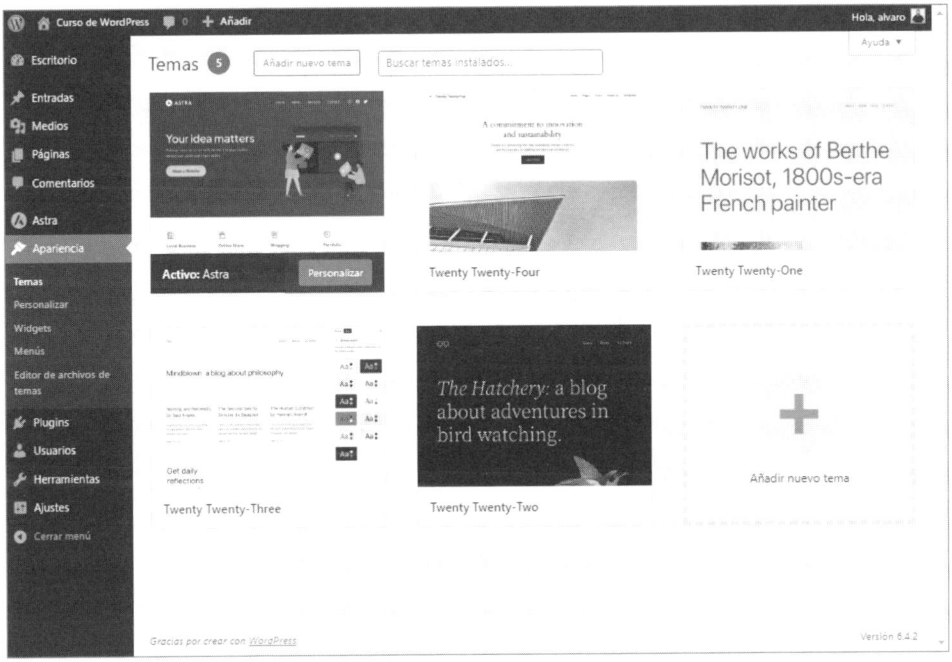

Figura 6.3. Temas instalados en WordPress.

Hacemos clic en el botón **Añadir nuevo** y esto nos llevará a una pantalla donde podemos ver varios *themes* destacados y también un buscador donde podremos buscar *themes* que encajen con nuestras necesidades. Justo lo que puedes ver en la figura 6.4.

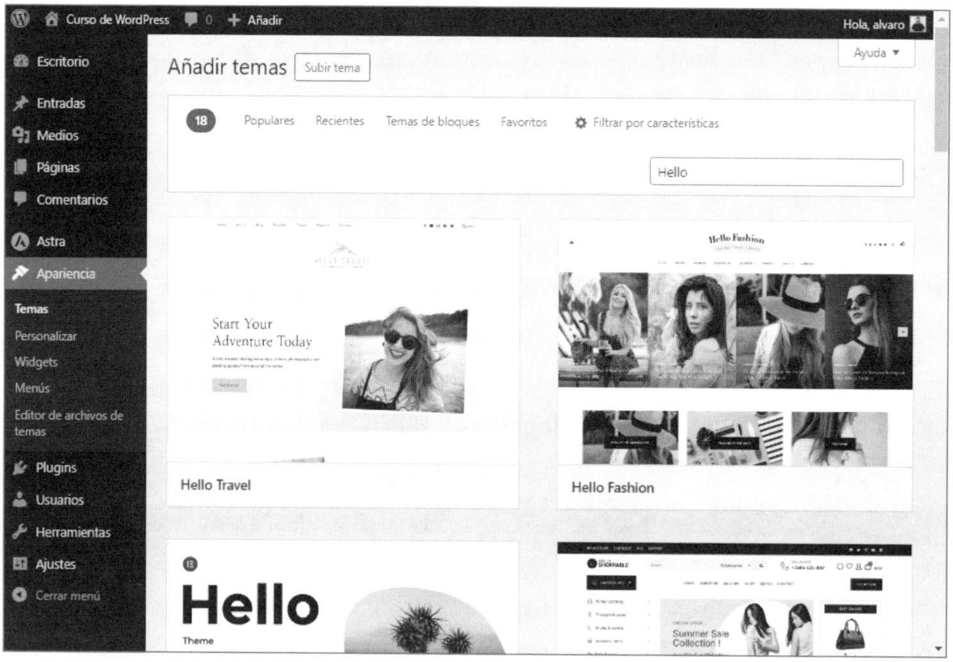

Figura 6.4. Repositorio de *themes* de WordPress dentro del panel de administración.

Podemos hacer clic en cualquier *theme* de la interfaz para ver algunos detalles más sobre él o directamente hacer clic en el botón Instalar que podemos ver en la figura 6.5. También nos abrirá una previsualización, pero la verdad es que raramente esta previsualización es similar al resultado final.

Figura 6.5. Botón para instalar un *theme* del repositorio oficial desde el panel de administración de WordPress.

Al acabar de instalarse, nos saldrá el botón Activar y, con esto, ya tendremos el nuevo *theme* activo en nuestro WordPress.

Recuerda que solo puedes tener un *theme* activo al mismo tiempo.

La mayoría de *themes*, al igual que muchos *plugins* para WordPress, pueden mostrarte avisos de este tipo en la parte de arriba de la interfaz del *dashboard* de WordPress, la forma y la información mostrada depende de cada desarrollador. Un ejemplo muestra la figura 6.6, tras la instalación del *theme* Hello Elementor.

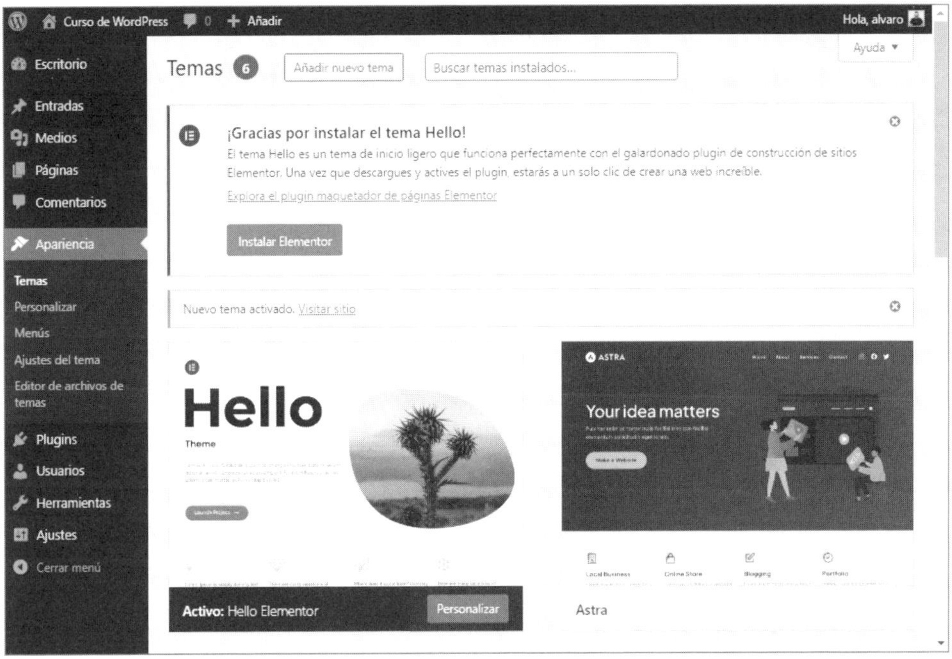

Figura 6.6. Pantalla tras instalar el *theme* Hello Elementor en WordPress.

Instalar un *theme* desde un archivo ZIP

Tal y como hemos comentado antes, cuando nosotros compramos un *theme premium*, lo que nos suelen proporcionar son un archivo `.zip`, la documentación y la licencia.

En el archivo `.zip` se encuentran todos los archivos del *theme* estructurados de tal forma, que, al subirlos, se descomprimirán automáticamente en la carpeta `/wp-content/themes` y WordPress lo detectará como un *theme*.

Para subir un *theme*, lo primero es tener el archivo `.zip` en nuestro ordenador y después debemos irnos al *dashboard* de WordPress a la sección **Apariencia** como en el caso anterior, en la figura 6.7.

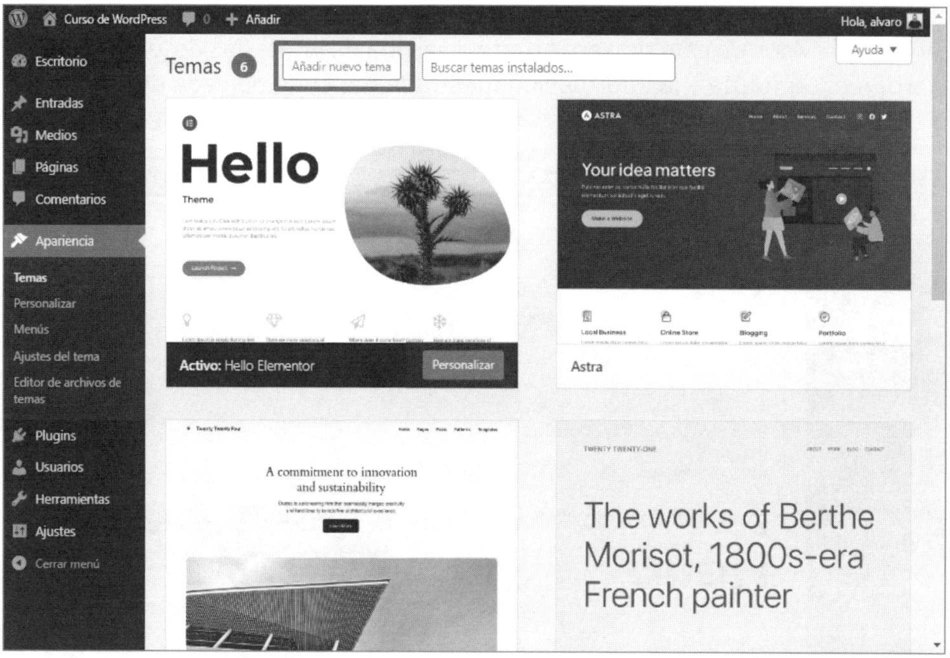

Figura 6.7. Botón **Añadir nuevo** en la sección **Apariencia** en el *dashboard* de WordPress.

Hacemos clic en el botón **Añadir nuevo**, que hemos marcado en la figura 6.7, y esto nos llevará a otra pantalla que podemos ver en la figura 6.8, donde podremos hacer clic en el botón **Subir tema**, que nos abrirá una nueva sección que nos permitirá subir el archivo.

Ahora simplemente debemos arrastrar y soltar al formulario de subida o seleccionar mediante el formulario el archivo `.zip` y darle a **Instalar ahora**. Si el `.zip` está correcto, nos aparecerá algo similar a la figura 6.9, donde solo tenemos que hacer clic en el enlace **Activar** para activar el nuevo *theme* que hemos subido.

En caso de que el archivo `.zip` no tenga la estructura de carpetas y archivos correcta o que tenga algún problema, en lugar de la información de la figura anterior, nos saldrá algo como lo que puedes ver en la figura 6.10.

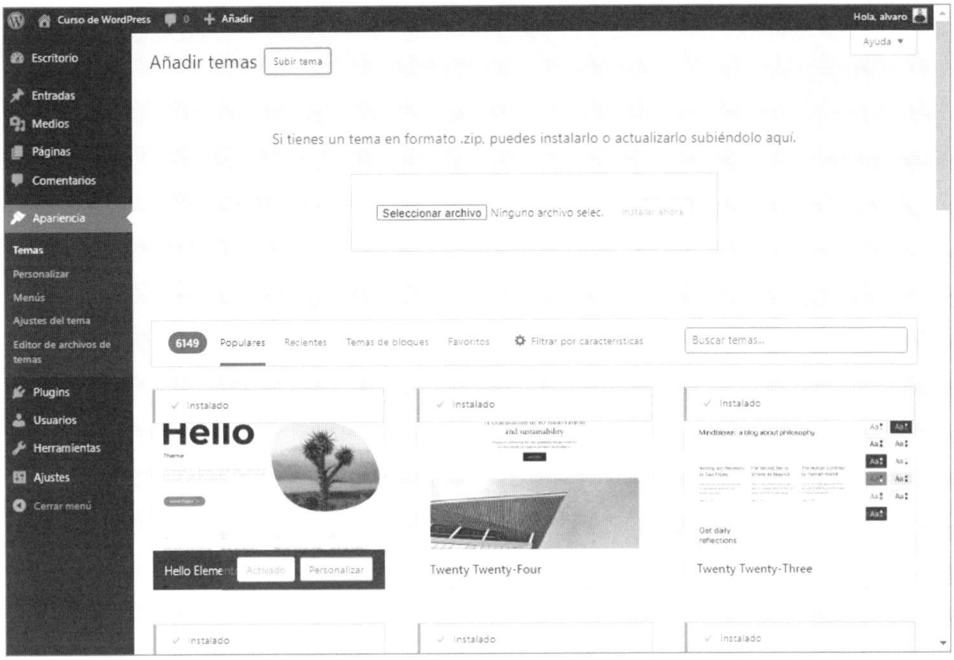

Figura 6.8. Formulario para subir un archivo `.zip` para instalar un *theme* en WordPress.

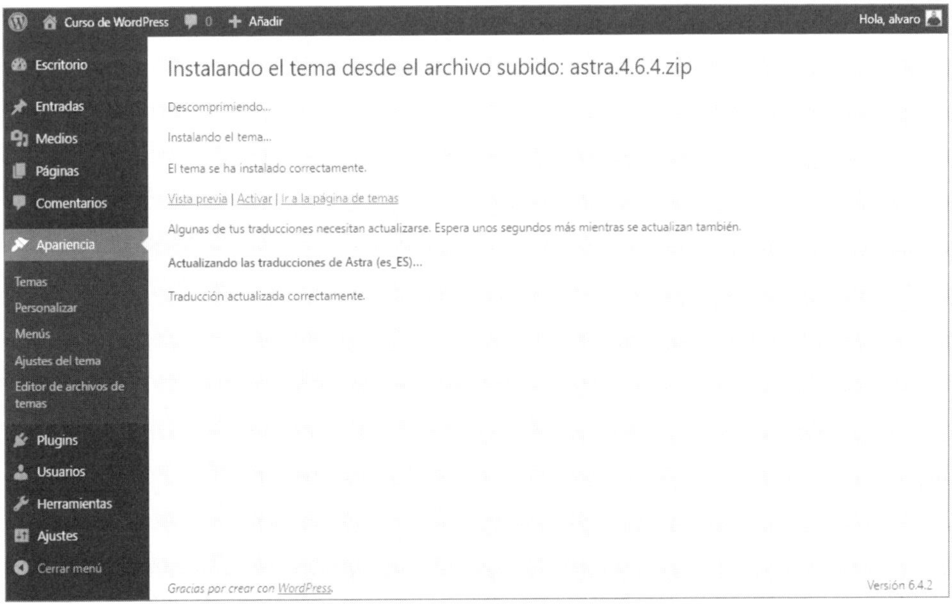

Figura 6.9. Instalación de un *theme* en WordPress.

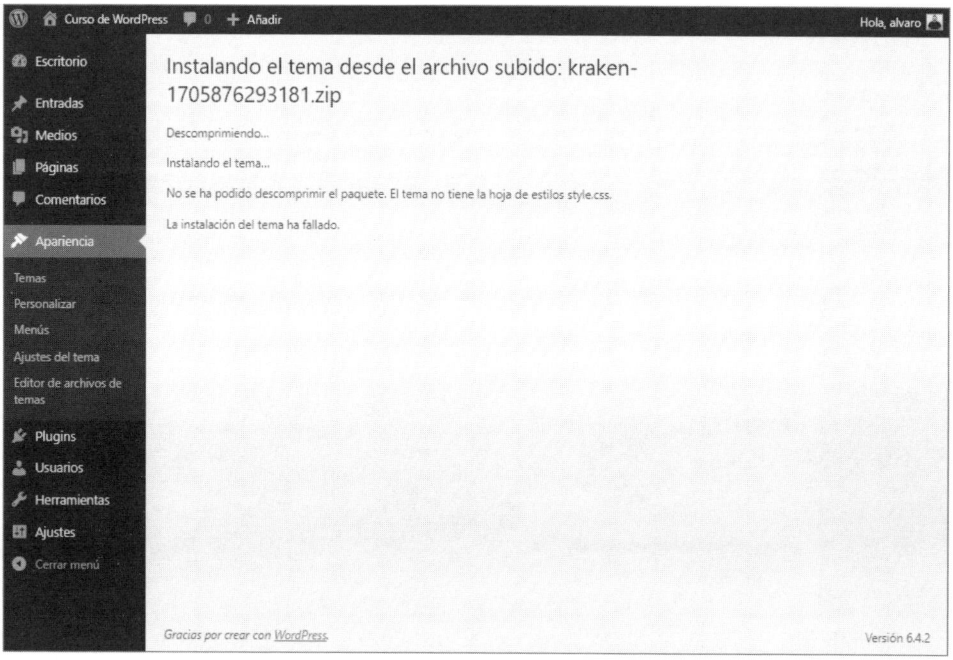

Figura 6.10. Instalación fallida de un *theme* en WordPress.

La sección Apariencia del *dashboard* de WordPress

Aunque en capítulos anteriores ya hablamos de la sección Apariencia del *dashboard* de WordPress, ahora vamos a profundizar en ella.

También quiero mencionar que la sección Apariencia puede cambiar mucho dependiendo del *theme* que usemos, ya que no todos muestran las mismas opciones y no utilizan todas las funcionalidades de WordPress. Por ejemplo, un *theme* puede usar la gestión de menús de WordPress y por eso muestra la subsección Menú dentro de Apariencia, pero puede no usar los *widgets* y, por lo tanto, no sale la subsección Widgets dentro de Apariencia, como puedes ver en la figura 6.11.

En este caso que mostramos en la figura anterior, con el *theme* por defecto Twenty Twenty-Four tenemos solo la sección de Editor, ya que el *theme* utiliza el "nuevo" Site Editor de WordPress. Sin embargo, si utilizamos Hello Elementor, tenemos algunas cuantas opciones más, como puedes observar en la figura 6.12.

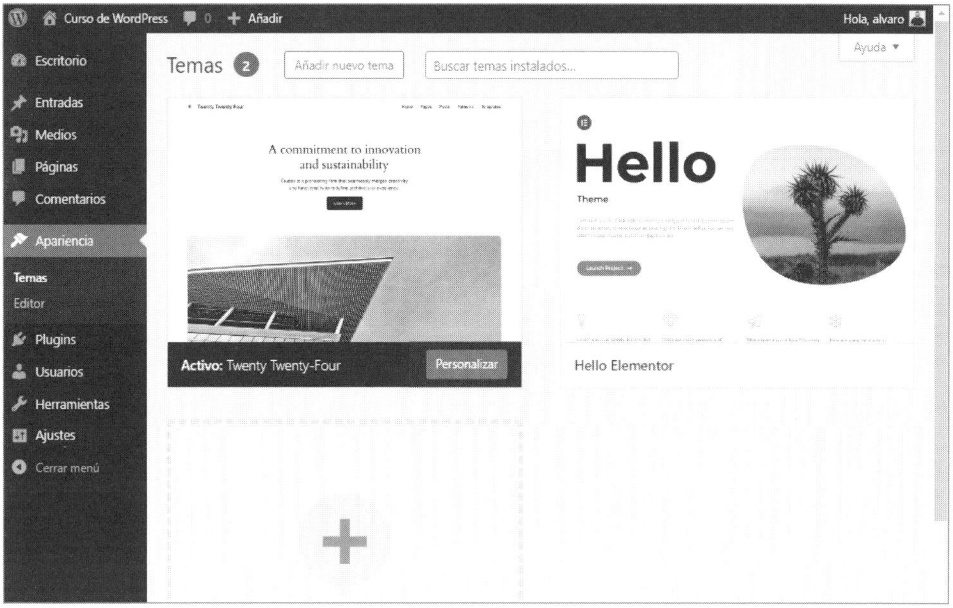

Figura 6.11. Sección Apariencia con el *theme* Twenty Twent activo.

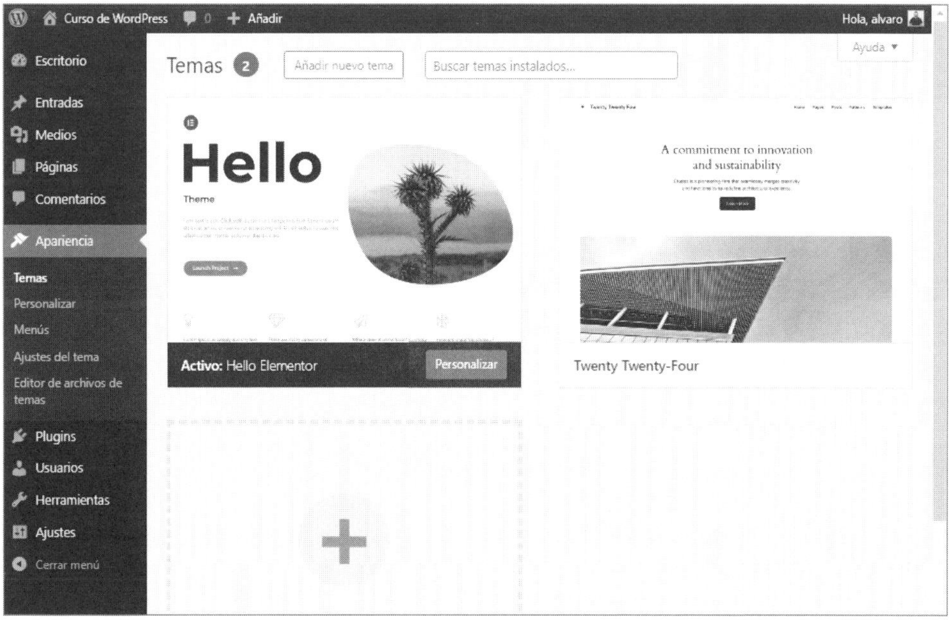

Figura 6.12. Sección Apariencia con el *theme* Hello Elementor activo.

Incluso hay ciertos *themes* que personalizan la sección de apariencia con sus propios paneles de configuración, como es el caso de OceanWP, que puedes ver en la figura 6.13.

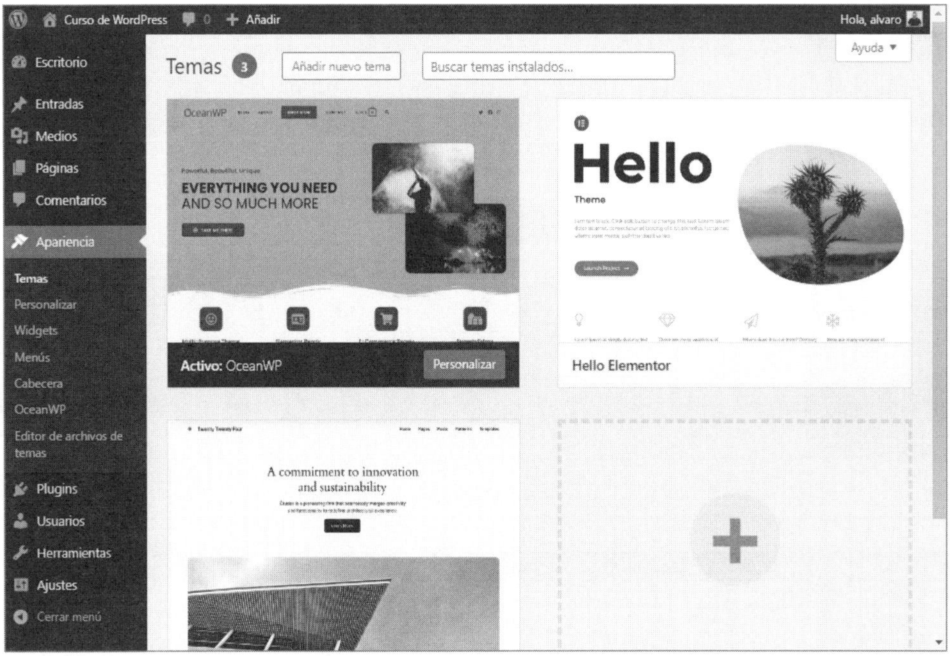

Figura 6.13. Sección Apariencia con el *theme* OceanWP activo.

Como puedes ver, el contenido de la sección Apariencia cambia dependiendo del *theme* que tengamos activo. Esto no es bueno ni malo, simplemente son distintas formas de funcionar y debemos adaptarnos al *theme* que queramos utilizar.

En este caso, solo vamos a explicar las configuraciones aplicables al *theme* Hello Elementor, ya que va a ser el *theme* que vamos a utilizar.

Sección Personalizar de WordPress

El personalizador fue uno de los grandes avances de la sección Apariencia del panel de administrador de WordPress.

Aunque en el caso de Hello Elementor no es demasiado útil, el personalizador sirvió para estandarizar los paneles de configuración de muchos *themes* que hasta el momento tenían paneles de configuración muy dispares entre sí.

Podemos encontrar el personalizador en la subsección **Personalizar** dentro de la sección **Apariencia**.

En el caso de Hello Elementor apenas tenemos 5 submenús en el apartado **Personalizar**, como puedes ver en la figura 6.14.

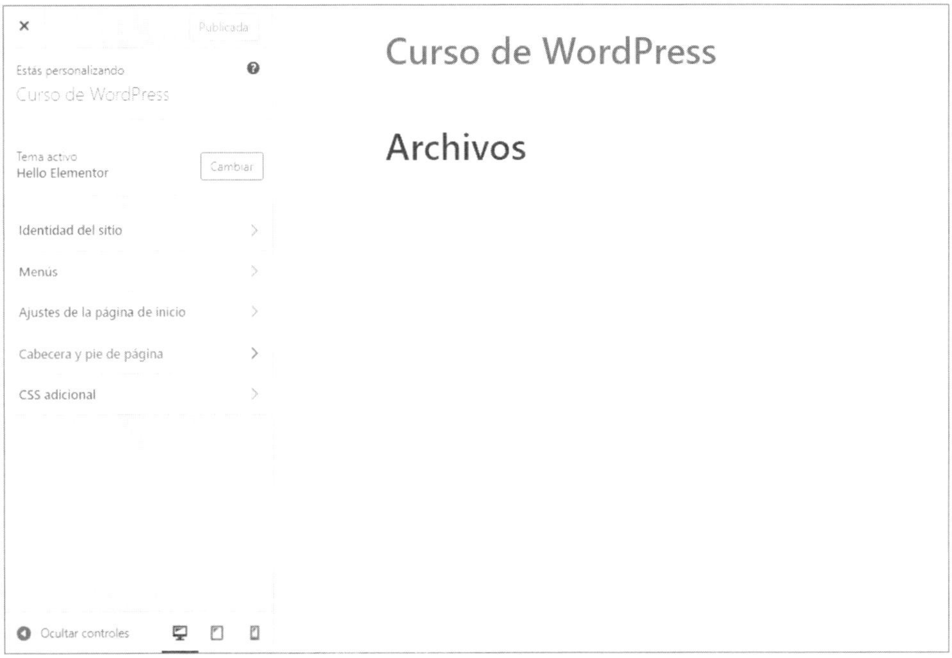

Figura 6.14. Personalizador para el *theme* Hello Elementor.

Pero en otros *themes* más complejos el listado de submenús no entra en la pantalla, como puedes ver en la figura 6.15.

Volviendo al tema, en Hello Elementor no tenemos que hacer nada en esta sección. Pero he querido hablar de ella porque es muy común que muchos *themes* comunes como OceanWP, GeneratePress o Astra la usen.

Gestión de menús en WordPress

Hello Elementor activa la sección **Menús**, lo que nos permite crear menús para navegar por la web. Estos menús posteriormente los colocaremos con el *pagebuilder*.

La sección **Menús** es bastante común, es decir, bastantes *themes* hacen uso de esta sección nativa de WordPress.

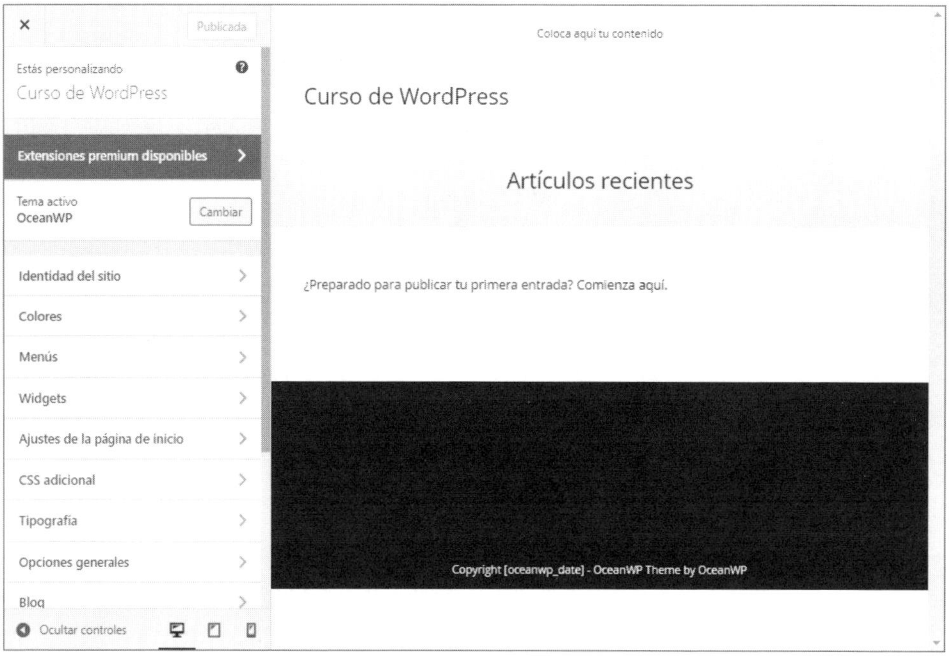

Figura 6.15. Personalizador para el *theme* OceanWP.

Normalmente, desde la sección **Personalizar** también podemos configurar los menús, pero yo prefiero hacerlo desde la sección nativa que puedes ver en la figura 6.16. Si creamos un menú, al que podemos llamar como queramos, podemos añadir las páginas o secciones que hayamos creado en nuestro sitio web y posteriormente con Elementor colocar ese menú donde nosotros queramos.

El funcionamiento específico de la sección **Menús** vamos a verlo cuando lleguemos a ese punto al crear la web.

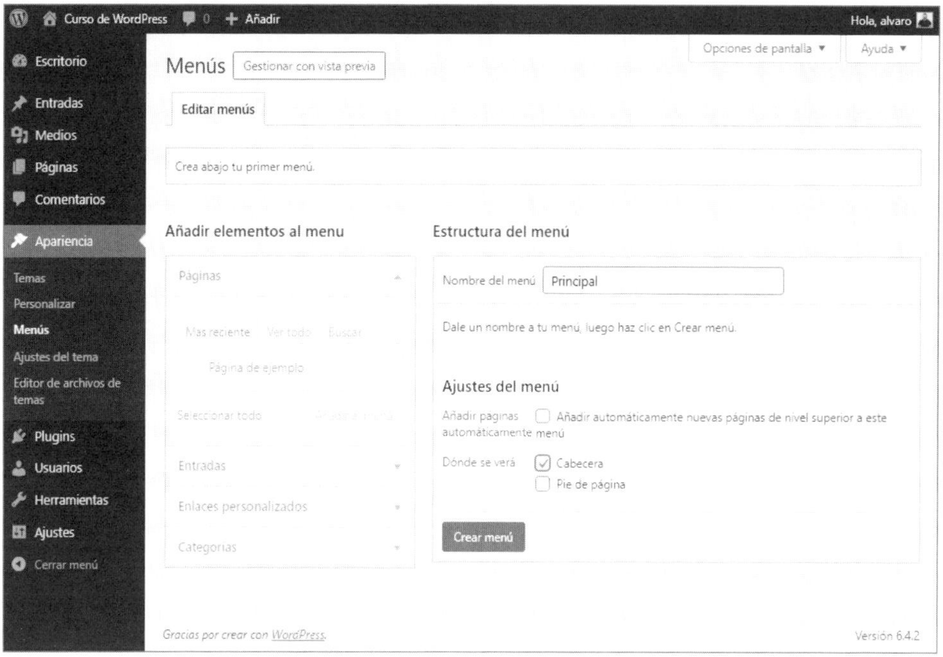

Figura 6.16. Editor de menús de WordPress.

Ajustes del tema de Hello Elementor

En las últimas versiones de Hello Elementor apareció una nueva sección dentro de Apariencia que nos permite ajustar algunas cosas. Puedes verla en la figura 6.17, aunque esta sección puede cambiar con las actualizaciones.

En este caso no vamos a tocar nada y lo dejaremos todo tal cual está, ya que son ajustes avanzados para usuarios con conocimientos técnicos.

Antes de continuar con el siguiente punto, es importante señalar que esta sección es exclusiva de Hello Elementor y no es nativa de WordPress.

El editor de archivos de temas

El editor de archivos de temas es una de las secciones de Apariencia que suelen estar siempre, salvo que sea desactivada por temas de seguridad. Se trata de una sección para que usuarios avanzados con conocimientos técnicos avanzados puedan realizar modificaciones en el código del *theme* o de los *plugins*.

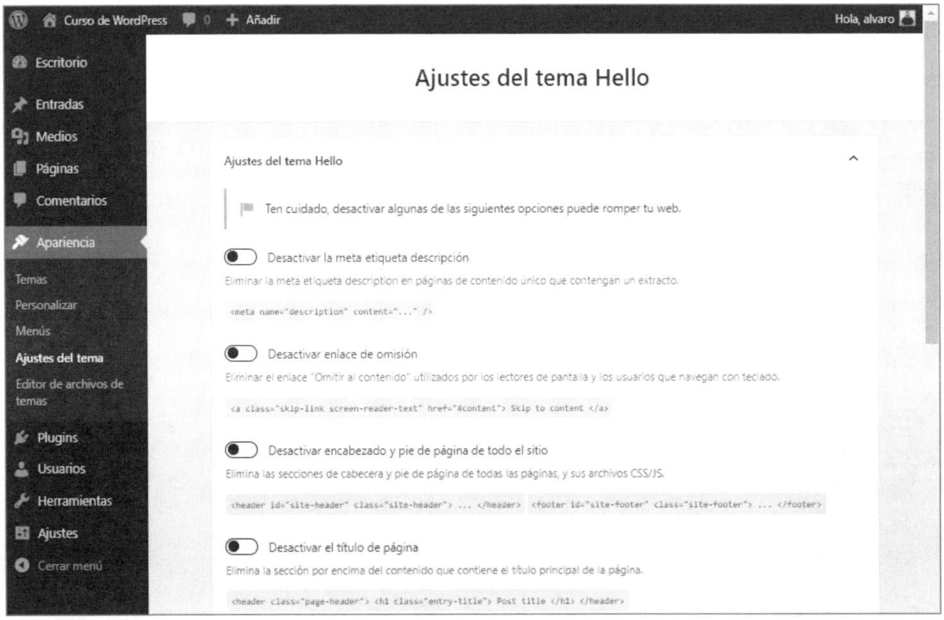

Figura 6.17. Sección Ajustes del tema en la sección Apariencia de Hello Elementor.

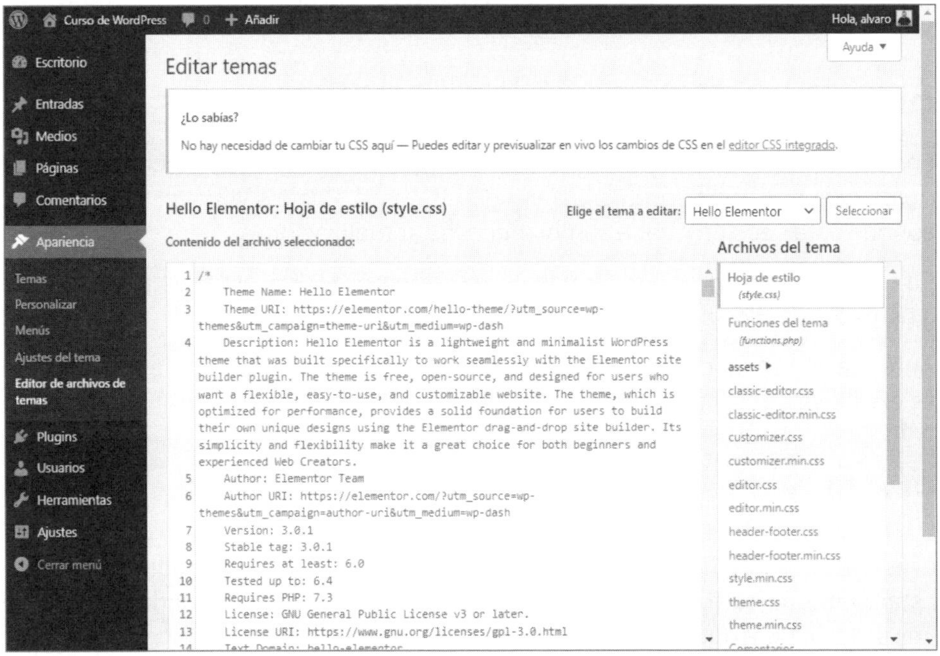

Figura 6.18. Editor de código de la sección Apariencia en el *dashboard* de WordPress.

Como este libro está orientado a crear tu primera web con WordPress, no vamos a profundizar en esta sección.

Gestión de *widgets* en WordPress

Aunque Hello Elementor no activa los *widgets* de forma nativa, existen muchos *themes* que activan esta sección nativa dentro de `Apariencia`. Los *widgets* son pequeños bloques que se suelen poner en la barra lateral de un blog, aunque, dependiendo del *theme*, también se pueden utilizar en otras zonas. El sistema de *widgets* de WordPress ha cambiado mucho, y actualmente su funcionamiento está basado en el *pagebuilder* nativo de WordPress, Gutenberg. Puedes ver la interfaz en la figura 6.19.

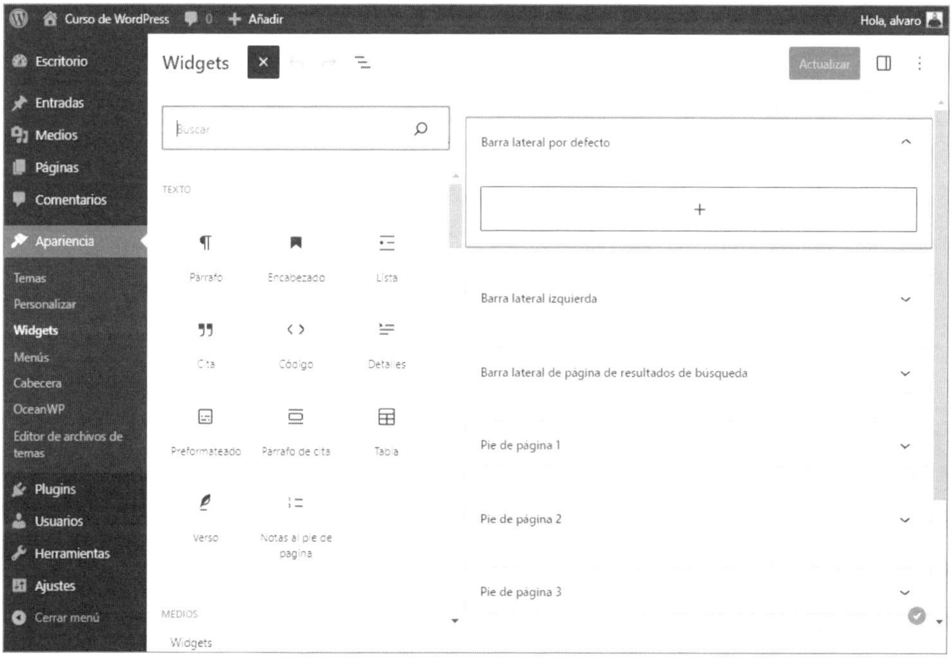

Figura 6.19. Gestor de *widgets* de WordPress con el editor Gutenberg.

Si no queremos utilizar Gutenberg y queremos volver al sistema antiguo de *widgets* de WordPress, por el momento podemos hacerlo con este *plugin*: `https://es.wordpress.org/s/classic-widgets/`.

La apariencia de los *widgets* clásicos es esta que vemos en la figura 6.20. Para mí, es mucho más fácil de entender esta interfaz que la de Gutenberg.

Aun así, recuerda que, para poder utilizar *widgets*, tu *theme* debe ser compatible.

En el caso de Hello Elementor, los *widgets* no los vamos a utilizar dado que vamos a usar los propios elementos de Elementor para darle forma al sitio web, pero quería mencionar el sistema de *widgets* nativo de WordPress porque hay otros muchos *themes* que los utilizan y son un recurso interesante.

Combinando Hello Elementor y Elementor Pro

En este capítulo he querido hablar en general de los *themes* o plantillas y de cómo trabajar con ellas en WordPress, aunque también hemos hablado de los *pagebuilders* porque actualmente es lo más utilizado.

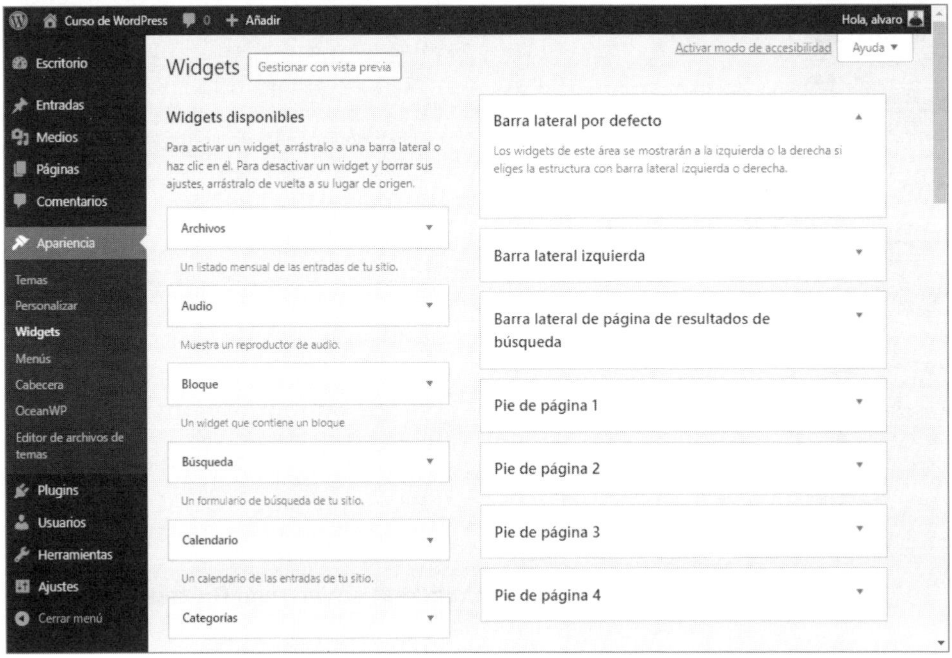

Figura 6.20. Gestor de *widgets* de WordPress con el editor Gutenberg.

Durante muchos años, el responsable de darle la apariencia al sitio web era del *theme* o plantilla, pero, hoy por hoy, en la gran mayoría de casos esta responsabilidad es del *pagebuilder*.

En el caso de Elementor, el *theme* Hello Elementor es simplemente un "esqueleto", una base que nos permite darle forma a nuestra web con Elementor sin estorbar ni molestar.

Normalmente, los *themes* traen su propia cabecera, su propio *footer*, es decir, las partes de la web ya diseñadas y preparadas para implementarse en WordPress.

Al utilizar Elementor, no necesitamos eso, necesitamos que el *theme* nos permita colocar perfectamente las partes de la web que vayamos diseñando con el *pagebuilder*. Esto precisamente es lo que nos permite hacer Hello Elementor con Elementor Pro.

He mencionado repetidamente Elementor Pro en lugar de Elementor, ya que, para diseñar ciertas partes de la web y que nos quede una web completa, debemos tener la versión de pago de Elementor, es decir, Elementor Pro.

Elementor y Elementor Pro son *plugins*, y de los *plugins* vamos a hablar en el siguiente capítulo.

7 *Plugins* para WordPress

Podemos definir los *plugins* como "pequeños programas" que nos permiten ampliar las funcionalidades y características de nuestro sitio web creado con WordPress.

Un buen símil para entenderlos sería compararlos con las aplicaciones de un teléfono móvil. Así como añadimos funcionalidades al *smartphone* mediante aplicaciones, en WordPress añadimos funcionalidades mediante *plugins*.

En ambos casos, estas funcionalidades vienen con su propia configuración, cuya complejidad puede variar dependiendo del *plugin* o de la aplicación.

Actualmente, existen *plugins* para implementar cualquier funcionalidad en WordPress sin saber programar, incluso existen *plugins* que convierten a WordPress en algo diferente, como por ejemplo WooCommerce, que convierte a WordPress en un sistema para crear y administrar tiendas *online*.

Aunque existen *plugins* simples y complejos, lo más común es que podamos implementar funcionalidades sin necesidad de tener conocimientos de programación, aunque algunos *plugins* pueden requerir conocimientos algo más avanzados para configurarlos.

> **Nota:** No existe otra forma de llamar a los *plugins*, ya que la palabra "complemento" no se utiliza en el ámbito de WordPress.

La gran cantidad de *plugins* que existen, tanto gratuitos como de pago, siempre ha sido uno de los puntos fuertes de WordPress junto con los *themes* que vimos en el capítulo anterior. Además, en los últimos años, los *plugins* han avanzado significativamente, permitiéndonos realizar tareas cada vez más complejas.

Los usuarios que empiezan a utilizar WordPress habitualmente se van dando cuenta poco a poco de todo lo que pueden llegar a hacer utilizando *plugins* y es por ello que suelen instalar demasiados de estos en WordPress, provocando ralentizaciones en el sitio web que están creando.

Esto es habitual y, conforme vamos ganando experiencia y práctica en el uso de WordPress, a la vez vamos teniendo un mayor criterio para elegir los *plugins* que vamos a utilizar en base a una serie de reglas básicas que vamos a explicar en este libro.

El caso de los *plugins* no es como el de los *themes*, ya que existen *plugins* simples y complejos, pero no se podrían clasificar por nivel de personalización como es el caso de los *themes*. Los *plugins* podríamos clasificarlos por funcionalidad y objetivo: *e-commerce*, optimización, *e-learning*, etc.

Distintos tipos de *plugins* para WordPress

Como hemos visto antes, los *plugins* para WordPress no paran de evolucionar. Esto es algo normal, ya que cada vez hay más desarrolladores que viven de crear *plugins* para WordPress más sofisticados, más potentes y más fáciles de implementar para los usuarios.

Otro punto que debemos tener en cuenta es que podemos clasificar los *plugins* por funcionalidad o instalación. Vamos a ver dos ejemplos de esto:

- ✔ **WooCommerce:** Un *plugin* para crear tiendas *online* o pasarelas de pago con WordPress, podemos clasificarlo dentro de *plugin* de funcionalidad.
- ✔ **WP Rocket:** Un *plugin* para optimizar y mejorar la velocidad de carga de tu WordPress, podemos clasificarlo dentro de *plugin* de instalación.

¿Ves la diferencia? Mientras WooCommerce se utiliza para implementar funcionalidades en el sitio web, WP Rocket es para mejorar el funcionamiento del sitio web en sí.

Otra cosa que debes tener en cuenta es que existen hasta cientos de *plugins* para realizar la misma tarea, ya que existe competencia en el mundo del desarrollo de *plugins* para WordPress.

También hay que reconocer que algunos *plugins* han conseguido una cuota de mercado muy alta y prácticamente a la hora de crear una tienda *online* con WordPress nadie se plantea otra opción que no sea WooCommerce.

Probablemente te estés preguntando: ¿cuál debería elegir si hay múltiples *plugins* que ofrecen la misma funcionalidad? No te preocupes, como he comentado antes, en este capítulo vamos a ver una serie de reglas que puedes utilizar para elegir los *plugins* con los que vas a trabajar en tu instalación WordPress.

¿Dónde encontrar *plugins* para WordPress?

El planteamiento para encontrar *plugins* para WordPress es bastante similar al utilizado para los *themes*.

Aunque hay miles de *plugins* para WordPress, la gran mayoría se pueden encontrar en *marketplaces* o en repositorios, aunque algunos solo están disponibles en la web del desarrollador en cuestión.

En el caso de los *plugins*, también podemos encontrarnos *plugins* gratuitos y de pago (*premium*).

Los *plugins* de pago suelen ser más complejos y ofrecer más funcionalidades o funcionalidades más exclusivas que los gratuitos.

Es común encontrarse *plugins* gratuitos que son realmente versiones limitadas de demostración de los *plugins* de pago.

Repositorio oficial de WordPress

El repositorio oficial de WordPress es el principal sitio donde podemos encontrar *plugins* para WordPress, ya que, al encontrarse integrado en el panel de administración de todas las instalaciones WordPress, es el primer sitio al que solemos acudir buscando un *plugin*.

Además, si buscamos en Google cómo implementar cierta funcionalidad que necesitamos en nuestro sitio web WordPress, siempre y cuando no busquemos algo imposible, entre los primeros resultados aparecerán fichas de *plugins* en el repositorio oficial.

En el repositorio oficial de WordPress todos los *plugins* son gratuitos, aunque hay muchos que son versiones de demostración o limitadas de *plugins* de pago que podemos encontrar en la web de cada desarrollador.

Al igual que en el caso de los *themes*, tenemos 2 opciones para acceder a los *plugins* de este repositorio.

En primer lugar, dentro del *dashboard* de nuestra instalación WordPress tendremos algo como lo que puedes ver en la figura 7.1.

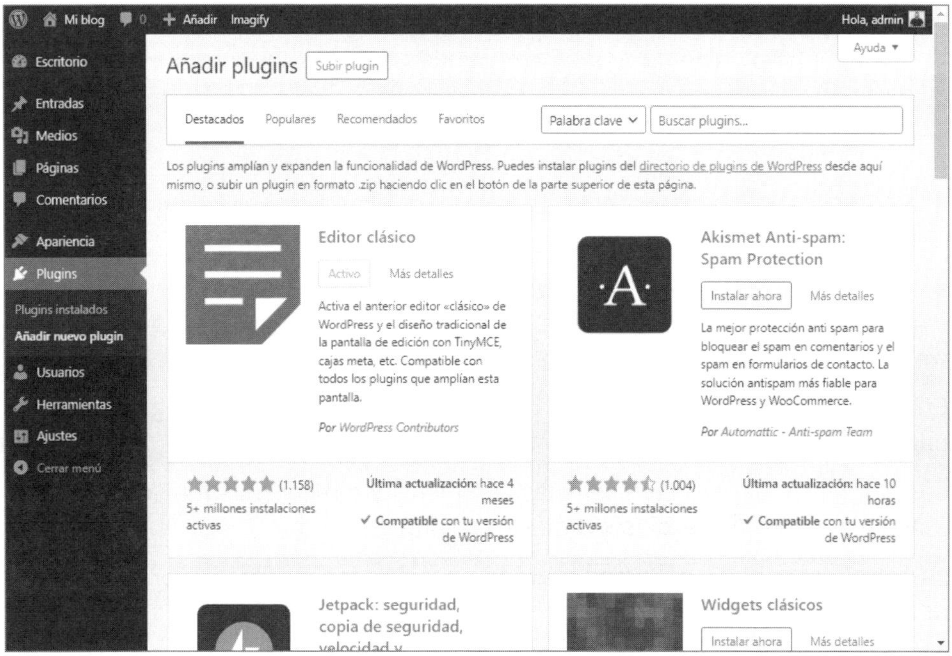

Figura 7.1. Repositorio de *plugins* de WordPress dentro del panel de administración.

En segundo lugar, si no queremos instalar ningún *plugin* directamente, pero queremos ver qué *plugins* hay en el repositorio, podemos acceder a través de esta dirección URL: `https://es.wordpress.org/plugins/`.

Aunque tenemos las mismas funcionalidades de búsqueda y filtrado tanto desde el sitio web como desde la integración en el *dashboard* de WordPress, personalmente, para buscar un *plugin* por funcionalidad, me gusta más el sitio web.

> **Nota:** Aunque accedamos al repositorio a través del enlace a la versión en español, puedes buscar de forma más eficiente describiendo lo que necesitas en inglés.

Otro punto fuerte de los *plugins* instalados desde el repositorio oficial es que siempre se van a actualizar en un clic. Esto no quiere decir que los *plugins* de pago que no están en el repositorio no lo hagan, simplemente quiero aclarar que es todo mucho más transparente, ya que Automattic obliga a los desarrolladores que quieran subir *plugins* al repositorio a cumplir ciertas normas y reglas.

El *marketplace* de CodeCanyon

En el caso de los *themes* mencionamos a ThemeForest, y en el caso de los *plugins* tenemos CodeCanyon (`https://raiola.link/codecanyon`). Ambos *marketplaces* son propiedad de Envato.

Al igual que ocurre en el caso de los *themes*, CodeCanyon no es el único *marketplace* de *plugins* para WordPress, pero es el más reconocido y el más utilizado.

Si lo que buscamos es un *plugin* de pago con funcionalidades bastante complejas, muy específicas o rebuscadas, lo habitual es que busquemos dentro de CodeCanyon, en la sección de WordPress.

Como en el caso de los *themes*, te dejo unas recomendaciones a la hora de elegir *plugins* de CodeCanyon para tu WordPress:

- ✔ Elige siempre *plugins* que tengan actualizaciones publicadas al menos los últimos 6 meses, es decir, que el proyecto esté activo y el desarrollador siga sacando nuevas actualizaciones.
- ✔ Elige siempre *plugins* que tengan ventas, no tiene por qué ser el más vendido, pero que tenga las suficientes ventas para que al desarrollador le compense seguir con el proyecto y no abandonarlo.

Mi recomendación es que priorices estos dos puntos anteriores al precio del *plugin*, ya que, cuando se construye una web, se busca que siga funcionando a largo plazo y no hacer caso a estos dos puntos puede hacer que tengas problemas muy pronto.

La web del desarrollador

Es habitual que muchos desarrolladores opten por publicar sus *plugins* en sus propios sitios web. Esta práctica es aún más frecuente en los *plugins* que en los *themes*.

En la mayoría de estos casos, existe una versión gratuita con funcionalidades limitadas en el repositorio de WordPress.

Un ejemplo de esto es Elementor: en el repositorio oficial de WordPress hay una versión gratuita limitada, pero, si queremos utilizar el *pagebuilder* completo, debemos comprar la versión de pago en esta URL: `https://raiola.link/elementorpro`.

Pero también existen *plugins* que solo tienen versión de pago, y solo están disponibles en la web del desarrollador, como es el caso de WP Rocket o LearnDash.

Precauciones al buscar *plugins* para WordPress

Los *plugins nulled* o *cracked* son *plugins* pirateados. Son *plugins* de pago modificados para que no pidan licencia y que puedas utilizarlos de forma gratuita.

Si alguna web te ofrece de forma gratuita un *plugin* de pago, desconfía, porque lo más habitual es que el *plugin* está infectado con algún *malware* para *hackear* tu sitio web.

También hay muchos usuarios que buscan *plugins nulled* para probar el *plugin* antes de comprarlo, pero lo instalan en el mismo WordPress que tienen en producción para la web o directamente en un WordPress dentro del mismo *hosting*, y se infectan igualmente, aunque lo desinstalen al acabar de probarlo.

En resumen, debemos tener especial precaución con el origen de los *plugins*, ya que nos podemos llevar una desagradable sorpresa, de la cual no nos enteraremos hasta que ya sea demasiado tarde.

Como ya hemos comentado en el capítulo anterior, mucha gente acude a mí con instalaciones WordPress *hackeadas* por culpa de *plugins* y *themes* descargados desde orígenes no confiables.

Cómo elegir los *plugins* para tu WordPress

Como he comentado antes, existen cientos de *plugins* que hacen la misma función. En estas situaciones, un usuario sin experiencia y sin referencias de cuál va mejor o cuál va peor puede dudar.

Un método que suelen seguir muchos usuarios es probarlos todos, pero esto se hace más difícil cuando hablamos de *plugins* de pago, ya que nadie va a comprar todos los *plugins* de un tipo solo para probarlos.

Aunque los probemos, hay ciertos aspectos que debemos tener en cuenta y que necesitamos observar "desde fuera" para poder tomar una decisión. Basándome en mi criterio, vamos a ver una lista clasificada según su importancia.

Para el ejemplo práctico que vamos a ver en este libro, vamos a ir mencionando los *plugins* elegidos cuando nos vayan haciendo falta para implementarlos. Pero, como ya hemos comentado, usaremos Elementor Pro como maquetador, por lo que será nuestro *plugin* "base".

Estado de proyecto y actualizaciones del *plugin*

Es muy importante conocer el estado del desarrollo del *plugin*, ya que, si el desarrollo está abandonado, no vamos a tener actualizaciones de ningún tipo y es posible que tengamos que cambiar el *plugin* en no mucho tiempo.

Es común que un desarrollador lance un *plugin* y, si este no alcanza un número mínimo de ventas, finalmente abandone el proyecto, ya que el desarrollador también necesita generar ingresos para subsistir.

A la hora de elegir un *plugin* debemos mirar si el *plugin* ha sido actualizado en los últimos meses y, si es posible, comprobar el ritmo de actualizaciones del *plugin* por parte del desarrollador.

Si un *plugin* deja de desarrollarse y de actualizarse, tarde o temprano, vamos a tener que sustituirlo por otro, y esto en muchos casos puede ser un problema importante, depende totalmente de la importancia que tenga ese *plugin* en nuestra instalación.

Vamos a ilustrarlo con un ejemplo: supón que estás utilizando WooCommerce para crear tu tienda en línea con WordPress. Después de seis meses (aunque esto, en la práctica, es poco probable), WooCommerce deja de recibir actualizaciones y el proyecto queda en el abandono.

Si se da esta situación, tú tendrías que buscar una alternativa e implementarla, pero, al tratarse de un *plugin* "troncal", posiblemente tengas que hacer muchos cambios para implementar el nuevo *plugin*, lo que a menudo supone tener que crear la web de nuevo.

Te voy a poner otro ejemplo: si se deja de actualizar el *pagebuilder* que utilizas en tu WordPress para diseñar y maquetar tu web, tienes que reconstruir toda la web.

Nota: Nosotros en este libro vamos a usar Elementor porque es el *pagebuilder* más utilizado para WordPress y, por lo tanto, tenemos pocas posibilidades de que los desarrolladores abandonen el proyecto y el *plugin* deje de actualizarse.

En resumen, recomiendo que busques *plugins* que se actualicen constantemente.

Popularidad del *plugin*

La popularidad del *plugin* está muy ligada al punto anterior, ya que, cuanto más popular es un *plugin* y más gente lo utiliza, más se motiva el desarrollador porque más rentable le resulta el producto que ha desarrollado.

Normalmente, el hecho de que un *plugin* sea muy popular y lo utilice mucha gente hace que el desarrollador siga innovando y añada nuevas funcionalidades al *plugin* o mejore las existentes. Esto es muy importante en casos en los que el *plugin* tenga una buena compatibilidad con otros *plugins* o estándares.

El mejor ejemplo de esto lo podemos encontrar en el *plugin* Elementor, que, como ya te he comentado anteriormente, es el *pagebuilder* más utilizado del mundo, lo que hace que sus desarrolladores estén continuamente añadiendo nuevas funcionalidades, mejorando las ya existentes e incluso optimizando el rendimiento y el funcionamiento del *plugin*.

Para resumir este punto: cuando un *plugin* es popular, el desarrollador no solo publica actualizaciones de seguridad, sino también nuevas funcionalidades y nuevas compatibilidades.

Compatibilidad del *plugin*

Determinados tipos de *plugins* necesitan ser compatibles con otros *plugins* o estándares. En este aspecto, la compatibilidad juega un papel muy relevante en la mayoría de casos.

Personalmente, al elegir *plugins*, suelo inclinarme más por la compatibilidad que un mayor número de funcionalidades implementadas en el propio *plugin*. Para mí es mejor un *plugin* especializado en algo concreto, pero compatible con los *plugins* más populares, que un *plugin* que haga de todo, pero no se especialice en nada.

Te pongo un ejemplo. Existen muchos *plugins* para añadir campos personalizados al contenido en WordPress y prácticamente son todos iguales. Sin embargo, Advanced Custom Fields (ACF) es el más utilizado y el 90 % de los *pagebuilders* y maquetadores actuales tienen compatibilidad con ACF, pero no con todos los demás *plugins* para añadir campos personalizados a WordPress.

Para resumir este punto: un *plugin* compatible nos permite integrarse y conectarse a otros *plugins*, facilitando la configuración y la implementación.

Cómo instalar un *plugin* en WordPress

Al igual que ocurre con los *themes*, podemos instalar los *plugins* de una forma u otra dependiendo de su origen.

Si el *plugin* está en el repositorio oficial de WordPress, podremos instalarlo directamente desde la sección Plugins en el *dashboard* de WordPress, pero, si el *plugin* es *premium* y el desarrollador nos entrega un `.zip`, debemos descargarlo desde el *marketplace* o desde la web del desarrollador para poder subirlo a nuestro WordPress, también a través del *dashboard* de WordPress.

En el 95 % de los casos, podemos resumir esto diciendo que los *plugins* gratuitos se instalan directamente desde el panel de control de WordPress, mientras que los *plugins* de pago se instalan a través de un archivo `.zip` descargado desde el *marketplace* o el sitio web del desarrollador. Sin embargo, cabe recordar que existen algunas excepciones a esta regla.

Instalar un *plugin* desde el repositorio oficial de *plugins* para WordPress

Este es el método preferido para usuarios principiantes en WordPress, ya que es tan sencillo como instalar un *plugin* desde el repositorio de WordPress utilizando la propia integración que tenemos en el *dashboard* con cuatro clics.

El proceso es exactamente el mismo que hemos visto en el capítulo anterior para los *themes*, pero en la sección Plugins del *dashboard* que puedes ver en la figura 7.2.

Dentro de esta sección, puedes ver un listado con todos los *plugins* instalados, que pueden estar activados o no.

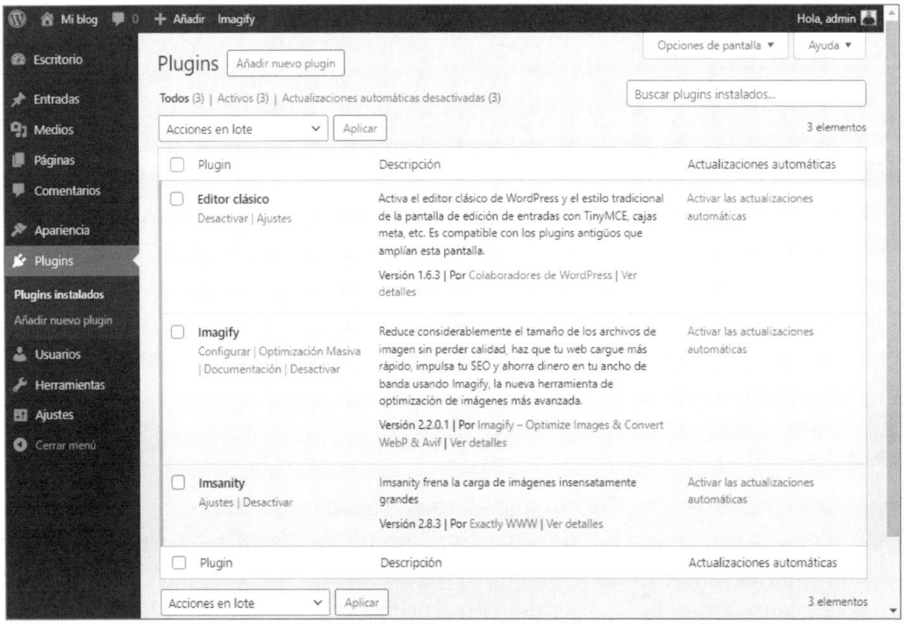

Figura 7.2. Sección de gestión de *plugins* de WordPress.

> Nota: Un *plugin* instalado, pero no activado, no consume recursos en la instalación, pero puede ser un problema para la seguridad del sitio web igualmente.

Ahora debemos dirigirnos a la subsección **Añadir nuevo plugin** y esto nos llevará al listado de *plugins* que podemos instalar desde el repositorio oficial de WordPress, junto con un buscador y algunas categorías de *plugins*. Esto puedes verlo en la figura 7.3.

Instalar cualquier *plugin* es tan fácil como hacer clic en el botón **Instalar ahora**, que puedes ver en la ficha de cada *plugin* en la figura 7.3.

Los *plugins* suelen tardar entre dos y diez segundos en instalarse, dependiendo de la complejidad del *plugin* y la potencia del *hosting*. Cuando finalice la instalación de un *plugin*, nos permitirá activarlo y podremos ver un botón similar al de la figura 7.4 si queremos tener el *plugin* funcionando.

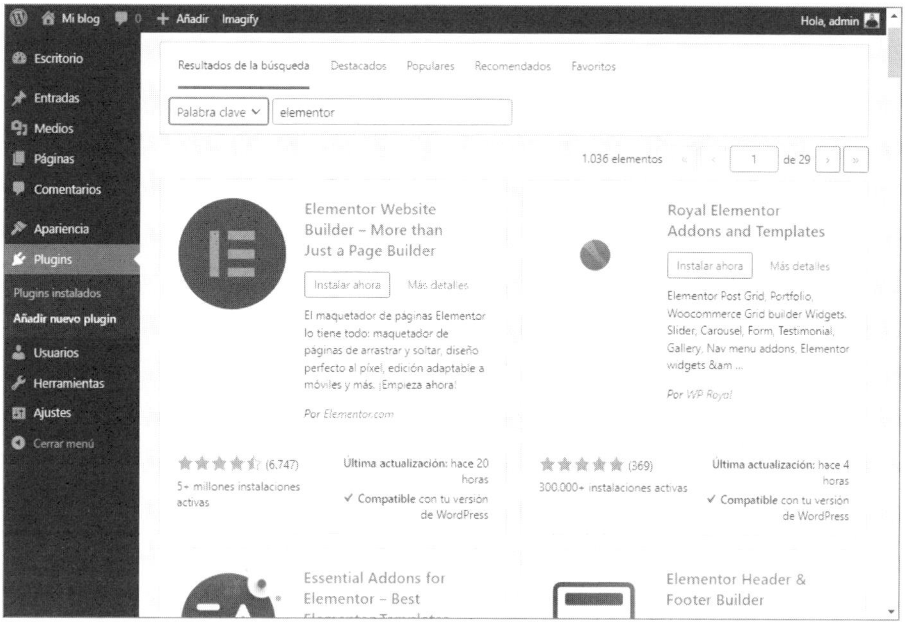

Figura 7.3. Repositorio oficial de WordPress en el *dashboard* de una instalación.

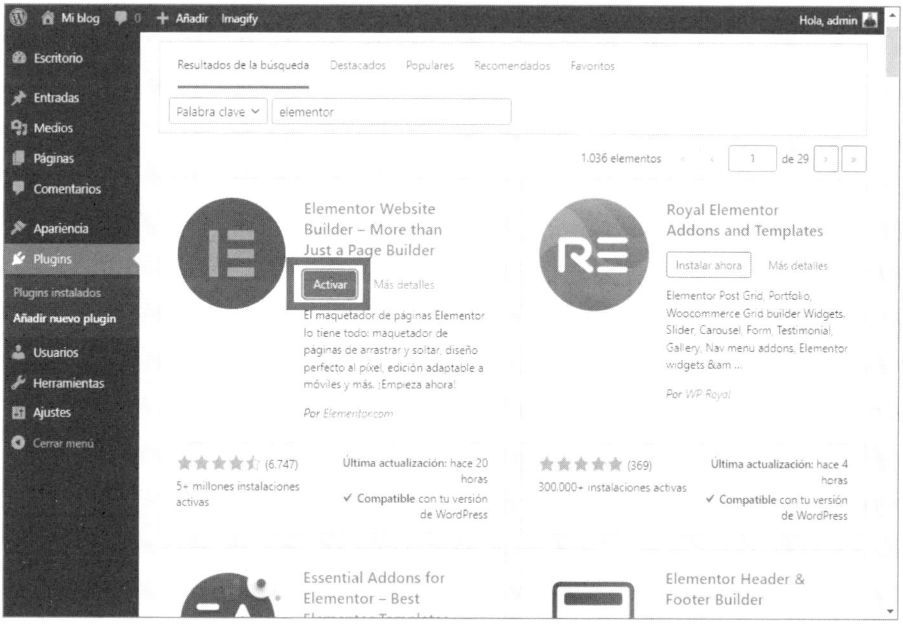

Figura 7.4. Activar un *plugin* despues de instalarlo desde el repositorio oficial.

Una vez que hacemos clic en el botón **Activar** que podemos ver en la figura 7.4, en algunos casos nos devolverá al listado de *plugins* y, en otros, algunos *plugins* nos redireccionarán a un panel propio con el que debemos interactuar.

Después de instalar y activar un *plugin*, podemos empezar con su configuración y personalización.

Instalar un *plugin* desde un archivo ZIP

El proceso de instalación de un *plugin* desde un archivo `.zip` empieza exactamente de la misma forma que al instalarlo desde el repositorio oficial de WordPress.

Empezamos entrando al *dashboard* de WordPress, concretamente a la sección **Plugins** y, una vez que estamos dentro, hacemos clic en la subsección **Añadir nuevo plugin**.

Pero, en este caso, hacemos clic en el botón **Subir plugin**, que puedes ver en la parte superior de la figura 7.5.

Figura 7.5. Botón para subir un *plugin* con un archivo `.zip` desde el *dashboard* de WordPress.

Al hacer clic en el botón, nos abre un formulario con el que podemos seleccionar el archivo `.zip` de nuestro ordenador, tal y como puedes ver en la figura 7.5.

Una vez seleccionado el archivo en nuestro ordenador, hacemos clic en el botón **Instalar ahora** y esperamos a que nos salga una pantalla como la que puedes ver en la figura 7.6, donde nos aparecerá el botón **Activar plugin**.

Figura 7.6. Botón para activar un *plugin* tras su instalación desde un archivo `.zip`.

Después de hacer clic en el botón **Activar plugin**, en algunos casos nos devolverá al listado de *plugins* y, en otros, algunos *plugins* nos redireccionarán a un panel propio con el que debemos interactuar.

Cuando tengamos el *plugin* activado, podremos empezar con la configuración y personalización del mismo.

Paneles y asistentes postactivación

Después de activar un *plugin*, como hemos comentado antes, pueden darse tres situaciones:

- ✔ Que nos aparezca uno o varios mensajes en la interfaz del *dashboard* de nuestro WordPress.
- ✔ Que nos lleve a un panel con ciertas opciones o un asistente de configuración.
- ✔ Que no nos aparezca nada.

Te voy a dar varios ejemplos de *plugins* que vamos a utilizar en este libro.

Cuando activamos WooCommerce después de instalarlo, nos aparecerá el inicio de un asistente, el que puedes ver en la figura 7.7.

Figura 7.7. Asistente de configuración inicial de WooCommerce.

Cuando activamos Elementor o Elementor Pro, podremos ver un asistente de configuración inicial como el que puedes ver en la figura 7.8.

De estos dos asistentes, realmente el más útil es el de Elementor, ya que los desarrolladores de WooCommerce se han centrado más en vendernos otros *plugins* mediante este asistente que en la configuración inicial. Son solo dos ejemplos, pero existen muchos otros *plugins* que solo nos muestran un mensaje en la parte de arriba del *dashboard* de WordPress o incluso no llegan a mostrar ningún mensaje.

Un ejemplo de un *plugin* que nos muestra un mensaje es Limit Login Attemps Reloaded, como puedes ver en la figura 7.9.

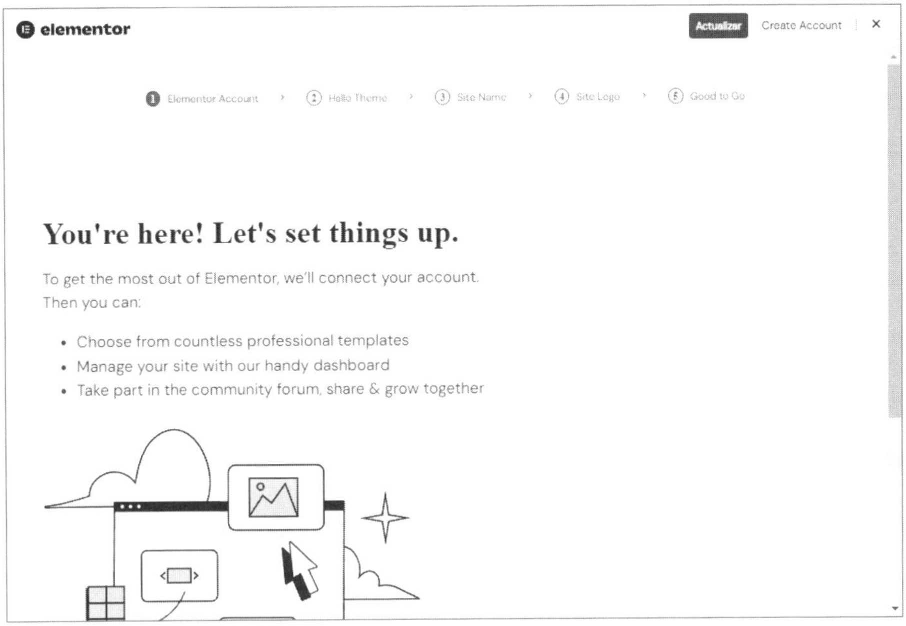

Figura 7.8. Asistente de configuración inicial de Elementor.

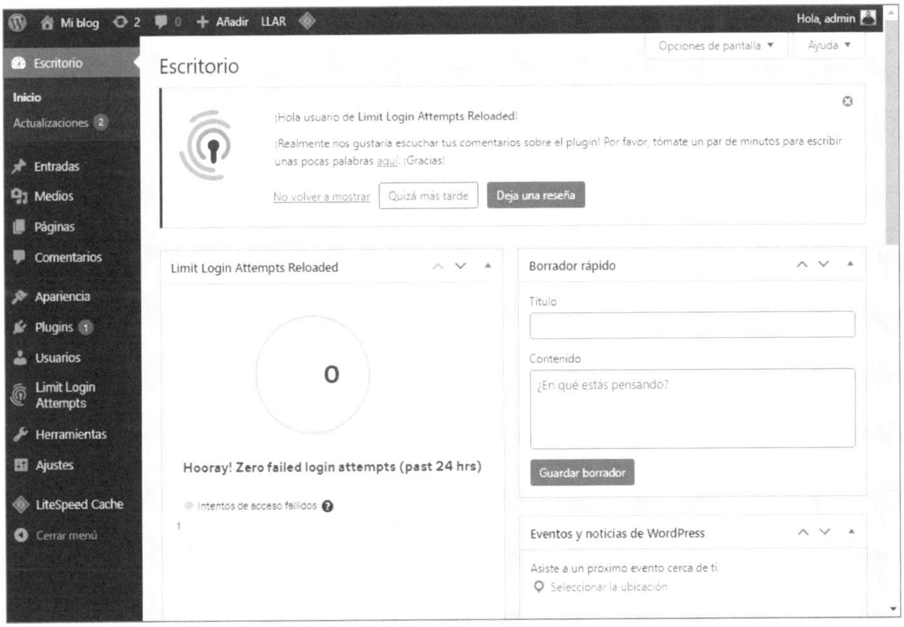

Figura 7.9. Mensaje que muestra Limit Login Attemps Reloaded después de activar.

La mayoría de *plugins* que muestran un mensaje lo hacen en el área donde se muestra el mensaje de Limit Login Attemps Reloaded, en la parte de arriba del *dashboard* de WordPress que puedes ver en la figura 7.9.

Los paneles de configuración de los *plugins* en WordPress

En el caso de los *plugins*, no hay un estándar a seguir como el personalizador, por lo que cada *plugin* suele tener sus propios paneles de configuración ubicados donde el desarrollador considera oportuno dentro del panel de administración de WordPress. Esto puede ser un problema para los usuarios principiantes, incluso para los profesionales, ya que tendremos que revisar los enlaces del *plugin* en el listado de *plugins* de WordPress o revisar la interfaz para ver dónde nos ha metido el *plugin* en cuestión su panel o paneles de configuración.

Como no existe una regla específica para saber dónde se encuentra el panel de configuración de un *plugin*, normalmente debemos buscarlo en la barra lateral, tal y como se muestra en la figura 7.10 para Elementor, que tiene 2 secciones.

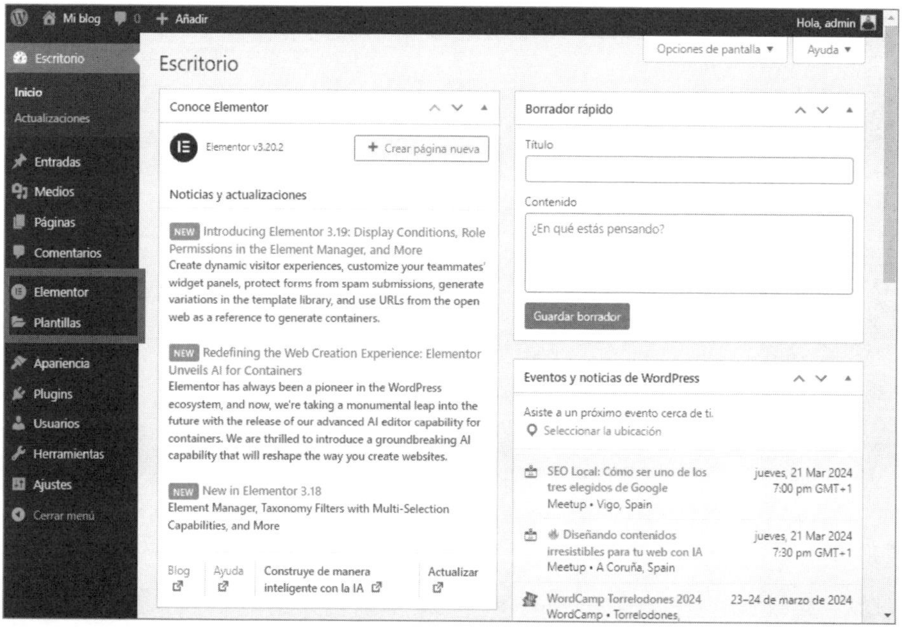

Figura 7.10. Secciones de configuración y trabajo del *plugin* Elementor.

Otro ejemplo más simple sería el caso de WP Rocket, que, para encontrar su sección de configuración, debemos irnos a la sección Ajustes dentro del *dashboard* de WordPress. Esto es lo que hemos marcado en la figura 7.11.

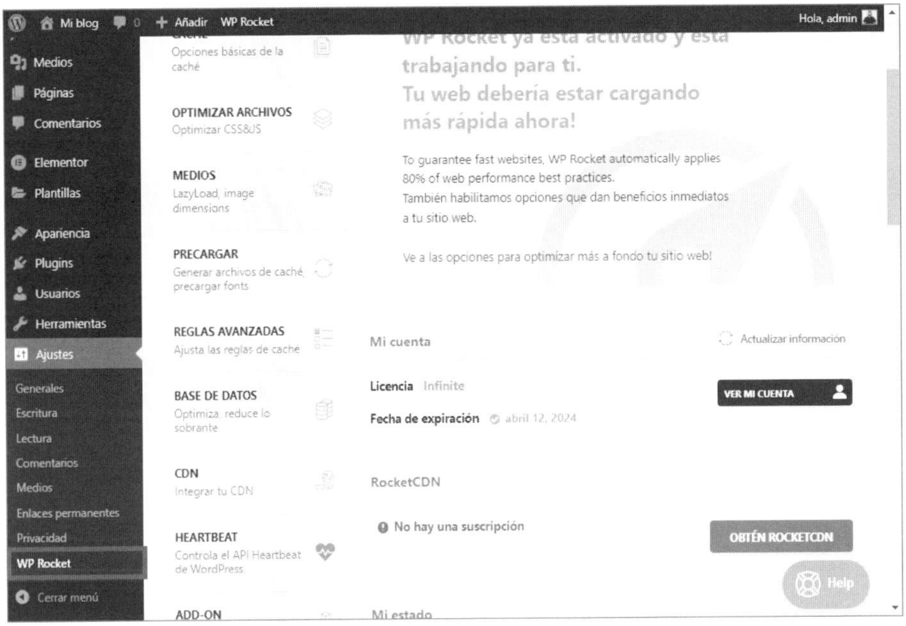

Figura 7.11. Panel de configuración de WP Rocket en el *dashboard* de WordPress.

Normalmente, la mayoría de *plugins* que no tienen una gran sección de configuración en el *dashboard* de WordPress meten sus opciones en paneles dentro de la sección Ajustes en la mayoría de los casos o en Herramientas en algunos casos específicos.

8 Introducción a Elementor

Como ya hemos comentado anteriormente, esto es un curso de WordPress donde aprenderemos a crear un sitio web con Elementor, el *pagebuilder* más utilizado para WordPress. En este capítulo nos centraremos en conocer Elementor, además de analizar unas cuantas cosas útiles de esta herramienta.

También veremos los *pagebuilders* o maquetadores web en general, además de analizar su función dentro del universo web y WordPress.

> Nota: Aunque los términos "*pagebuilder*" y "maquetador web" son sinónimos, en el contexto de WordPress se utiliza comúnmente el término inglés. Por tanto, en este libro nos referiremos principalmente a estas herramientas como *pagebuilders*.

Tengo la suerte de haber vivido muy de cerca la aparición de los primeros *pagebuilders*, además de haber visto toda su evolución. Por esta razón, puedo explicarte exactamente qué puntos han cambiado y mejorado en este campo a lo largo de todos estos años.

¿Qué es un maquetador web o *pagebuilder*?

Aunque esto ya lo hemos visto en capítulos anteriores, vamos a intentar profundizar un poco más en este tema. Los *pagebuilders* siempre han tenido un papel muy importante en el crecimiento de la cuota de mercado de WordPress; de hecho, actualmente podemos decir que la cuota de mercado de WordPress crece debido a que Elementor es el *pagebuilder* más utilizado del mundo, como puedes ver en la figura 8.1.

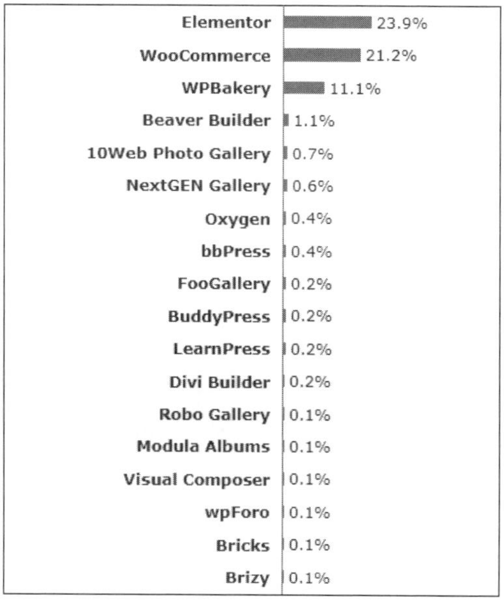

Figura 8.1. Gráfico de cuota de mercado de Elementor Pro.

Este tipo de herramientas nos permiten darle forma visual o apariencia a nuestro sitio web sin necesidad de saber maquetar con HTML y CSS; en muchos casos, también nos permiten implementar ciertas funcionalidades dinámicas para las que necesitaríamos saber CSS avanzado y JavaScript.

Los *pagebuilders* simplifican el trabajo de crear una web con WordPress, sin depender del diseño que nos permita hacer el *theme* y permitiéndonos prescindir de *themes* multipropósito.

Siempre digo lo mismo, WordPress ha democratizado Internet, y los *pagebuilders* le han ayudado en esta misión.

Antes de la llegada de los *pagebuilders*, en WordPress se popularizó el uso de *shortcodes*, que eran etiquetas con parámetros proporcionadas por los temas y que daban la impresión de que teníamos libertad total para personalizar nuestro sitio. Sin embargo, en realidad esto no era así, ya que esta libertad era limitada en comparación con las capacidades ofrecidas por los *pagebuilders* actuales.

En 2013, cuando empezaron a aparecer los primeros *pagebuilders* para WordPress, su funcionamiento era muy diferente a lo que tenemos ahora mismo. Podemos decir que la principal ventaja de los *pagebuilders* es que son *drag and drop*, es decir, arrastrar y soltar. Esto hace referencia concretamente a cómo podemos insertar los distintos elementos en la interfaz de la web que estamos maquetando.

No estoy seguro de cuál fue el primer *pagebuilder* tal como los conocemos hoy en día. Creo que podría haber sido SiteOrigin Pagebuilder, pero no puedo asegurarlo. Sin embargo, lo que sí sé es que Visual Composer fue el que realmente impulsó la popularidad de los *pagebuilders*, que actualmente se conoce como WP Bakery.

Hoy en día, cuando la gente aprende a construir sitios web con WordPress, aprende a hacerlos con un *pagebuilder* directamente. Esto significa que la gran mayoría de las instalaciones de WordPress cuentan con un *pagebuilder* instalado. Y precisamente para este curso de WordPress hemos elegido Elementor debido a que es el que tiene la curva de aprendizaje más fácil de llevar para usuarios principiantes. Sin embargo, cabe recordar que el hecho de que Elementor sea el *pagebuilder* más utilizado del mundo no se debe únicamente a esto, ya que tiene otras muchas ventajas que vamos a ver a continuación.

¿Por qué Elementor?

No te voy a mentir: cuando apareció Elementor en el mercado hace ya unos cuantos años, yo fui bastante reacio a cambiar de *pagebuilder*.

En ese momento utilizaba Visual Composer y estaba tan acostumbrado al *workflow* de esa herramienta, que me costó bastante probar Elementor, pero, desde el mismo momento en el que decidí probarlo, ya me di cuenta de que "la revolución había comenzado".

Como ya hemos dicho, Elementor es el *pagebuilder* que tiene la curva de aprendizaje más fácil para usuarios que empiezan, pero también debes saber que es el *pagebuilder* con mejor compatibilidad de todos los que existen actualmente.

Cuando comienzas a crear sitios web con WP, es posible que la compatibilidad no te parezca importante, pero, a medida que avanzas y te enfrentas a proyectos más complejos, la falta de compatibilidad puede convertirse en un factor bastante limitante.

Otro punto fuerte de Elementor es, sin duda, la empresa que hay detrás de su desarrollo, enfocada exclusivamente en el desarrollo de un *pagebuilder* como SaaS y como *plugin*, es decir, su prioridad es mejorar la herramienta y garantizar su compatibilidad.

Por último, y no por ello menos importante, no podemos olvidarnos de otro pilar fundamental de Elementor: su comunidad.

Podemos decir que la comunidad de Elementor se ha convertido en su pulmón, ya que se ha construido una comunidad grande y muy comprometida, incluso, llegando al punto, tal y como ocurre también con WooCommerce, que existen desarrolladores y empresas que se dedican únicamente a la creación de *plugins* para mejorar el propio Elementor, es decir, son *plugins* para WordPress pero solo sirven para mejorar Elementor y añadir nuevos *widgets* y funcionalidades.

Volviendo a la pregunta del título de este capítulo, "¿Por qué Elementor?", podríamos resumirlo con lo siguiente: curva de aprendizaje fácil, buena compatibilidad, un desarrollo sólido por parte de una empresa sólida y una comunidad amplia que crece cada día.

Ventajas de Elementor Pro frente a Elementor

Como ya hemos visto en diferentes momentos en este libro, existen dos versiones de Elementor que podemos instalar y utilizar en nuestro sitio web WordPress.

Por un lado, tenemos la versión gratuita de Elementor y, por otro, contamos con la versión de pago, también llamada Elementor Pro.

Yo siempre recomiendo la versión de pago, ya que esta tiene algunas funcionalidades que no vienen en la versión gratuita y nos pueden ayudar a la hora de crear un sitio web profesional.

> **Nota:** Algunos profesionales de WordPress utilizan *plugins* para añadir algunas funcionalidades de la versión Pro de Elementor a la versión gratuita, pero debemos tener cuidado con esto a la hora de mantener el sitio web funcionando en el tiempo, ya que esos *plugins* pueden dejar de actualizarse o dar algún problema de compatibilidad y esto nos puede ocasionar problemas en nuestro sitio web.

A continuación, vamos a listar algunas de las diferencias importantes entre la versión gratuita de Elementor y Elementor Pro:

- ✔ Theme Builder: En primer lugar, vamos a ver el factor que, en mi opinión, es el más limitante. Con la versión gratuita de Elementor no podremos utilizar la funcionalidad Theme Builder, que nos permite darle forma no solo al contenido, sino a las distintas partes de nuestro sitio web utilizando el editor de Elementor. No voy a explicar ahora lo que es el Theme Builder, ya que lo vamos a ver más adelante de forma extendida.
- ✔ Más *widgets*: Elementor Pro tiene aproximadamente 60 *widgets* más de forma nativa que la versión gratuita de Elementor. Esto puede parecer opcional, pero muchos de ellos son necesarios para crear un sitio web profesional utilizando Elementor.
- ✔ Sistema de formularios: Siempre digo lo mismo, Elementor Pro tiene uno de los mejores sistemas de formularios que existen para WordPress. Elementor Forms solo está disponible en la versión Pro de Elementor y nos permite implementar funcionalidades dinámicas que con otros *plugins* de formularios no podemos hacer.
- ✔ Sistema de *pop-ups*: Elementor Pro nos trae un sistema que nos permite crear y editar ventanas emergentes o *pop-ups*. Aunque podemos utilizar otro *plugin* para implementar esta funcionalidad en WordPress, lo cierto es que los *pop-ups* de Elementor Pro son bastante potentes y muy configurables.
- ✔ Contenido dinámico: La versión gratuita de Elementor no dispone de la mayoría de funcionalidades dinámicas que nos permiten sacar datos de la base de datos, crear listados personalizados o trabajar con datos de usuario. Estas funcionalidades nos permiten crear páginas web dinámicas muy potentes utilizando Elementor Pro.
- ✔ WooCommerce Builder: Si queremos editar las distintas partes de una tienda *online* creada con WooCommerce utilizando Elementor es imprescindible contar con Elementor Pro, ya que en caso contrario no tendremos compatibilidad con WooCommerce.

Me he dejado algunas cosas en el tintero relacionadas con la personalización del CSS, la posibilidad de utilizar código personalizado condicional y la posibilidad de utilizar fuentes e iconos personalizados; pero considero que son funcionalidades más avanzadas que, si todavía no has creado tu primera web con Elementor, no son relevantes para ti en este preciso momento.

Tras listar todo esto, tan solo me queda decirte que en este curso todo lo que vamos a hacer va a ser con Elementor Pro, ya que, como he comentado anteriormente, con la versión gratuita de Elementor estaríamos limitados.

Instalar y configurar Elementor Pro

Ahora que ya sabes por qué vamos a utilizar Elementor Pro en su versión de pago, vamos a ver cómo comprar, descargar, instalar y cómo realizar la configuración inicial de Elementor Pro.

Comprar Elementor Pro

Vamos a empezar comprando Elementor Pro; para ello, debemos dirigirnos al sitio web del desarrollador.

> **Nota:** Alguna de las partes del proceso de compra o descarga de Elementor Pro pueden cambiar con el tiempo. Esto no depende de mí, ya que se escapa de mi control, aunque el proceso, más o menos, es siempre el mismo.

Puedes acceder directamente a la página de compra desde esta URL: `https://raiola.link/comprarelementorpro`.

La tabla de precios de Elementor Pro en el momento de escribir estas palabras es la que puedes ver en la figura 8.2.

Los precios de Elementor Pro cambian cada cierto tiempo, también los planes de licencia y sus características; sin embargo, mi recomendación es que al aspecto que le prestes más atención sea a las funcionalidades.

Durante mucho tiempo Elementor Pro limitaba la cantidad de sitios en los que podías utilizar el *plugin*, pero actualmente el plan más barato no incluye ni todos los *widgets* ni todas las funcionalidades.

Por esta razón, lo recomendable es siempre comprar la licencia más barata pero que tenga todas las funcionalidades de Elementor Pro. En este caso, es la Advanced.

El proceso de compra de la licencia del *plugin* es como la de cualquier otro *plugin*, como la contratación del *hosting* o como cualquier compra en una tienda *online*, tal y como puedes ver en la figura 8.3.

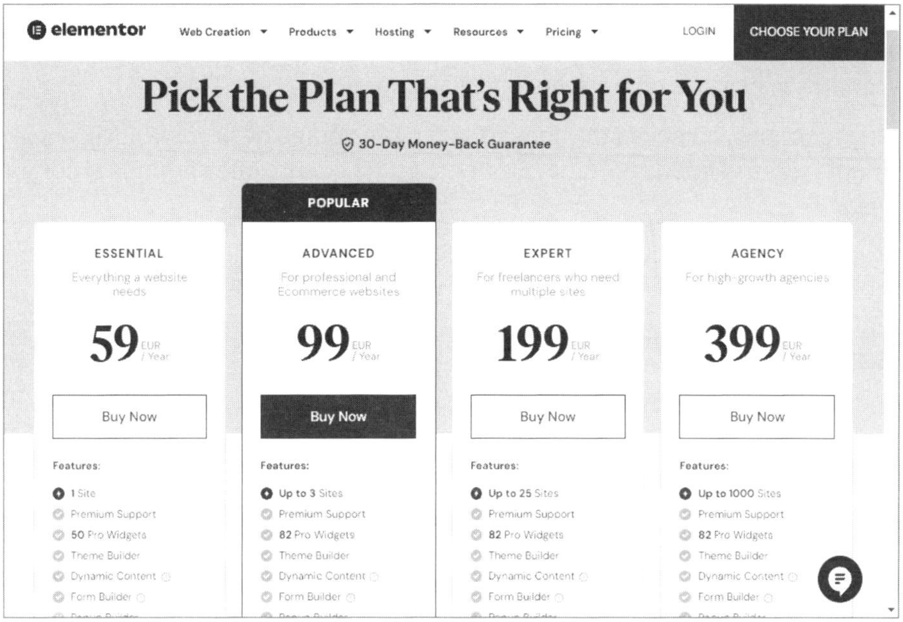

Figura 8.2. Tabla de precios de Elementor Pro.

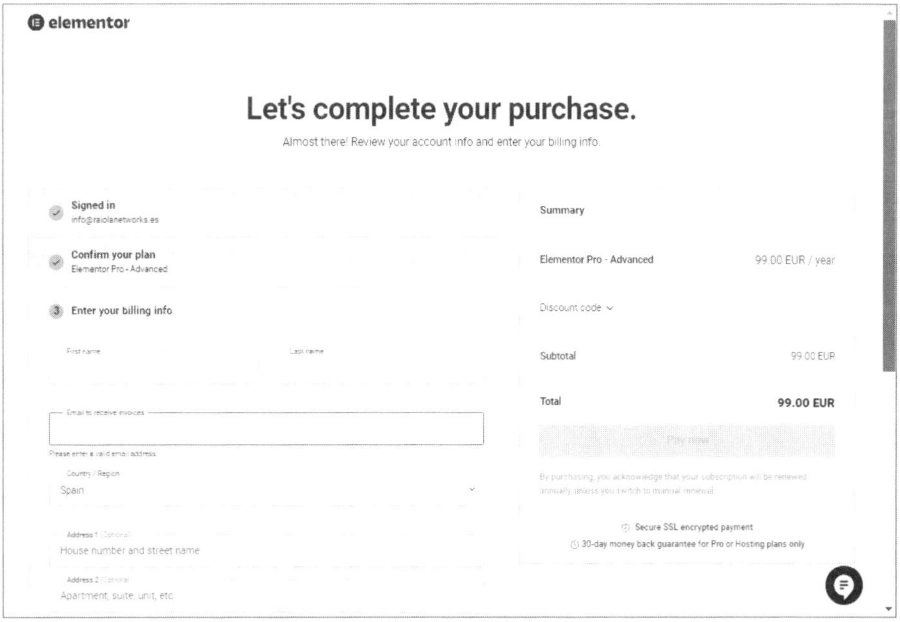

Figura 8.3. Proceso de compra de Elementor Pro.

Primero, debemos llenar todos los campos necesarios con nuestros datos para que se pueda emitir la factura. Tras efectuar el pago, recibiremos un correo electrónico de confirmación de la compra de forma automática.

No te preocupes, no necesitas conservar ningún código de licencia. La licencia de Elementor será validada automáticamente con la cuenta que creamos al comprar el *plugin*.

Una vez que el pago esté hecho, nos llegarán los datos de acceso a nuestro email y podremos acceder al área de clientes, que puedes ver en la figura 8.4.

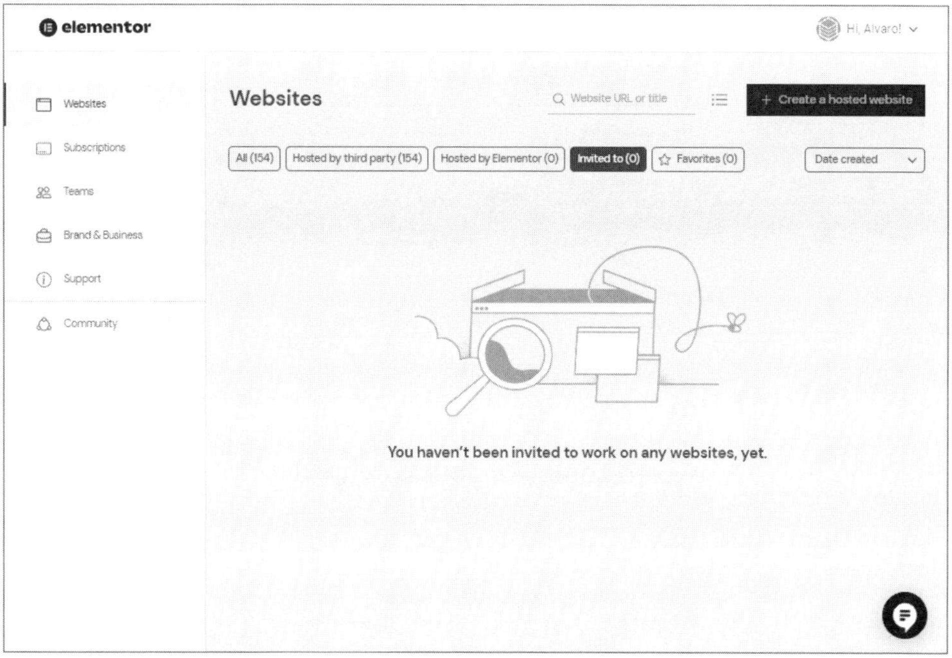

Figura 8.4. Área de clientes de Elementor Pro.

En la sección **Websites** nos aparecerán todos los sitios web donde activemos Elementor Pro, pero, si queremos descargar Elementor Pro, debemos dirigirnos a la sección de **Subscriptions**.

Descargar e instalar Elementor Pro

Vamos a continuar donde lo dejamos en la sección anterior, en la sección **Subscriptions**, donde verás una pantalla como la de la figura 8.5.

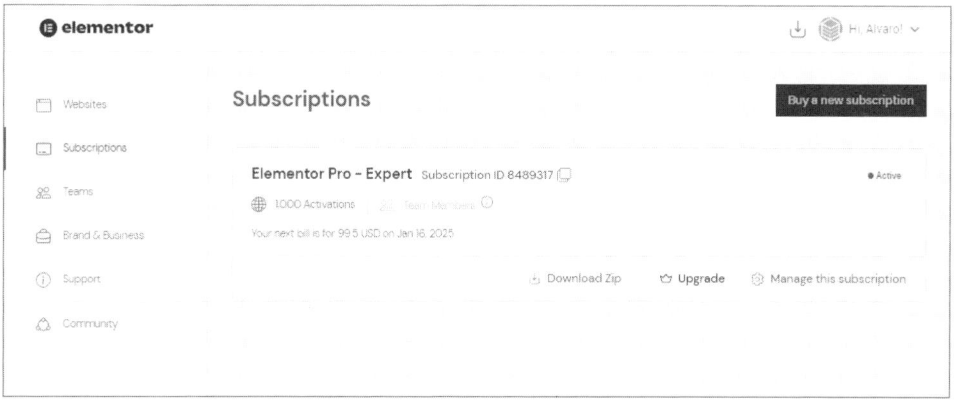

Figura 8.5. Descarga Elementor Pro desde el área de clientes de Elementor.

Hacemos clic en el botón **Download Zip** y, a continuación, se descargará un archivo `.zip` con Elementor Pro.

Con este archivo `.zip` debemos hacer exactamente lo mismo que ya vimos en el proceso de instalación manual de *plugins* en el capítulo 7 de este curso.

Precisamente por ello, porque este proceso ya lo hemos visto en detalle en el capítulo anterior, voy a ser menos exhaustivo y no me detendré demasiado en su explicación.

Vamos al *dashboard* de nuestro WordPress y vamos a la sección **Plugins**, que puedes ver en la figura 8.6.

Cargamos en el formulario para instalar *plugins* desde nuestro ordenador el archivo `.zip` que hemos descargado desde el área de clientes de Elementor y hacemos clic en el botón **Instalar ahora**.

Cuando se haya realizado la instalación, hacemos clic en **Activar plugin** y aquí pueden darse dos situaciones.

Hemos instalado Elementor Pro en nuestro WordPress, pero para que funcione debemos tener instalada también la versión gratuita de Elementor.

Si ya lo tenemos instalado, nos aparecerá el asistente de configuración inicial de Elementor con el que podremos validar la licencia de Elementor Pro y algunas cosas más.

Pero, si no tenemos instalada la versión gratuita de Elementor, nos aparecerá un mensaje como el que puedes ver en la figura 8.7 en la parte de arriba del *dashboard* tras la activación de Elementor Pro.

Figura 8.6. Instalador de *plugins* de WordPress para instalar Elementor Pro.

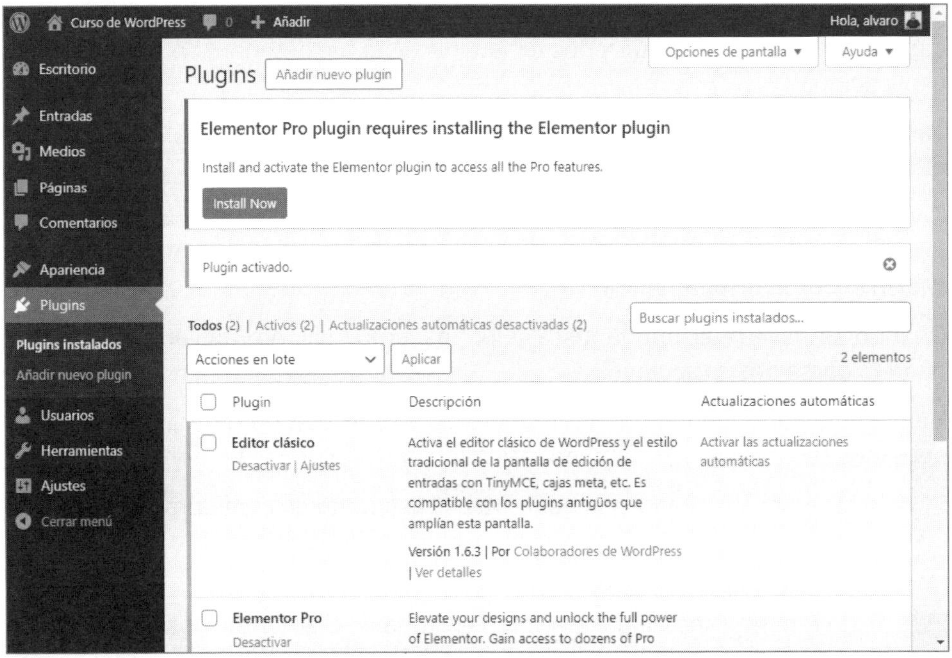

Figura 8.7. Aviso para instalar Elementor en el *dashboard* de WordPress.

Hacemos clic en el botón Install Now y automáticamente se instalará la versión gratuita de Elementor desde el repositorio oficial de WordPress.

Al finalizar la instalación nos pedirá que lo activemos, como puedes ver en la figura 8.8.

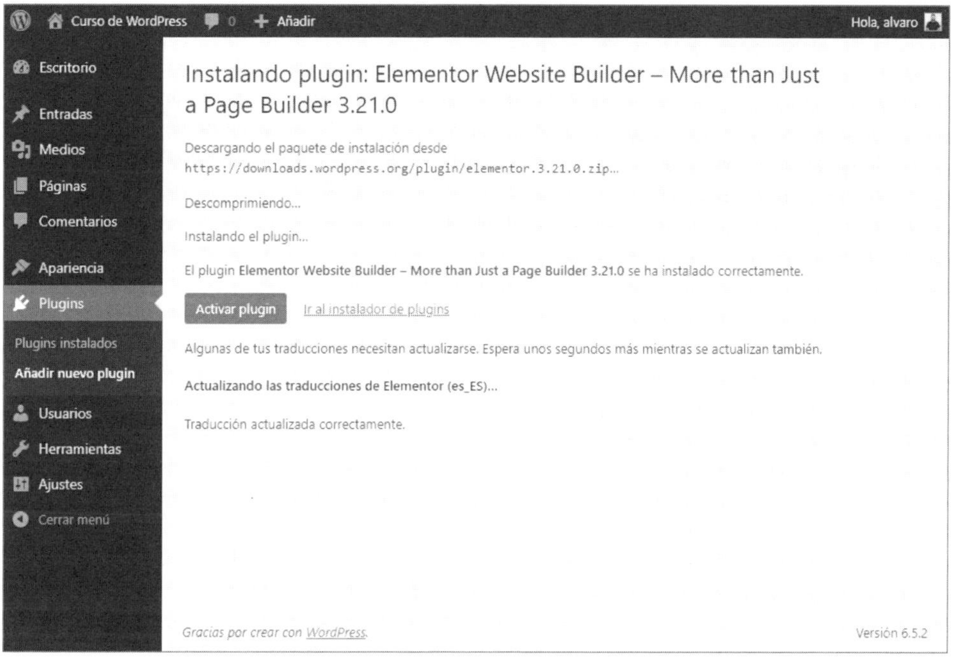

Figura 8.8. Activación de Elementor tras su instalación.

Hacemos clic en el botón Activar plugin y ahora sí que nos aparecerá el asistente inicial de Elementor que vamos a ver a continuación.

Asistente inicial de Elementor

Comenzamos teniendo en la pantalla el asistente inicial de Elementor.

Vamos a desplazarnos hasta el final de la primera pantalla del asistente y vamos a hacer clic en el enlace Connect your account, ya que previamente ya hemos creado una cuenta en Elementor al comprar Elementor Pro. Puedes ver el enlace en la figura 8.9.

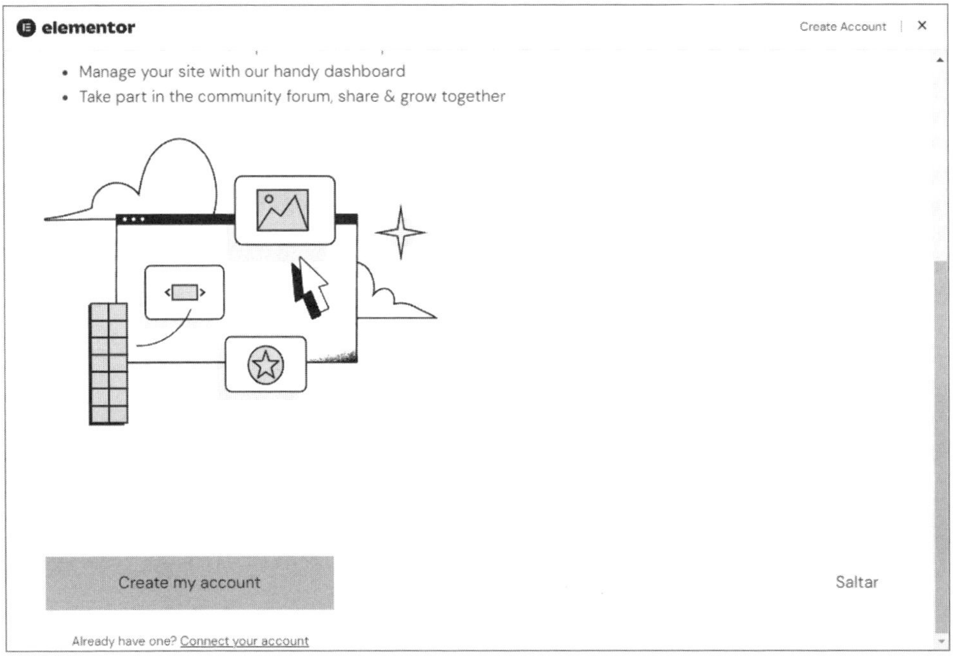

Figura 8.9. Asistente de configuración inicial de Elementor.

Al hacer clic en el enlace mencionado anteriormente, y partiendo de la base de que tenemos la cuenta de cliente creada y autentificada en la web de Elementor, nos aparecerá una ventana emergente como la que puedes ver en la figura 8.10.

Hacemos clic en el botón **Activate my license** para activar Elementor Pro en nuestra instalación WordPress.

Como ya he hemos visto, Elementor Pro no se valida por un código de licencia, sino por la conexión o autentificación en la web del desarrollador.

Una vez que hemos activado Elementor Pro, nos saltará al siguiente paso del asistente inicial.

Ahora nos ofrecerá instalar el *theme* Hello Elementor del que ya hemos hablado en el capítulo 6 de este libro. Como ya hemos comentado, vamos a utilizar este *theme*, por lo que vamos a hacer clic en el botón **Continue with Hello Theme**, que puedes ver en la figura 8.11, para que lo descargue, lo instale y lo active automáticamente.

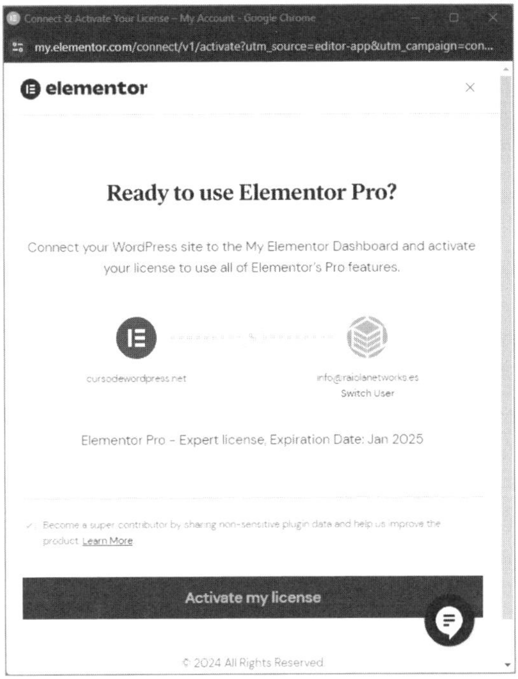

Figura 8.10. Activación de Elementor Pro.

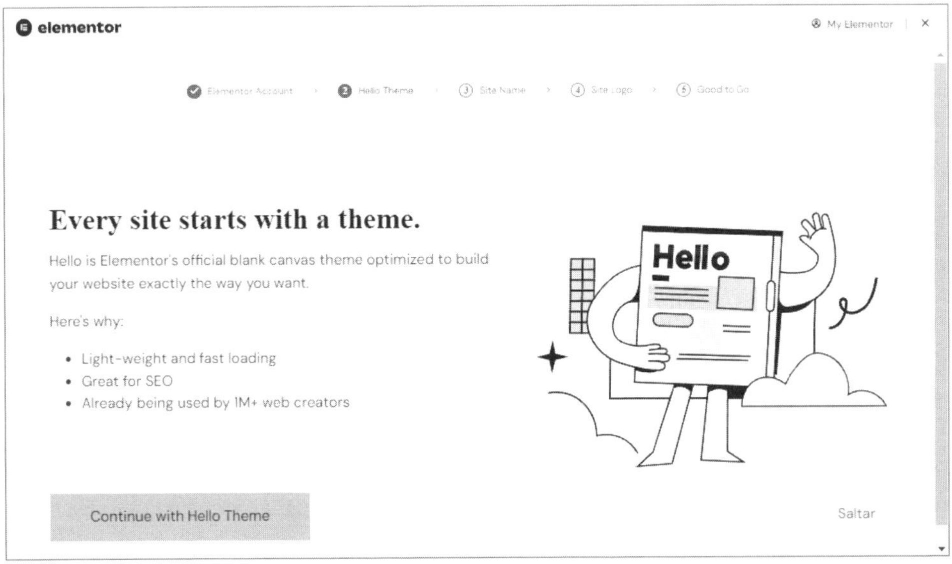

Figura 8.11. Instalar Hello Theme desde el asistente de configuración inicial de Elementor.

En el siguiente paso, se nos solicitará el nombre del sitio web. Si ya lo hemos configurado durante la instalación de WordPress, no será necesario realizar ninguna acción adicional. Nos aparecerá automáticamente el nombre que hemos puesto previamente en el campo de texto y solo tendremos que hacer clic en el botón Siguiente, como se muestra en la figura 8.12.

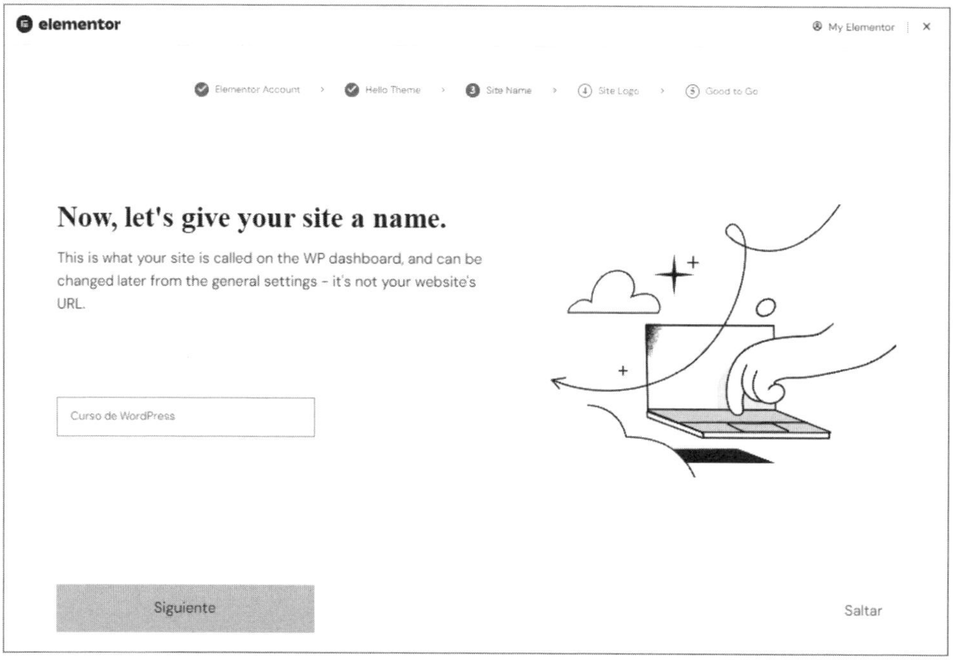

Figura 8.12. Configurar el nombre del sitio en el asistente de configuración inicial de Elementor.

Aunque en el siguiente paso tendremos la oportunidad de subir el logo de nuestro sitio web a WordPress, optaremos por no hacerlo en este momento, ya que veremos cómo hacerlo más adelante.

Si en alguno de los casos anteriores te quieres saltar algún paso, solo tienes que hacer clic en el enlace Saltar, que puedes ver en la figura 8.13, abajo a la izquierda, y puedes encontrar en esa ubicación en todos los pasos de este asistente.

Por último, en el paso final que puedes ver en la figura 8.14, el asistente nos permite elegir si queremos abrir el editor de Elementor directamente con la opción de la izquierda o importar un *template kit*.

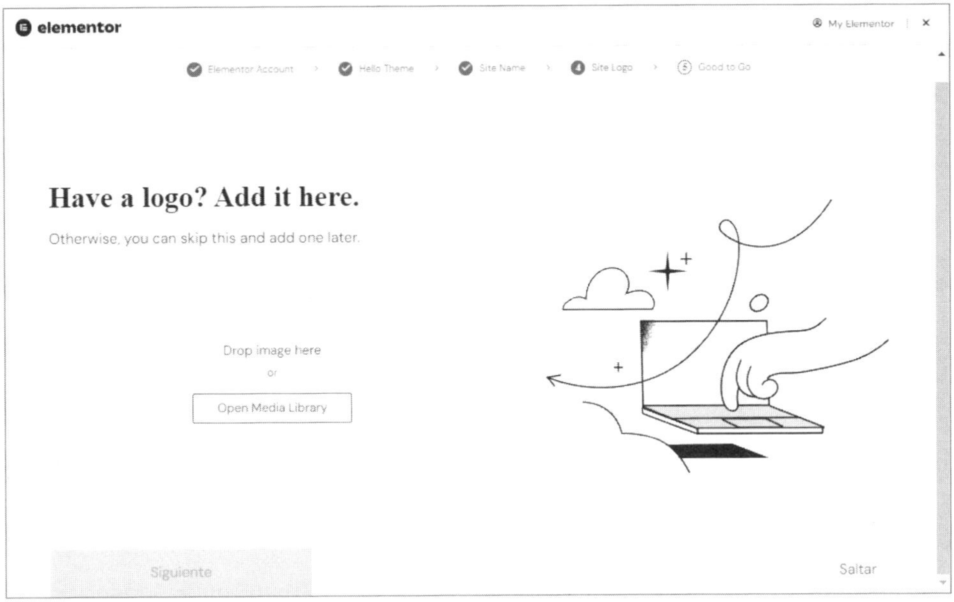

Figura 8.13. Subir el logo a WordPress con el asistente de configuración inicial de Elementor.

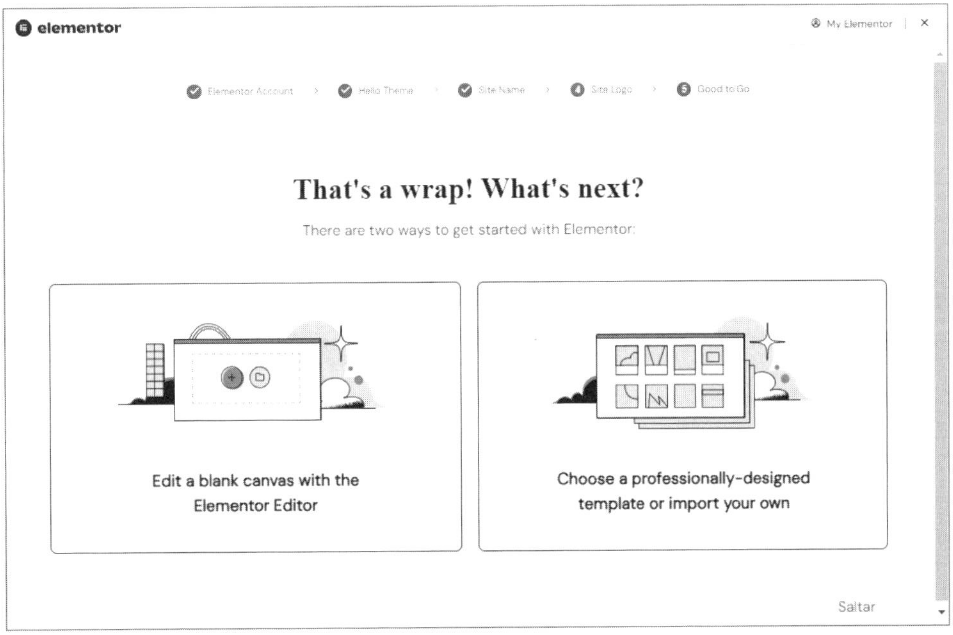

Figura 8.14. Último paso del asistente de configuración inicial de Elementor.

En esta ocasión, también optaremos por omitir este paso utilizando el enlace Saltar, que nos llevará directamente al editor de Elementor

Puedes volver al *dashboard* de tu WordPress, es decir, al `/wp-admin/`, ya que a continuación vamos a listar algunas recomendaciones y algunas opciones que debemos configurar al inicio.

Configuración inicial y recomendaciones

Con Elementor y Elementor Pro ya instalados y listos para funcionar, ya podemos comenzar a personalizar nuestro sitio web en WordPress. Ahora podremos comenzar a darle forma a nuestro sitio web.

Pero, antes de empezar, vamos a explicar algunas partes de la configuración de Elementor, además de detallar algunos aspectos que me gusta tocar antes de empezar.

Para comenzar, en el *dashboard* de nuestro WordPress se han creado dos secciones nuevas, tal y como puedes ver en la figura 8.15.

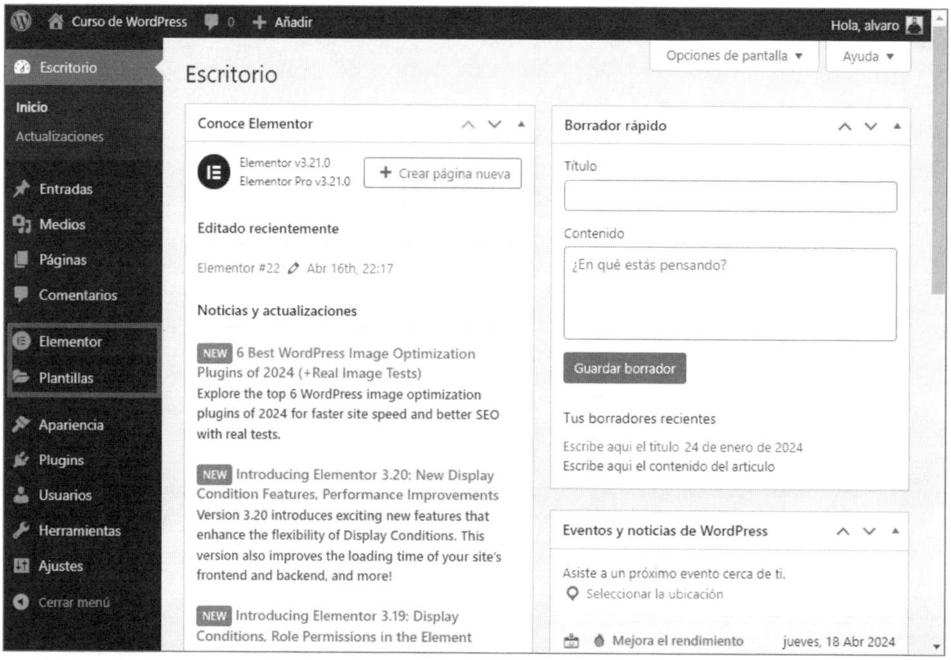

Figura 8.15. Secciones de Elementor en el *dashboard* de WordPress.

Si pasamos el puntero del ratón por encima de estas secciones, vas a ver muchas más subsecciones.

Aunque Elementor es un *plugin* muy complejo con muchas opciones, nosotros en este curso vamos a ir directos al grano. Por esa razón no vamos a explicar todas las subsecciones, ya que no tendría sentido; hay algunas que ni yo las he tocado nunca porque no me ha hecho falta.

Así que vamos a explicar acciones concretas que yo hago cuando voy a darle forma a una web con Elementor y que recomiendo que todo el mundo haga.

Comenzaremos por el principio y seguiremos realizando los ajustes en el orden en que nos los encontremos.

Una de las primeras cosas que personalmente recomiendo hacer es ir a la sección Elementor en el *dashboard* de WordPress, donde nos encontraremos la subsección Ajustes. Aquí podremos ver cuatro pestañas, tal y como se muestra en la figura 8.16.

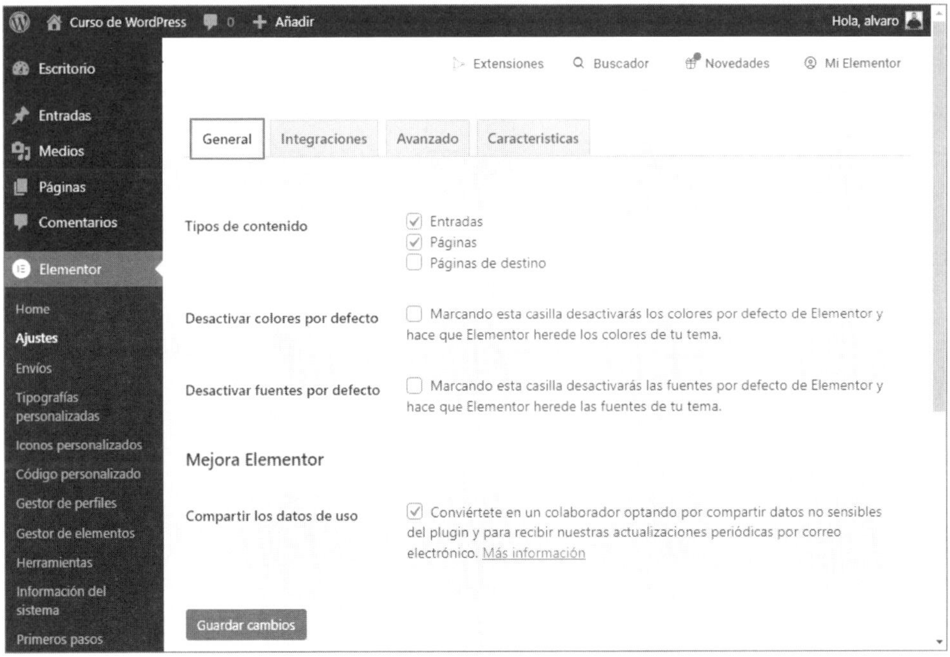

Figura 8.16. Sección Ajustes de Elementor en el *dashboard* de WordPress.

En primer lugar, vamos a dirigirnos a la pestaña Avanzado y buscar la opción Permitir la subida de archivos sin filtrar, que puedes ver en la figura 8.17.

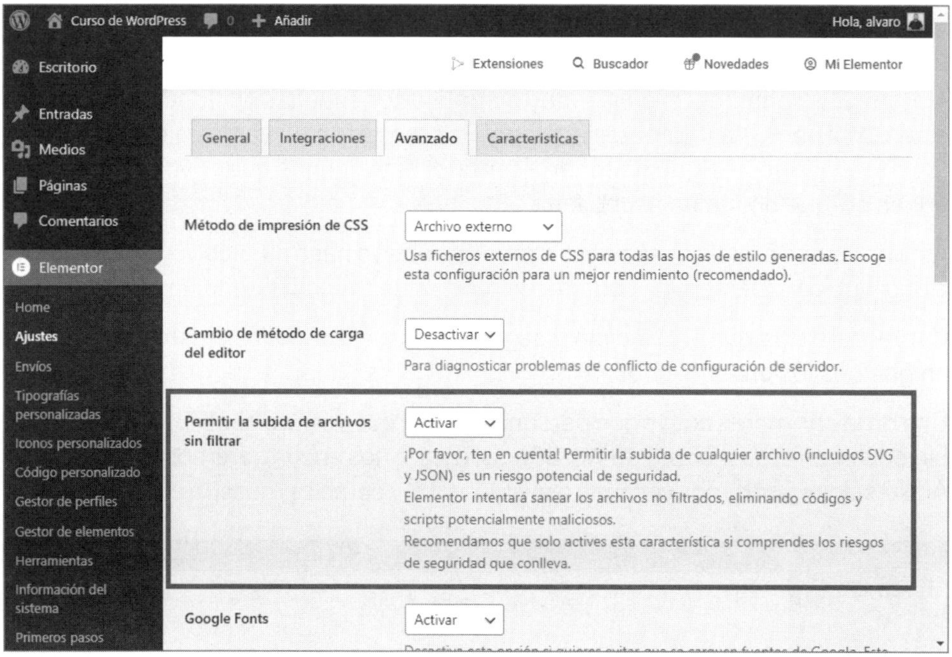

Figura 8.17. Subir archivos sin filtrar.

Cambia el desplegable de la figura 8.17 a la opción Activar para permitir la subida de archivos sin filtrar. Debes tener en cuenta que, de forma nativa, Elementor bloquea la subida de ciertos tipos de archivos, entre ellos, los SVG o los JSON.

El problema surge en que necesitamos subir JSON por ejemplo para utilizar *template kits*, algo que vamos a explicar más adelante.

Después de configurar esto, debemos bajar hasta el final del panel para hacer clic en el botón Guardar cambios.

> **Nota:** La pestaña Características de los ajustes de Elementor que vamos a ver a continuación cambia y se actualiza constantemente, ya que desde aquí podemos activar y desactivar las funcionalidades que están en fase de pruebas y las que ya han pasado a la versión estable de Elementor.

Ahora vamos a ir a la pestaña **Características**, también dentro de la subsección **Ajustes**, y vamos a buscar la opción **Páginas de destino**, que puedes ver en la figura 8.18.

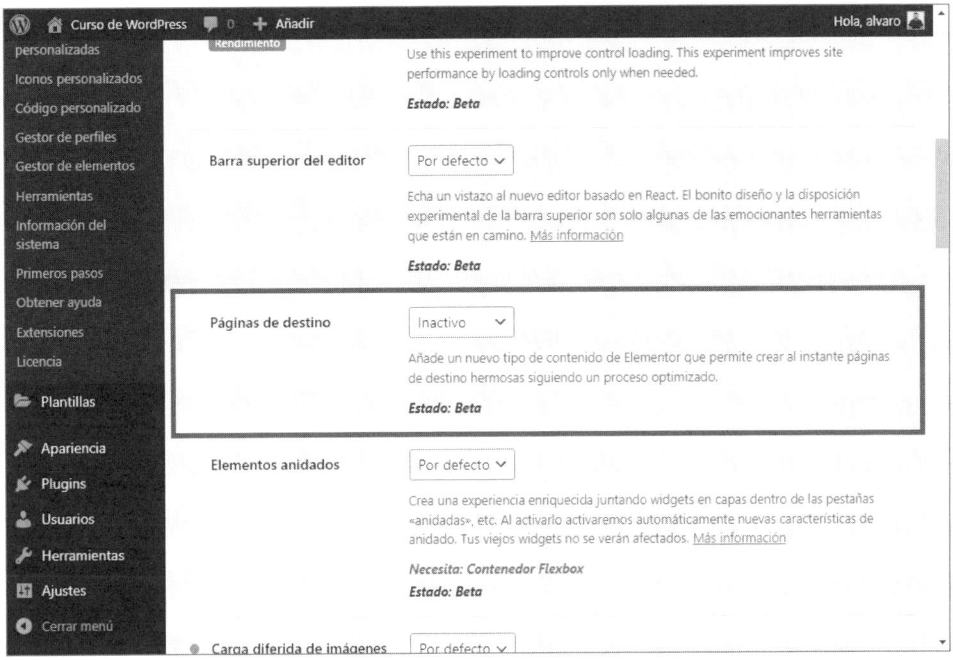

Figura 8.18. Desactivar las páginas de destino en Elementor.

Debemos cambiar el desplegable de la figura 8.18 de **Activo** a **Inactivo**.

Con esto vamos a desactivar un tipo de contenido llamado **Páginas de destino** o **Landing pages** que nos añade Elementor, que en la práctica no sirve para nada, pero que puede generar dudas o confusiones a los usuarios principiantes.

Después de cambiar esto, debemos hacer clic en el botón **Guardar cambios** que hay abajo del todo.

Personalmente, tiendo a realizar algunos ajustes adicionales en esta sección. Sin embargo, como mencioné anteriormente, la pestaña **Características** suele cambiar significativamente con las nuevas versiones de Elementor. Es posible que, aunque expliquemos detalladamente las opciones, al leer el libro la información esté desactualizada.

Visión general de la sección Plantillas de Elementor

Ahora que ya tenemos nuestro Elementor instalado y configurado, vamos a empezar con la explicación de las distintas partes que forman el *pagebuilder*.

Aunque dentro de la sección Elementor del *dashboard* de WordPress hay muchas funcionalidades y opciones de configuración, realmente toda la operativa a la hora de trabajar con el *pagebuilder* está dentro de la sección Plantillas en el *dashboard*, como se ve en la figura 8.19.

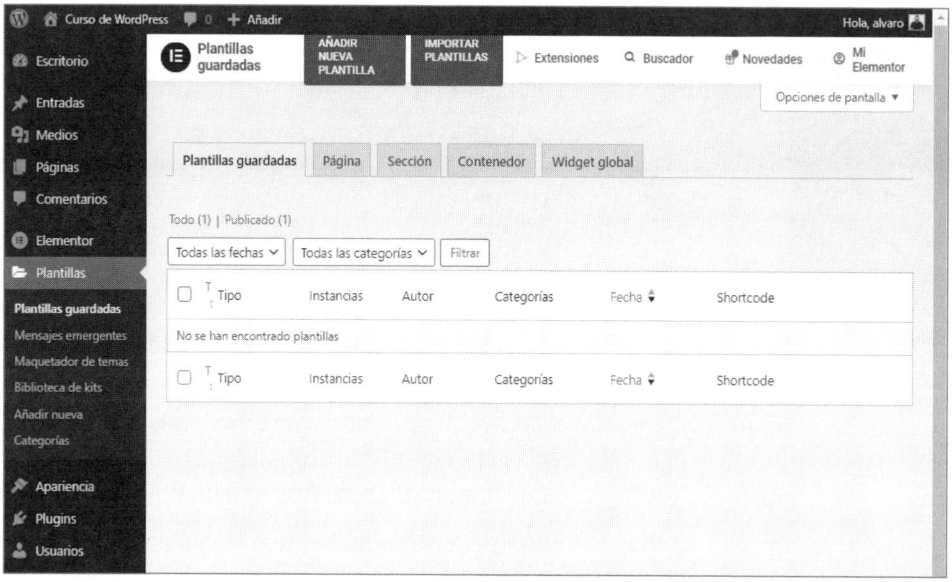

Figura 8.19. Sección Plantillas de Elementor en el *dashboard* de WordPress.

Como puedes ver en la figura, de la sección **Plantillas** se despliegan varias subsecciones que son bastante importantes y que, aunque vamos a detallar en el futuro, vamos a hacer un resumen aquí de para qué sirven:

- ✔ **Plantillas guardadas**: Aquí podrás ver todas las plantillas creadas con Elementor independientemente de que sean de página, secciones específicas o globales que afectan a toda la web. Las plantillas son las maquetaciones creadas con Elementor. Podríamos decir que son las distintas partes que forman la web de forma totalmente modular.

- ✔ **Mensajes emergentes**: Desde aquí podemos crear ventanas emergentes (*pop-ups*). Actualmente Elementor las denomina "mensajes emergentes" en español. La maquetación es exactamente como cualquier otra parte de la web, pero debemos configurar algunas opciones más para determinar cómo, cuándo y dónde van a aparecerle al usuario esos mensajes emergentes.
- ✔ **Maquetador de temas**: Aquí tenemos lo que en inglés se denomina **Theme Builder** y que es uno de los puntos fuertes de Elementor Pro. Nos permite darle forma y maquetar cualquier parte de la web, consiguiendo poder prescindir de un *theme* normal para WordPress.
- ✔ **Biblioteca de kits**: Desde esta sección podemos acceder a una galería de *template kits* y también podemos subir *template kits* descargados desde otras páginas web. Los *template kits* son grupos o *packs* de plantillas para diseñar totalmente una web con un mismo estilo. Se pueden describir como plantillas predefinidas y previamente maquetadas para su uso en Elementor.

En la parte de abajo tendremos las subsecciones **Añadir nuevo** y **Categorías**.

No entro a explicarlas, ya que **Añadir nuevo** sirve para crear nuevas plantillas para Elementor y, en cuanto a **Categorías**, sirven para organizar las plantillas de Elementor, pero personalmente nunca las he necesitado.

Quiero que tengas (muy) presente el listado anterior, ya que, a excepción de la subsección de **Mensajes emergentes**, vamos a trabajar bastante los paneles restantes, tanto en este capítulo como en el siguiente.

Páginas vs. Theme Builder

Antes de continuar, creo que debemos distinguir las dos formas de trabajar que tiene Elementor.

> **Nota:** El **Maquetador de temas** de Elementor durante mucho tiempo no ha tenido traducción y se ha llamado **Theme Builder**, por eso muchos profesionales de WordPress, entre los que me incluyo, seguimos llamándole así, con la terminología inglesa.

Aún quedan muchos profesionales de WordPress que siguen trabajando con Elementor utilizando páginas independientes para darle forma a sus diseños, aunque en muchos casos no es una práctica eficiente.

Antiguamente, los *pagebuilders* no disponían de **Theme Builder** o **Maquetador de temas**, pero hoy en día es algo normal. Un ejemplo es que en Gutenberg también se implementó algo similar, el **Site Builder**.

Antes, cuando queríamos darles forma a 4 páginas en nuestro sitio web, cada página era independiente totalmente y eso quiere decir que teníamos que maquetar la cabecera en todas, el pie de página en todas y posteriormente centrarnos en el contenido propio de cada página.

Hoy en día, esto ha cambiado con el maquetador de temas y, si tenemos que darles forma a 4 páginas, maquetamos una única vez la cabecera, el pie de página y todos los elementos comunes, y posteriormente solo tendremos que darle forma al contenido propio y específico de cada página.

Podemos trabajar todo con páginas independientes o utilizar el **Theme Builder** para crear un sitio web mucho más homogéneo y mucho más fácil de mantener. Pero, aun así, hay profesionales que maquetan cada página por separado. Vamos a explicar la diferencia a nivel práctico.

Si queremos iniciar el editor de Elementor para maquetar una página, solo tenemos que dirigirnos a la sección **Páginas** en el *dashboard* de WordPress y hacer clic en el botón **Añadir una nueva página**, que puedes ver en la figura 8.20.

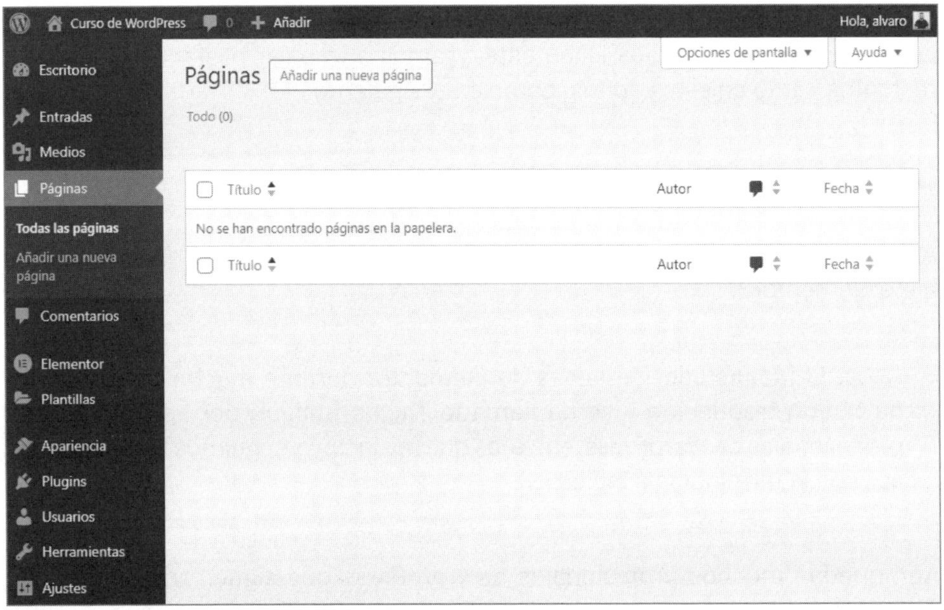

Figura 8.20. Crear una nueva página con Elementor.

Si tenemos el editor clásico de WordPress instalado, nos aparecerá algo similar a esto que puedes ver en la figura 8.21, donde solo tienes que poner el título de la página y, acto seguido, hacer clic en el botón azul **Editar con Elementor**.

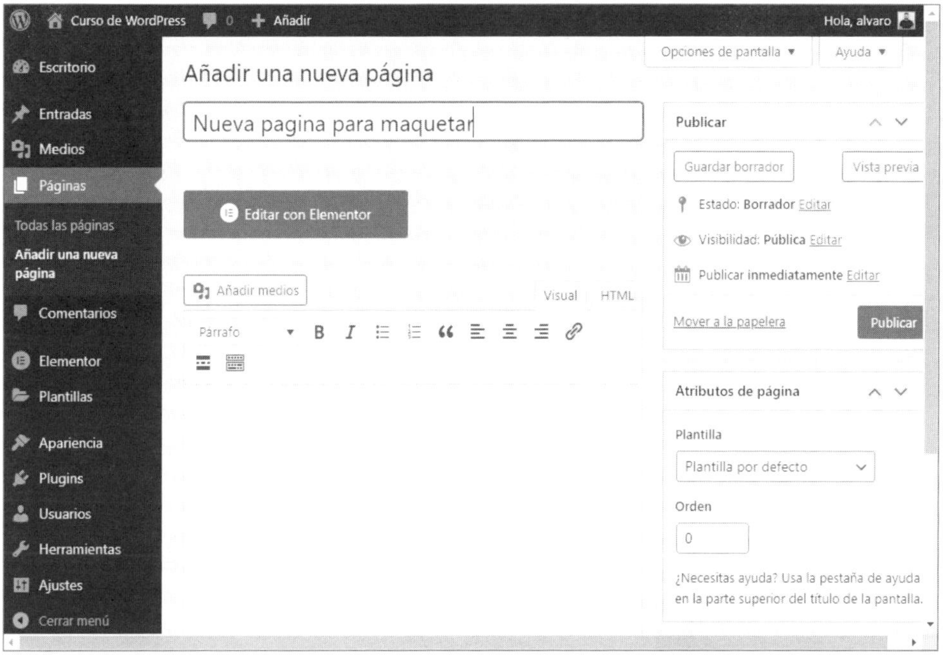

Figura 8.21. Cambiar del editor clásico de WordPress al editor con Elementor.

En caso de no tener el editor clásico y tener Gutenberg, la interfaz cambiará un poco, pero realmente lo que tenemos que hacer es lo mismo, ya que tenemos también el botón azul **Editar con Elementor** y debemos poner el título de la nueva página. Esto puedes verlo en la figura 8.22.

En ambos casos, al hacer clic en el botón **Editar con Elementor** nos llevará al editor de Elementor, que vamos a explicar un poco más adelante. Esto se muestra en la figura 8.23.

En este punto, podrás empezar a darle forma a la página, aunque los cambios realizados no se verán en otras de la web.

Para guardar los cambios realizados en esta página, simplemente debes hacer clic en el botón **Publicar** o **Actualizar**, situado en la esquina inferior izquierda. Una vez realizado esto, en condiciones normales, los visitantes podrán acceder a la página que acabas de crear.

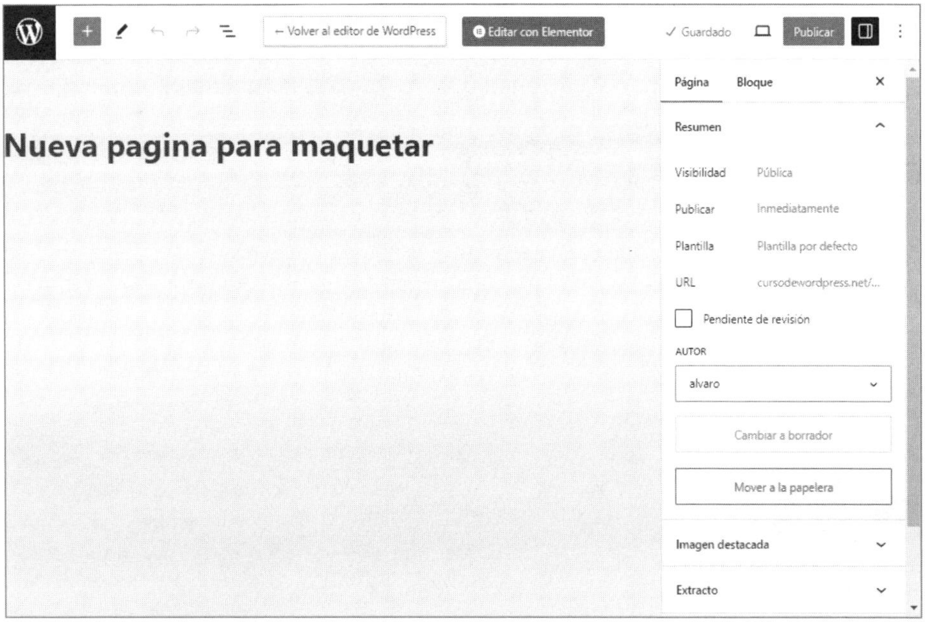

Figura 8.22. Cambiar de Gutenberg al editor con Elementor.

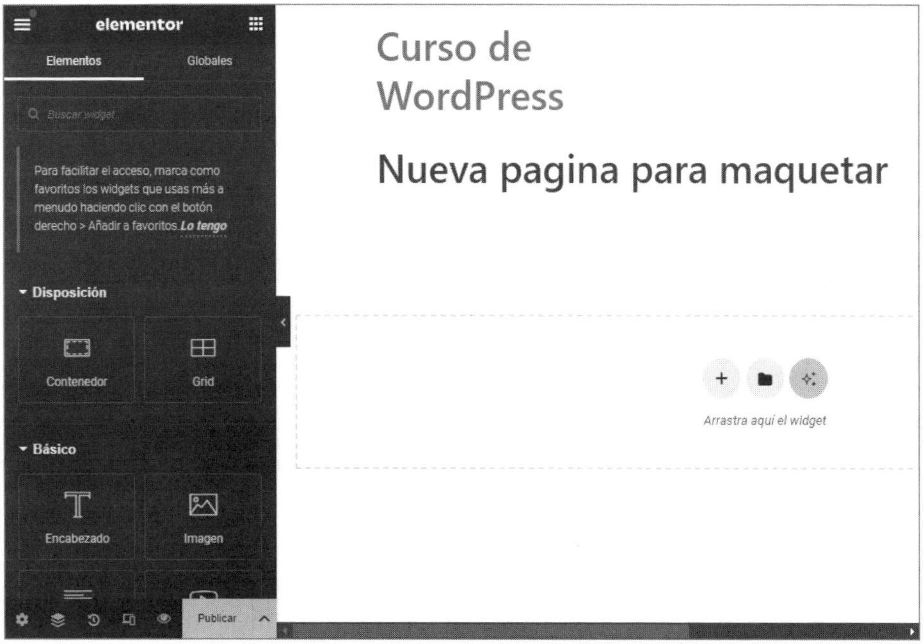

Figura 8.23. Editor de Elementor.

En términos prácticos, esto implica que, si estás dando forma a la página de servicios, esos cambios no se aplicarán a la página de contacto. En otras palabras, si das forma a la cabecera en la página de servicios, no se reflejará en la página de contacto, ya que, para eso, deberías haber personalizado una cabecera en el Theme Builder.

Ahora vamos a ver el ejemplo para crear una cabecera con el Theme Builder o Maquetador de temas de Elementor Pro.

En primer lugar, debemos dirigirnos a la subsección Maquetador de temas dentro de la sección Plantillas en el *dashboard* de WordPress, tal y como puedes ver en la figura 8.24.

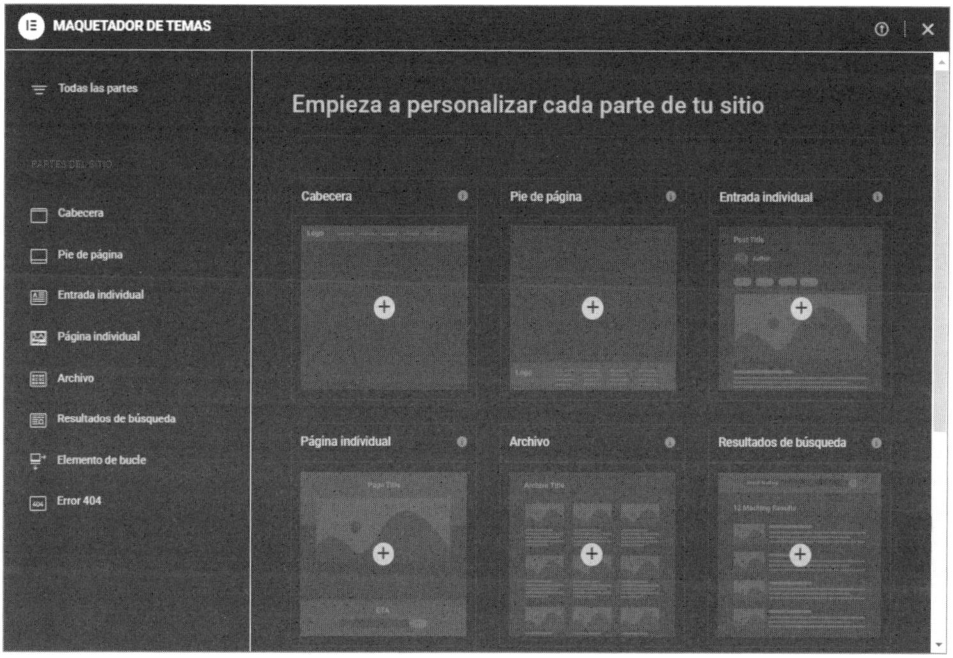

Figura 8.24. El Theme Builder de Elementor Pro.

Como puedes observar, la apariencia ha cambiado bastante, ya que incluso parece que no estamos en el *dashboard* o panel de administración de WordPress.

Desde hace un tiempo, uno de los propósitos de los desarrolladores de Elementor ha sido, precisamente, darle una interfaz más trabajada a esta parte del *plugin*, que, como ya he comentado, es uno de sus puntos fuertes.

Si te fijas en la figura anterior, puedes ver que desde esta sección podemos crear cualquier parte común de las que forman una web. Algunas tienen nombres que igual no te suenan, pero no te preocupes porque lo van a hacer.

Nosotros, en este caso, vamos a crear una cabecera. Para ello, hacemos clic en el bloque Cabecera en el panel que puedes ver en la figura.

Al hacer esto Elementor nos mostrará su biblioteca, donde podemos examinar y elegir entre varios ejemplos de cabeceras. Esto es aplicable a cualquier parte o sección de la web que deseemos maquetar utilizando Elementor Pro.

En este punto, como se muestra en la figura 8.25, tenemos varias opciones. Podemos seleccionar una plantilla de la biblioteca de Elementor, cargar una plantilla que hayamos subido nosotros mismos, usar una plantilla que hayamos guardado previamente o cerrar la ventana emergente y maquetar desde cero utilizando *widgets*.

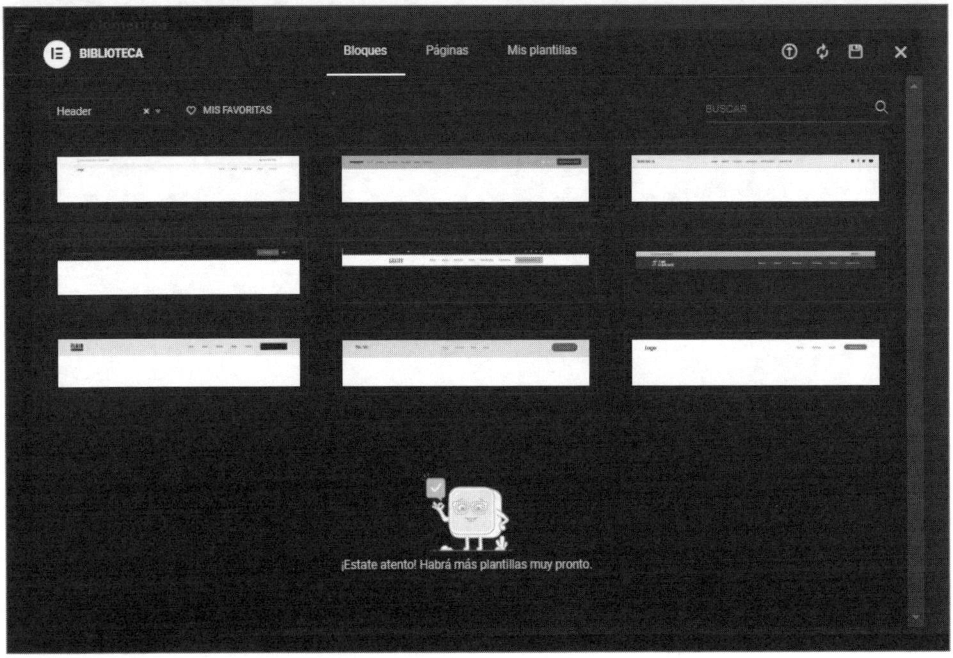

Figura 8.25. Biblioteca de plantillas de Elementor.

En este caso, como ejemplo voy a seleccionar la primera plantilla de ejemplo, pasamos el ratón por encima y nos dará la opción Insertar, que puedes ver en la figura 8.26.

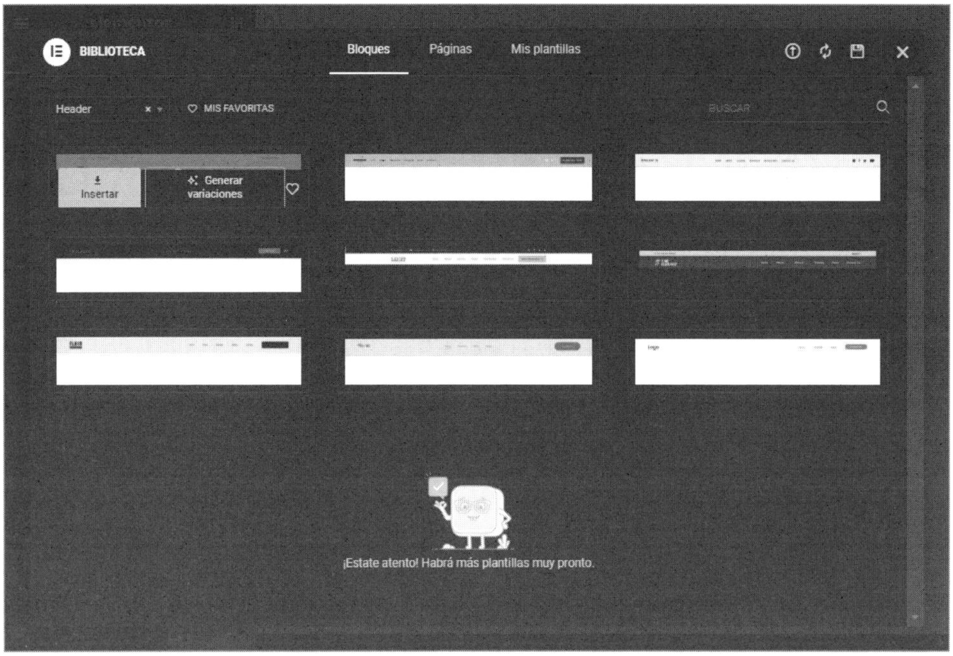

Figura 8.26. Insertar plantilla de Elementor en el editor.

Al hacer esto puede que nos salga un aviso como el que puedes ver en la figura 8.27. Debemos aceptarlo haciendo clic en Aplicar.

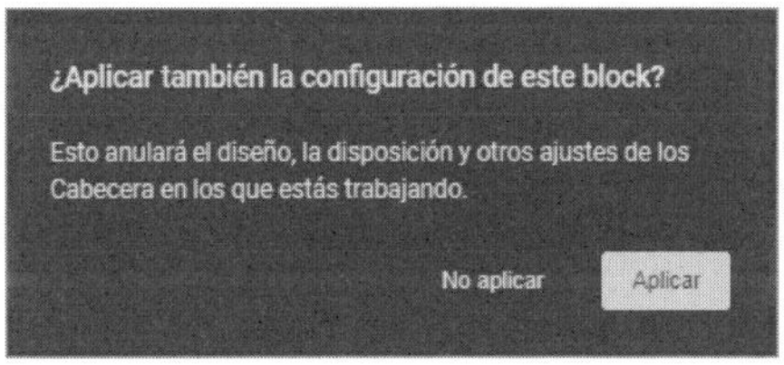

Figura 8.27. Aviso de sobreescribir configuración en el editor de Elementor.

Con esto ya tendremos el editor de Elementor con la plantilla de ejemplo cargada y podemos empezar a modificarla, aunque eso es algo que vamos a ver más adelante.

Antes he comentado que al maquetar una cabecera o cualquier otra parte de la web utilizando el Theme Builder es recomendable configurar estos elementos para que se cargaran de forma común en la web.

Para realizar esto, debemos hacer clic en Publicar, abajo a la izquierda, y nos saldrá una ventana emergente que puedes ver en la figura 8.28.

Figura 8.28. Condicionales de visualización del Theme Builder de Elementor.

Para realizar esto, debemos hacer clic en el botón Añadir condición, en la pantalla que se muestra en la figura 8.28. Esto abrirá un menú desplegable donde podemos seleccionar dónde queremos que se muestre. En nuestro caso, dejamos seleccionada la opción por defecto Todo el sitio y, posteriormente, hacemos clic en Guardar y cerrar, que se encuentra en la parte inferior derecha.

Después de guardar y cerrar, la cabecera ya estará configurada para mostrarse en todas las páginas del sitio web, colocada encima del contenido específico o diseño de cada página.

Puedes observar la cabecera que acabamos de poner en el ejemplo de la figura 8.30.

Con estos ejemplos, he tratado de explicar la diferencia entre trabajar con páginas y utilizar el Theme Builder de Elementor Pro para trabajar de forma más eficiente y dinámica, o más modular, depende del punto de vista desde el que se quiera ver.

Figura 8.29. Condicionales de visualización del Theme Builder de Elementor.

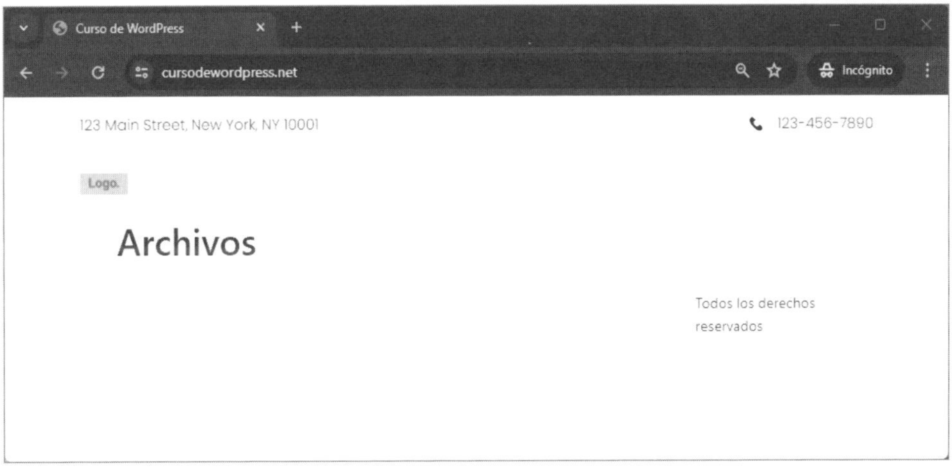

Figura 8.30. Cabecera insertada con Elementor Pro en toda la web.

9 Conociendo Elementor

Como ya has podido comprobar, en el anterior capítulo nos hemos centrado en explorar los aspectos más básicos de Elementor, como por qué debemos elegirlo como *pagebuilder*, sus ventajas e inconvenientes, así como el proceso de descarga, instalación y configuración inicial de Elementor Pro.

A partir de aquí vamos a ver cómo utilizar Elementor para maquetar sitios web y las distintas partes por las que está formada su interfaz.

Recordemos que precisamente su interfaz es uno de sus puntos fuertes desde el punto de vista de la simplicidad y la curva de aprendizaje amigable para usuarios principiantes.

Que Elementor tenga una interfaz mucho más simple e intuitiva que otros *pagebuilders* no quiere decir que esté limitado en opciones; de hecho, Elementor tiene muchas opciones, pero están muy bien organizadas.

En este capítulo también vamos a hablar de las plantillas y los *template kits*, ya que en mi opinión facilitan mucho la tarea de maquetar sitios web con Elementor sin necesidad de que el usuario tenga un perfil creativo con capacidades de diseño.

Interfaz de Elementor: elementos básicos

Como has podido ver, el editor es exactamente el mismo para editar páginas enteras que para editar partes de la web, se carga el editor *drag and drop* de Elementor para todo.

En este punto vamos a explicar cómo funciona el editor de Elementor. Sin embargo, debes tener en cuenta que explicarlo en un libro presenta ciertas limitaciones, ya que no resulta dinámico. Por eso, te recomiendo que pruebes por ti mismo para comprenderlo mejor.

Voy a explicarte cómo funcionan los *widgets*, los paneles de configuración que hay en los *widgets*, cómo funcionan las secciones, las columnas y todo lo que se usa para maquetar, aunque la mejor forma de aprender es probando. Personalmente, siempre digo lo mismo: para ser ágil con un *pagebuilder* es necesario ganar experiencia trabajando con el *pagebuilder*.

Para ver el funcionamiento del editor, vamos a acceder a él. Como mencioné anteriormente, da lo mismo si abres una página o cualquier otro tipo de contenido.

> **Nota:** Para evitar problemas futuros (e innecesarios), no te recomiendo maquetar el contenido de los artículos de un blog con Elementor. Te dejo una explicación más detallada en esta URL: `https://raiola.link/nomaquetarconelementor`.

Para poder ilustrar algunos detalles interesantes por el camino, te voy a explicar el editor con una página.

En primer lugar, tal y como se muestra en la figura 9.1, cuando vayamos a editar cualquier contenido utilizando Elementor, solo podremos acceder a él directamente desde el listado del *dashboard* de WordPress después de haber hecho clic al menos una vez en el botón **Editar con Elementor**, el cual es de color azul. Este proceso es aplicable tanto en el editor clásico como en Gutenberg. Es probable que este proceso te resulte familiar si has tenido experiencia previa utilizando Elementor.

Esto lo comento porque a lo largo de los años me han llegado algunas preguntas relacionadas con este detalle.

Abrimos el editor de Elementor y siempre nos encontraremos con la misma interfaz que puedes ver en la figura 9.2.

> **Nota:** El editor de Elementor es el mismo tanto para la versión gratuita como para la versión de pago, aunque debes tener en cuenta que en la versión gratuita no estarán disponibles unos 60 *widgets* y algunas opciones. Comento esto porque si de primeras no quieres comprar Elementor Pro, puedes hacer pruebas con la versión gratuita para acostumbrarte al editor.

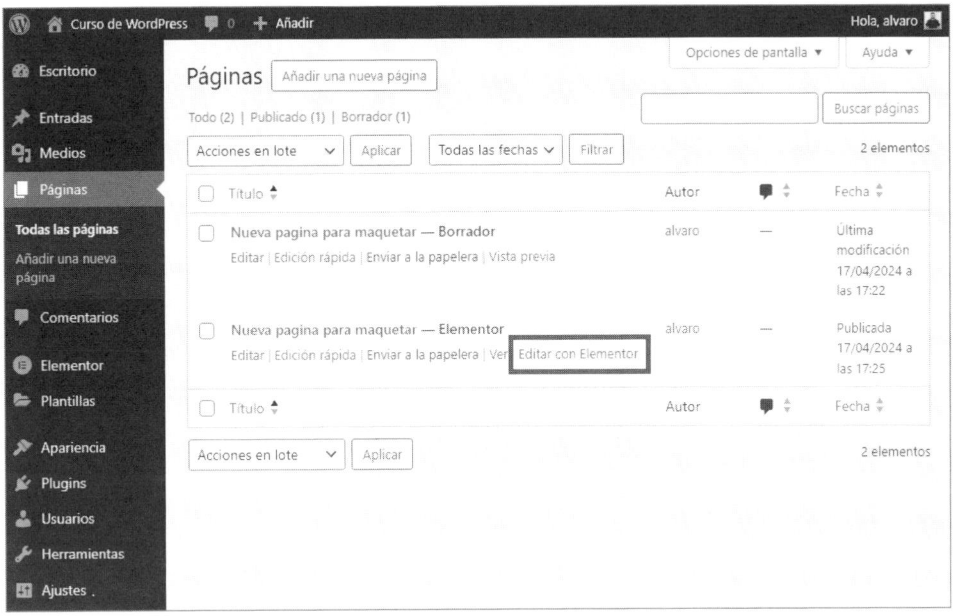

Figura 9.1. Abrir el editor de Elementor para editar una página.

Figura 9.2. El editor de Elementor.

Vamos a distinguir dos partes en el editor:

- ✔ **Panel de *widgets*:** Aquí puedes encontrar todos los *widgets* que puedes usar para maquetar el sitio web. Elementor normalmente muestra todos los *widgets* disponibles, aunque puede ordenarlos de una forma o de otra dependiendo de la parte de la web que estamos maquetando.
- ✔ **Lienzo y vista previa:** Es la vista previa de la parte del sitio web o sección que estamos maquetando. Aquí es a donde tenemos que arrastrar los *widgets* del panel de *widgets* cuando queremos utilizarlos en nuestro sitio web.

Cuando arrastramos un *widget* de la izquierda a la derecha para utilizarlo, el panel de la izquierda cambia y nos mostrará las opciones para ese *widget*. Puedes ver un ejemplo de opciones de *widget* en la figura 9.3.

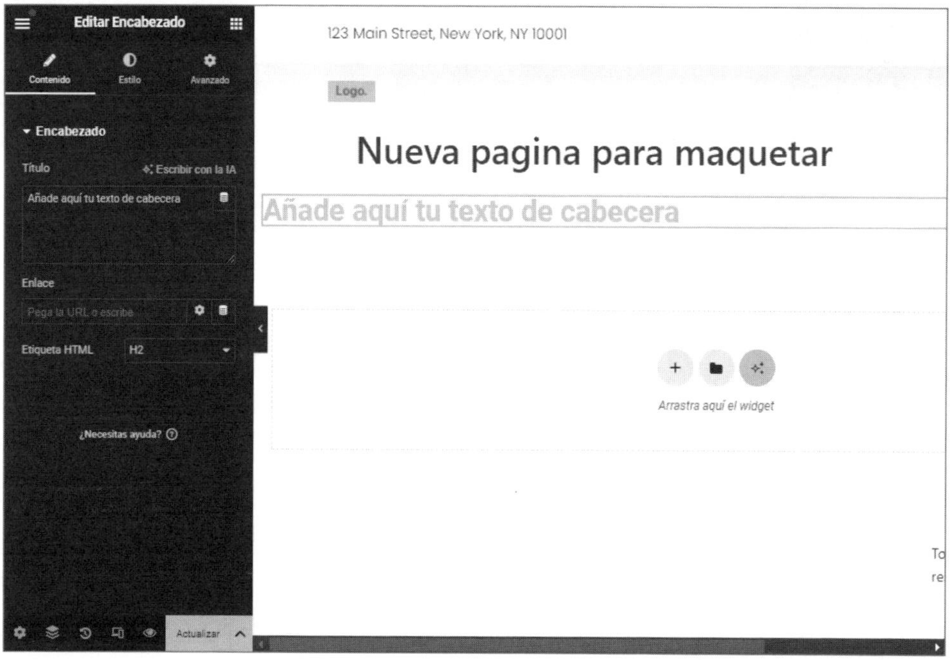

Figura 9.3. Configuración de *widget* en el editor de Elementor.

Las opciones de configuración disponibles para cada *widget* cambian, pero siempre están estructuradas:

- ✔ **Contenido:** Aquí nos encontraremos las opciones relacionadas con el contenido o la funcionalidad del *widget*.

- ✔ **Estilo:** Aquí nos encontraremos las opciones relacionadas con la apariencia del *widget* y en cómo se va a mostrar al usuario en la web.
- ✔ **Avanzado:** Aquí podemos ver algunas opciones más avanzadas como puede ser la disposición o posición que tendrá el *widget* dentro de la sección o de la página, además de otras opciones/aspectos como la configuración del fondo, el borde o si se mostrará o no en dispositivos móviles.

En estos tres puntos hemos resumido bastante la configuración de cada *widget*, pero vamos a hablar de esto un poco más adelante, aunque de forma bastante generalizada porque sería muy difícil explicar una por una las opciones de todos los *widgets* que trae Elementor Pro de forma nativa.

Lo que hemos visto hasta ahora es la estructura básica de la interfaz de Elementor Pro. Aunque aún nos quedan algunos aspectos por ver, es importante destacar que existen numerosas funcionalidades ocultas en la interfaz que solo descubrirás a medida que trabajes con la herramienta y acumules horas de experiencia.

Secciones, contenedores y columnas

En el mundo del diseño web normalmente organizamos el contenido en columnas. Sin entrar en temas técnicos relacionados con el CSS, puedo decirte que durante mucho tiempo en Elementor se organizaban los *widgets* en secciones y columnas. Actualmente, cuando creamos una web con Elementor, el contenido se organiza en contenedores.

El "problema" viene al usar *template kits*, que vamos a ver lo que son un poco más adelante en este capítulo, ya que aún hay muchos que utilizan el método de organización antiguo de Elementor.

Pero no te preocupes, existe compatibilidad e incluso podemos convertir de secciones a contenedores fácilmente.

Aunque entiendo la ventaja que supone a nivel tecnológico pasar a usar el nuevo método para organizar el contenido, lo cierto es que, en mi opinión, este nuevo método resulta más difícil de entender para el usuario principiante.

> **Nota:** La principal ventaja de este nuevo método es la mejora en la adaptabilidad a dispositivos móviles, algo que hoy en día es muy necesario y se debe favorecer.

Volviendo al tema de las secciones, contenedores y columnas, puedes encontrar este tipo de *widgets* que a su vez alojan otros *widgets* en la parte de arriba del panel de la izquierda de la interfaz de Elementor en una subsección llamada Disposición, señalada en la figura 9.4.

Figura 9.4. Configuración de *widget* en el editor de Elementor.

Si Elementor detecta que estamos editando un contenido donde ya se ha insertado previamente un *widget* Sección, automáticamente también nos mostrará el *widget* Sección para ser utilizado.

Si tenemos un *widget* Sección, podremos convertirlo a Contenedor si nos aparece el botón Convertir en la interfaz, como se ve en la figura 9.5.

Al convertir una sección en contenedor, se clonará justo debajo el contenido y debemos borrar la sección para dejar el contenedor. Es decir, no se sustituye la sección por el contenedor, sino que se clona.

Esto ocurre por si por alguna razón se desconfigurara algo, para que nos aseguremos de que todo está correcto antes de borrar.

En cualquier caso, el objetivo de los contenedores, al igual que ocurre con las secciones y columnas, es tener *widgets* dentro, por lo que, una vez que definimos las secciones o contenedores, podremos arrastrar *widgets* dentro desde el panel de la izquierda al lienzo.

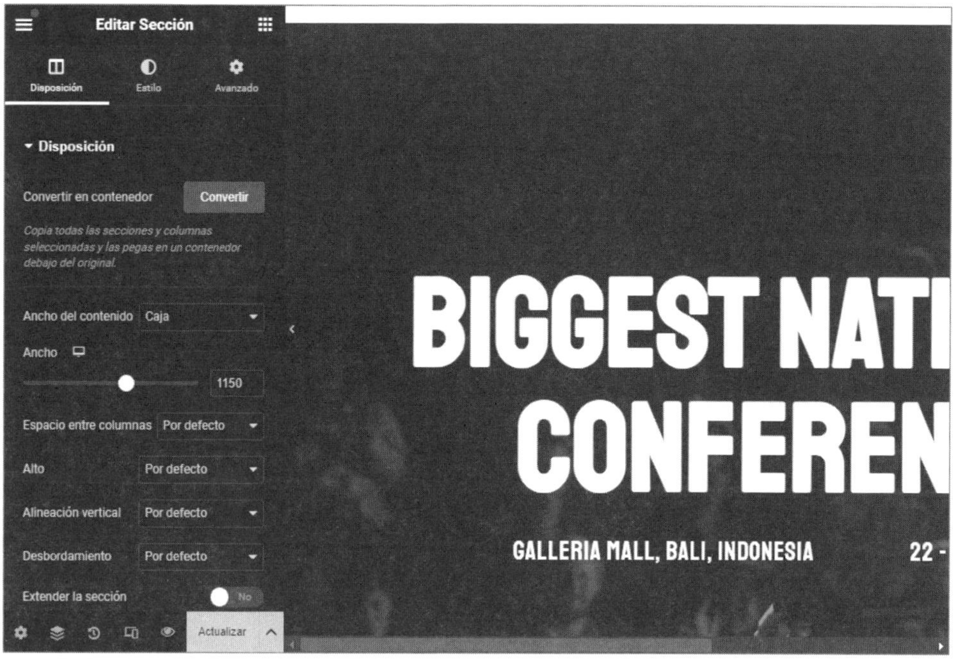

Figura 9.5. Convertir secciones a contenedores en Elementor.

Ajustes del editor de Elementor

En el editor de Elementor hay una parte de la configuración que puede pasar un poco desapercibida: los ajustes de página o del elemento que estemos editando.

Para acceder a estos ajustes, debemos ir al engranaje que podemos ver abajo a la izquierda en la interfaz del editor de Elementor, tal y como puedes ver marcado en la figura 9.6.

Desde esta sección podremos realizar la configuración de ciertos parámetros u opciones que van a definir cómo se va a comportar la página, plantilla o sección que estamos maquetando.

Estos ajustes están disponibles tanto para las páginas como para cualquier otro elemento que podamos abrir con el editor de Elementor.

Además, dependiendo del elemento que vayamos a editar, vamos a tener más o menos opciones, es decir, no tendremos las mismas opciones al editar una ventana emergente que al editar una página.

Figura 9.6. Acceso a los ajustes de página de Elementor.

Aunque sí que es cierto que la estructura del panel es similar a la que tenemos al editar un *widget*, teniendo la pestaña **Estilo** y la pestaña **Avanzado**, tal y como puedes ver en la figura 9.7.

En la pestaña **Ajustes**, es decir, en la primera pestaña que se nos abre por defecto al entrar a los **Ajustes de página**, podremos ver 4 opciones muy interesantes cuando editamos una página, aunque, como ya he comentado, son opciones de configuración comunes para cualquier cosa que editemos con Elementor:

- ✔ **Título**: Nos permite editar el nombre del contenido que estamos editando.
- ✔ **Estado**: Nos permite elegir si publicamos o no publicamos el contenido que estamos editando.
- ✔ **Esconder título**: Podemos elegir si escondemos o no el título del contenido que estamos editando. Esto es útil cuando nosotros mismos vamos a maquetar un título con el editor de Elementor y queremos sacar el predeterminado. Es importante que conozcas esta opción, porque te va a hacer falta.
- ✔ **Estructura de página**: De esto vamos a hablar a continuación.

Figura 9.7. Ajustes de página de Elementor.

Si abrimos estos ajustes en el editor para una cabecera, como puedes comprobar en la figura 9.8, la mitad de las opciones cambian.

Una vez configurados estos parámetros, podemos actualizar o publicar nuestro contenido haciendo clic en el botón de abajo para que los cambios tengan efecto.

Ten en cuenta que algunas opciones como la de **Esconder título** podemos previsualizarlas en el panel de la derecha, es decir, en la vista previa, pero para aplicarlas debemos hacer clic en **Actualizar** o **Publicar**.

Estructura de página en Elementor

He querido reservar un punto específicamente a la configuración de la estructura de la página, ya que tiene una especial importancia a la hora de maquetar contenido con Elementor.

El campo **Estructura de página** solo está disponible en los ajustes cuando editamos un elemento de tipo contenido, es decir, un elemento como una página, una entrada o cualquier otro tipo de contenido. Puedes verlo en la figura 9.9.

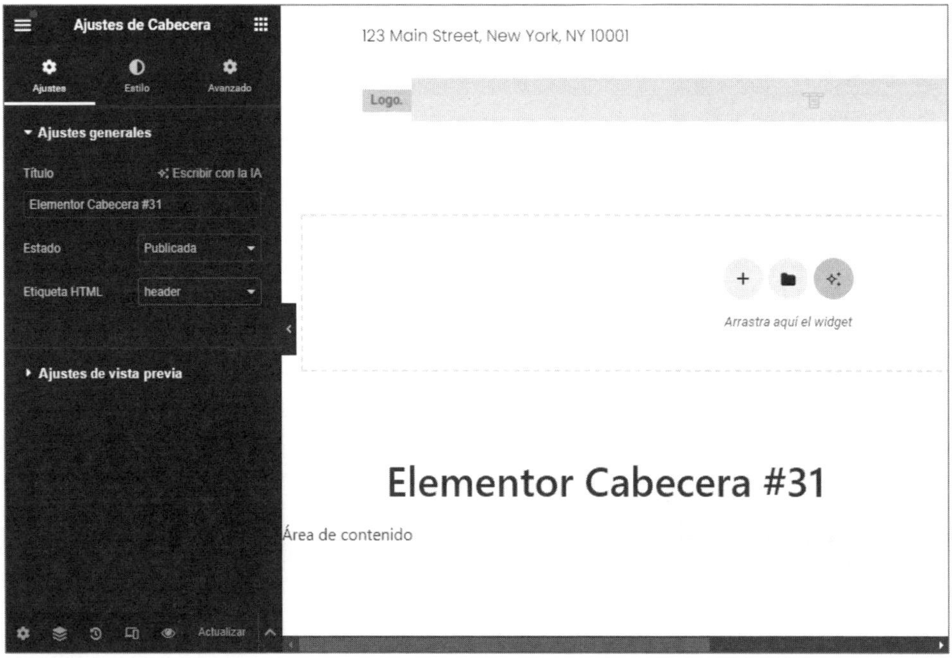

Figura 9.8. Ajustes de una cabecera editada con Elementor.

Figura 9.9. Estructura de página de Elementor.

Este campo desplegable tiene las siguientes opciones:

- ✔ **Por defecto**: Se aplica la configuración predeterminada, en la mayoría de los casos si seleccionamos esto se aplica la misma configuración que seleccionando **Tema**.
- ✔ **Lienzo de Elementor**: Eliminamos la cabecera, el pie de página de Elementor y cualquier elemento global que esté configurado para aparecer en toda la web o en distintas partes. En la práctica, esto se utiliza para maquetar páginas enteras que no comparten ningún otro elemento con la web y para las cuales no aplica el *theme builder*.
- ✔ **Elementor ancho completo**: Se mantiene la cabecera y el pie de página, pero el lienzo de contenido pierde la configuración común del resto de sitio hasta el punto de que podemos asignar un ancho de contenido específico y diferente al del resto del sitio web.
- ✔ **Tema**: Utilizamos la cabecera, pie de página y cualquier elemento común previamente configurado. Únicamente nos permite maquetar el contenido del sitio web o el elemento al que le estamos dando forma.

Cualquier cambio que hagamos en el campo desplegable, incluso antes de hacer clic en **Actualizar** o **Publicar**, nos permitirá ver cómo ha afectado al contenido que estamos maquetando en la vista previa.

Al igual que ocurre con la opción **Esconder título**, que podemos encontrar en los mismos ajustes de la página, considero que la opción **Estructura de página** es importante y cualquier usuario de Elementor debe conocerla, ya que, de lo contrario, puede ser un factor limitante.

Por otro lado, quiero insistir en que explicar el efecto de estas opciones mediante imágenes o texto puede resultar un tanto complicado. Por esta razón, te recomiendo que pruebes estas opciones en tu propio sitio web. De esta manera, podrás sacar tus propias conclusiones y entender cómo afectan a tu diseño según tus necesidades de maquetación.

Diseño de la estructura contenido en Elementor

Al abrir un nuevo contenido para editar o maquetar, tenemos dos o tres botones en el lienzo, tal y como puedes ver en la figura 9.10.

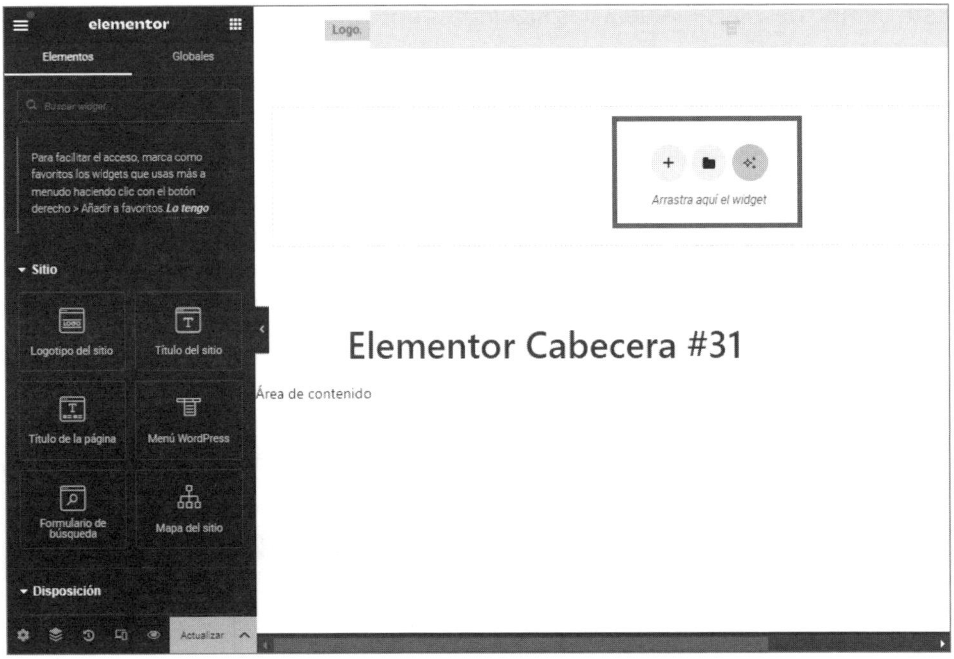

Figura 9.10. Añadir nuevo contenido a Elementor.

En resumen, estos tres botones sirven para añadir nuevo contenido de formas diferentes:

- ✔ Desde una estructura nueva.
- ✔ Desde una plantilla o *template* previamente guardada y almacenada en Elementor.
- ✔ Utilizando IA para darle forma (esta opción es nueva).

Si hacemos clic en el botón con el símbolo + ahora nos deja elegir si queremos utilizar Flexbox o Grid.

Si eres usuario principiante, posiblemente todo esto no te suene, aunque, para simplificarlo, podríamos definirlo como la forma en la que se colocarán los *widgets* o elementos de la web en la pantalla.

Para comprender completamente este aspecto, es necesario tener en cuenta que la irrupción de los teléfonos móviles ha transformado completamente el panorama actual. Dado el considerable tiempo que pasamos utilizando estos dispositivos, es imprescindible utilizar determinadas tecnologías para asegurar que los elementos de un sitio web se vean correctamente en diferentes dispositivos, como ordenadores, *tablets* y *smartphones*.

Actualmente, mi recomendación práctica es optar por Flexbox. Sin embargo, es importante tener en cuenta que esta sugerencia es personal y que la elección siempre dependerá de los elementos que necesitemos maquetar en nuestro sitio web.

Una vez que hemos elegido Flexbox podremos elegir la estructura, como puedes ver en la figura 9.11.

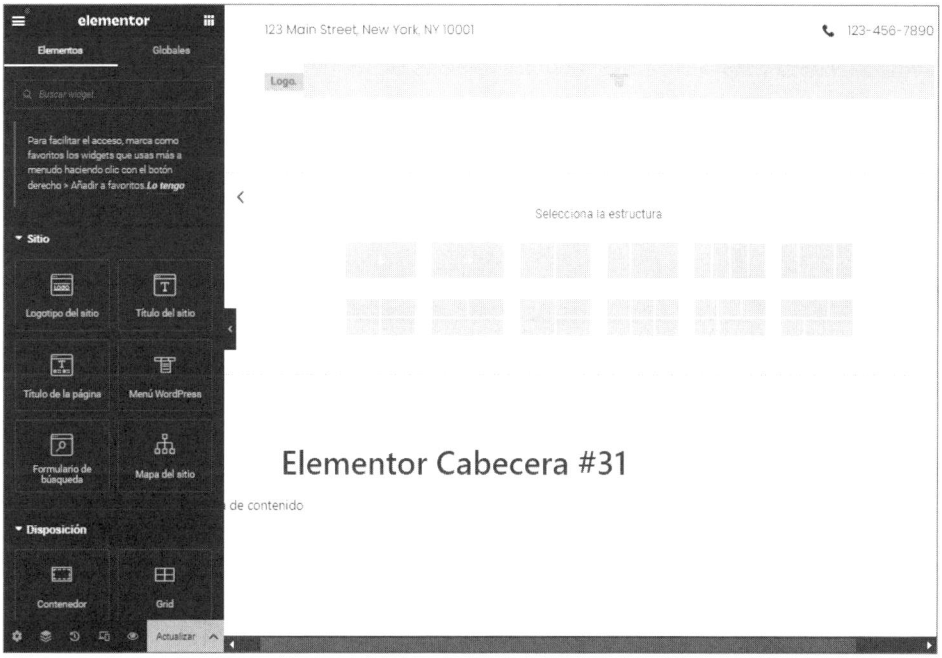

Figura 9.11. Estructura de contenido en el editor de Elementor.

¿Qué estructura elegir? Pues va a depender completamente de cómo quieras maquetar el contenido en tu sitio web o específicamente en el bloque al que le estás dando forma.

Por ejemplo, en este caso que puedes ver en la figura 9.12, he seleccionado un cuadrado de cuatro bloques, y Elementor ha insertado un contenedor padre con cuatro contenedores dentro formando un cuadrado.

Ahora, para empezar a darle forma al sitio web, tan solo tendría que ir arrastrando *widgets* de la izquierda a los cuatro contenedores insertados previamente.

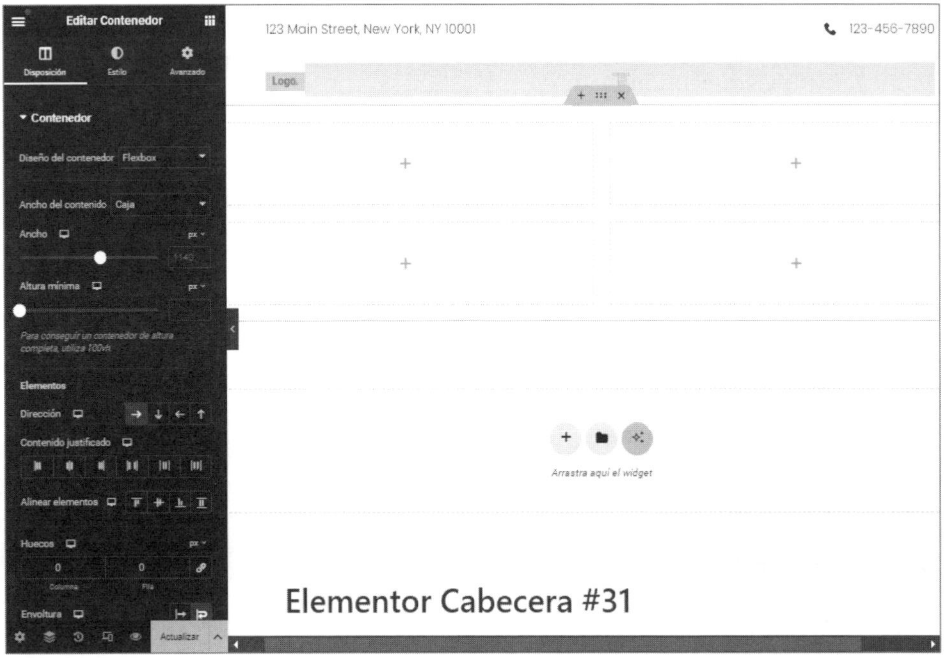

Figura 9.12. Estructura de contenedores insertada en Elementor Pro.

Normalmente empezamos a maquetar desde arriba hacia abajo. ¿Por qué digo esto? Porque, tal y como hemos visto antes, al abrir un nuevo contenido para maquetar nos encontrábamos con tres botones que nos permitían insertar la estructura personalizada. Estos tres botones siempre se encontrarán en la parte de abajo del contenido que vamos maquetando, tal y como puedes ver en la figura 9.13.

El objetivo es maquetar el contenido de una página en bloques separados e ir añadiendo estructuras diferentes según las necesitemos. Esto, además, nos va a permitir guardar ciertos contenedores o bloques completos, como plantillas, para poder ser reutilizadas posteriormente con muy poca personalización.

El cursor y el clic derecho en el editor de Elementor

El ratón juega un papel muy importante en el editor de Elementor, ya que podemos hacer clic con el botón derecho del ratón en distintas partes de la interfaz del editor para desplegar un menú contextual específico en cada parte. Si hacemos clic con el botón derecho del ratón sobre un contenedor, nos aparecerá este menú contextual que podemos ver en la figura 9.14.

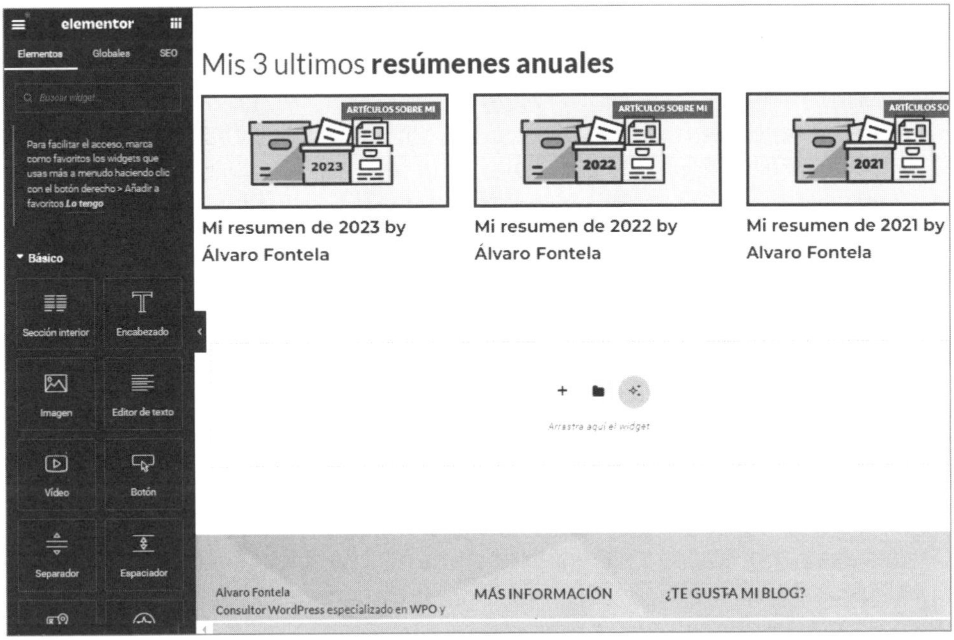

Figura 9.13. Añadir nueva estructura de contenido Elementor.

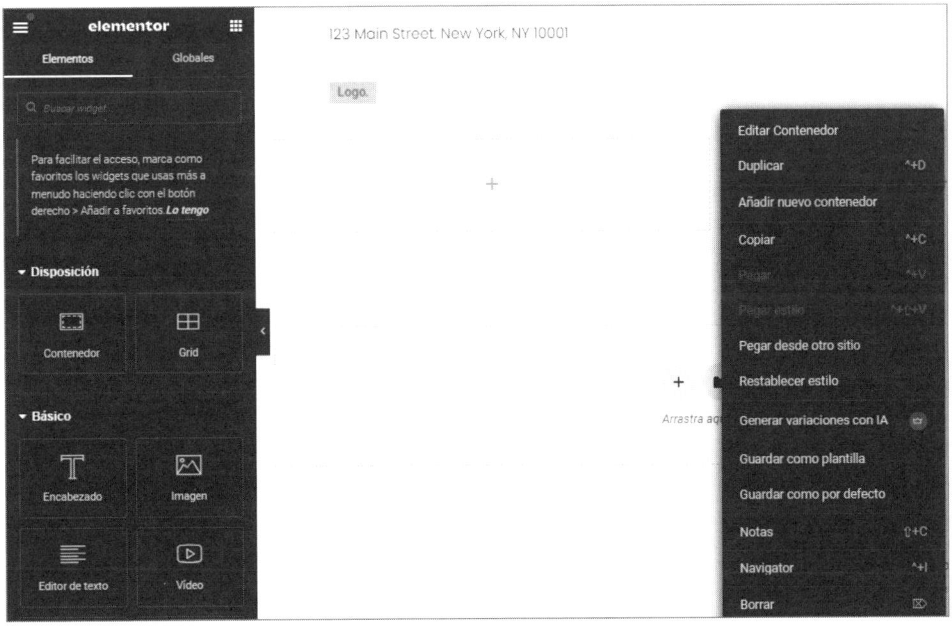

Figura 9.14. Menú contextual de Elementor.

El menú contextual varía dependiendo de donde hagas clic con el ratón en la interfaz de Elementor, aunque hay algunas opciones comunes y siempre útiles como por ejemplo Duplicar, Copiar, Pegar, Borrar, etc.

Personalmente, pienso que esta capacidad o funcionalidad del editor de Elementor es una de las que simplifica el uso y suaviza la curva de aprendizaje para usuarios sin conocimientos avanzados, ya que trabajar con el editor de Elementor no es muy diferente a usar un editor como Microsoft Word y esto hace que el usuario principiante pueda ayudarse de la intuición.

En este punto podríamos haber mencionado también el *drag and drop* o arrastrar y soltar que podemos hacer con el ratón, pero, como ya lo hemos mencionado antes y hemos hecho alusión a él en varios puntos, he preferido saltármelo.

Diseño *responsive* y *mobile first* con Elementor

Desde hace ya unos años los administradores de sitios web tenemos que adaptar nuestros sitios web para que puedan ser visitados desde móviles, *tablets* u ordenadores indiferentemente.

Esto quiere decir que nuestro sitio web debe verse sin problema y ofrecer una buena experiencia de usuario, independientemente del dispositivo utilizado por el visitante. Justo para esto nació el concepto *responsive* y posteriormente el concepto *mobile first*. Sin entrar en detalles sobre estos dos conceptos, podemos decir que debemos darle forma a nuestro sitio web con ciertos condicionales y adaptar la carga dependiendo de donde se vaya a realizar.

No te preocupes porque con Elementor esto lo hacemos de forma más o menos automática, aunque puede ser que algunas veces tengamos que retocar algún tamaño o algún parámetro utilizando el editor visual.

Esto podemos hacerlo utilizando el Modo adaptable que podemos activar y desactivar en el icono marcado en la figura 9.15, abajo a la izquierda.

Esto nos abrirá el selector de tamaño de dispositivo arriba a la izquierda en el lienzo.

Esta funcionalidad nos permitirá emular el tamaño de pantalla de un dispositivo móvil, una *tablet* y un ordenador, aunque realmente va mucho más allá, ya que la mayoría de las opciones del editor de Elementor nos permitirán configurar unos valores específicos para un tamaño de pantalla concreto.

Es muy fácil identificar las opciones que permiten configuración específica, ya que tendrán el icono que puedes ver en la figura 9.16.

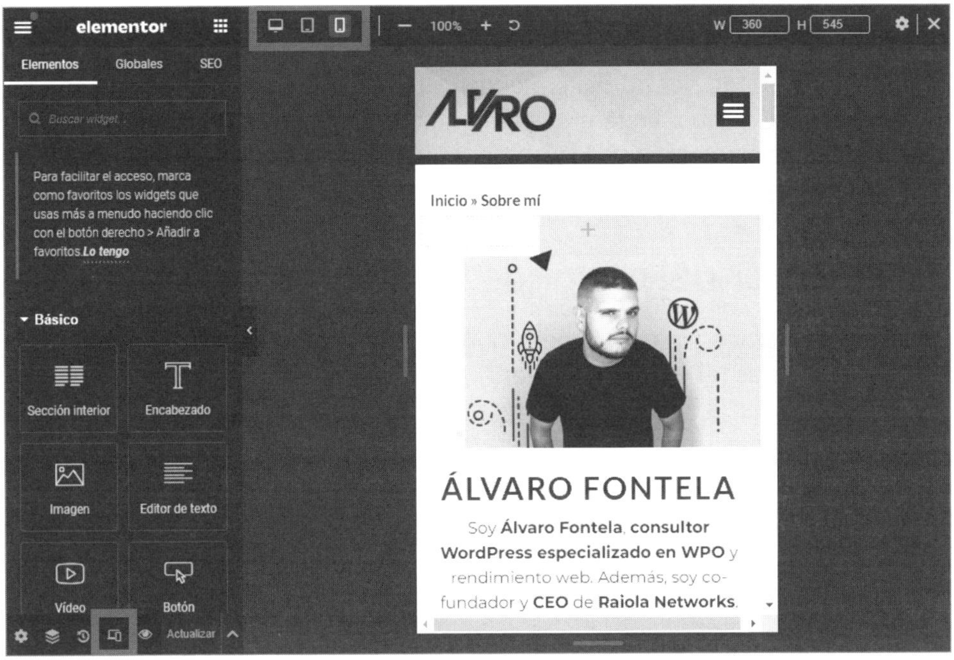

Figura 9.15. Modo adaptable del editor de Elementor.

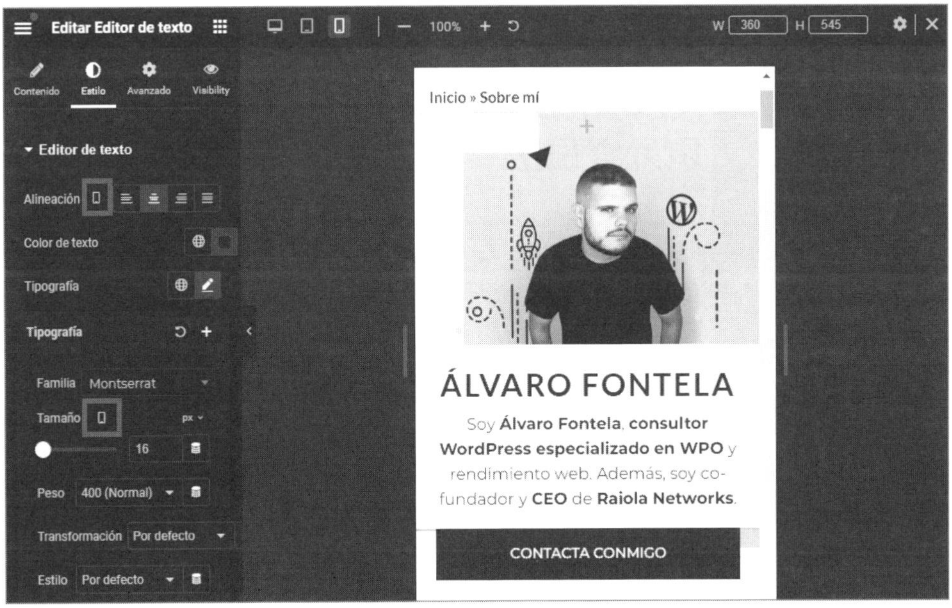

Figura 9.16. Configuración específica para cada tamaño de dispositivo en Elementor.

Si hacemos clic sobre el icono podremos ir cambiando entre tamaño de dispositivo. Ciertas opciones, como los márgenes, el relleno y el ancho, disponibles en la pestaña Avanzado dentro del panel de *widgets* de Elementor, tienen configuraciones específicas para diferentes tamaños de dispositivo. Con esto podremos ir ajustando los elementos de la web para que puedan adaptarse a los distintos tamaños de pantalla.

El Navigator del editor de Elementor

Hasta ahora hemos visto que, dentro del editor de Elementor, el panel de la izquierda es donde tenemos los *widgets* para utilizar y la configuración de los *widgets* insertados. En la derecha tenemos el lienzo y al mismo tiempo la vista previa.

La interfaz de Elementor es generalmente fácil de usar; sin embargo, hay situaciones donde la maquetación puede volverse complicada. Esto sucede cuando empezamos a superponer contenedores y *widgets*, lo que puede dificultar hacer clic en un elemento específico. Para estos casos tenemos la función Navigator en la interfaz de Elementor, a la que podemos acceder con el icono marcado en la figura 9.17.

Figura 9.17. Navigator de Elementor.

El otro elemento que puedes ver marcado en la figura es el Navigator, que, como puedes observar, nos muestra la estructura jerárquica de contenedores y *widgets* utilizados en el contenido que estamos maquetando.

El Navigator de Elementor no solo nos permite ver los contenedores y *widgets* utilizados, sino que también nos permite modificar la estructura para reordenar y recolocar los *widgets* y los contenedores si fuese necesario, simplemente arrastrando y soltando con el ratón.

Ajustes y estilos globales de Elementor

Personalmente no suelo utilizar mucho los ajustes globales de Elementor, pero soy consciente de que ayudan bastante a agilizar los flujos de trabajo al maquetar un sitio entero.

Desde ya hace tiempo, Elementor integra una funcionalidad que nos permite especificar colores, fuentes o estilos globales para todo el sitio web, lo que nos evitará ir ajustando ciertos elementos o *widgets* uno por uno y además nos permitirá seleccionar rápidamente los estilos que queremos aplicar los *widgets*.

Podemos acceder a los ajustes globales de varias formas, aunque lo más común es hacerlo yendo a la sección Plantillas en el *dashboard* de WordPress y, una vez allí, hacer clic en el filtro Publicados, que puedes ver en la figura 9.18. Con esto podremos ver el Kit por defecto y haremos clic en el enlace Editar con Elementor para abrirlo con el editor de Elementor.

Esto nos llevará al personalizador de colores globales, fuentes globales y algunas otras configuraciones que podemos ajustar para todo el sitio web, ya que son comunes. Esto puedes verlo en la figura 9.19.

Si realizamos cualquier modificación, como en cualquier elemento creado o modificado con el editor de Elementor, podemos usar el botón Actualizar o Publicar para guardar los cambios.

Normalmente, al utilizar un *template kit* para empezar a maquetar un sitio web, todas estas opciones globales se configuran automáticamente y solo será necesario cambiar alguna opción, que, por la razón que sea, algo no te guste. A continuación, vamos a hablar de los *template kits*.

Muchos usuarios avanzados de Elementor crean sus propios kits de ajustes globales y posteriormente los exportan para poder utilizarlos en otros sitios web al crearlos. Precisamente, de la importación y exportación de plantillas hablaremos más adelante.

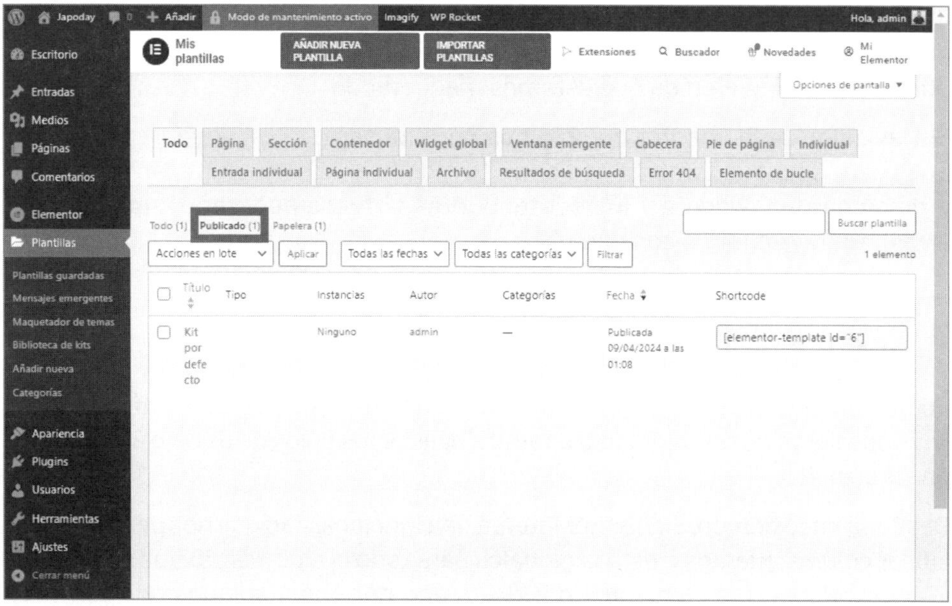

Figura 9.18. Kit por defecto de Elementor.

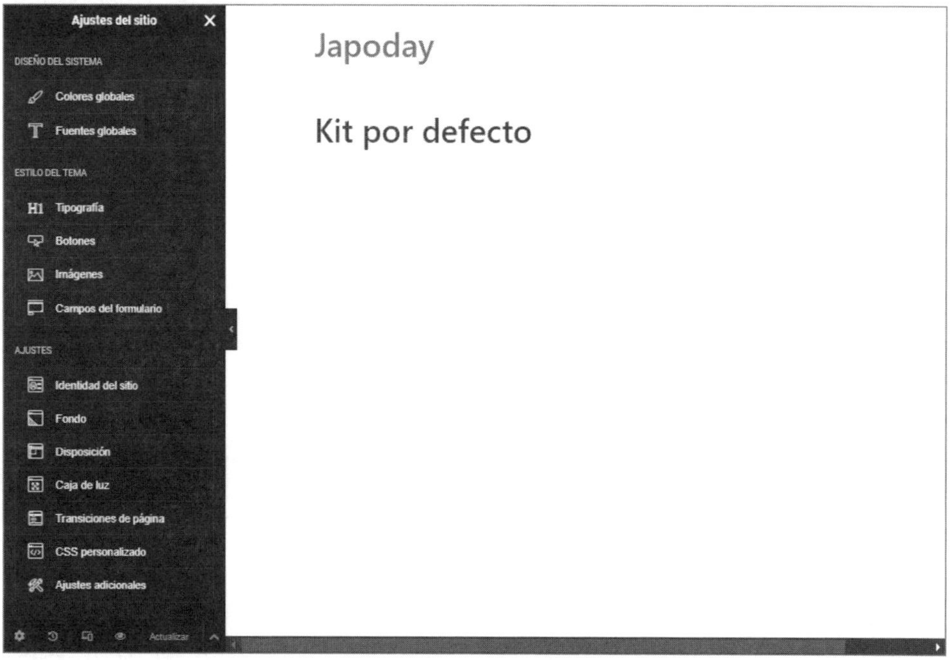

Figura 9.19. Ajustes globales de Elementor.

Template kits para Elementor

Personalmente, solo puedo decir cosas buenas de los *template kits* para Elementor, ya que tanto a mí como a otros muchos profesionales de WordPress nos han facilitado mucho la vida a la hora de crear nuevos sitios web.

En un principio, los *kits templates* no estaban disponibles en Elementor. En su lugar, la gente solía usar plantillas de bloques independientes para distribuir sus plantillas. Sin embargo, la importación en Elementor tenía que hacerse de forma individual para cada plantilla.

Los *template kits* son conjuntos de plantillas individuales (*templates*) que se importan en grupo. Al importarlos en una instalación con Elementor, añaden estilos globales y una variedad de plantillas que se pueden utilizar para darle forma a elementos comunes del sitio web, como la cabecera o el pie de página, así como tipos de contenido específicos, como la página de inicio, la página de contacto o los artículos del blog.

Trabajar con *template kits* en Elementor es muy fácil, tan solo debemos ir al *dashboard* de WordPress y en la subsección Plantillas encontraremos Biblioteca de Kits, tal y como puedes ver en la figura 9.20.

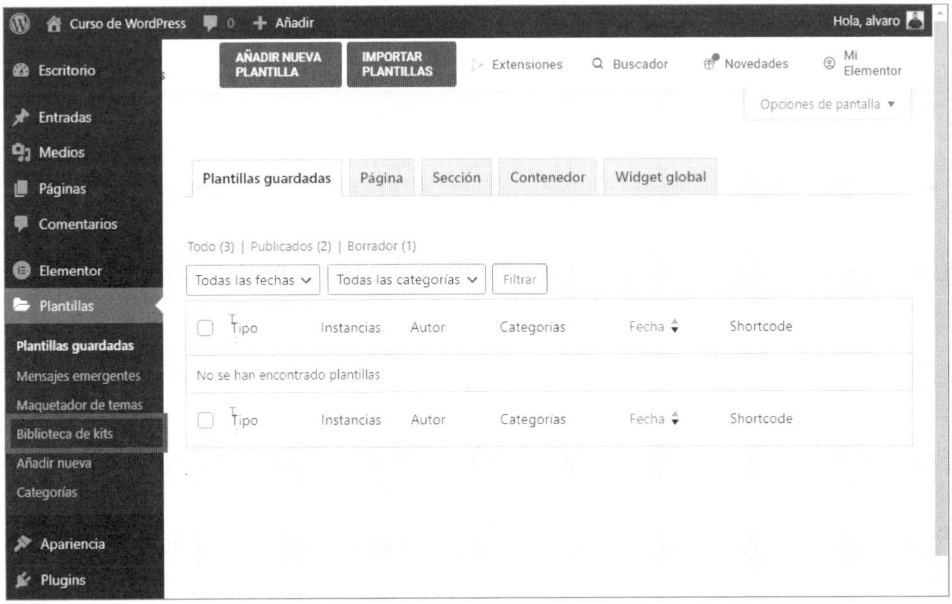

Figura 9.20. Acceso a la Biblioteca de kits de Elementor.

Al hacer clic en Biblioteca de kits iremos al catálogo predeterminado de *template kits* de Elementor.

Aunque Elementor cuenta con un catálogo de *template kits*, no te voy a mentir: el catálogo no es muy amplio y son *template kits* bastante sencillos si los comparamos con otros que podemos conseguir por Internet y que vamos a ver un poco más adelante.

En este caso, vamos a instalar un *template kit* cualquiera del catálogo de Elementor para que sirva como ejemplo. Para esto, hacemos clic sobre uno de ellos y se nos abrirá la vista previa, como la que puedes ver en la figura 9.21.

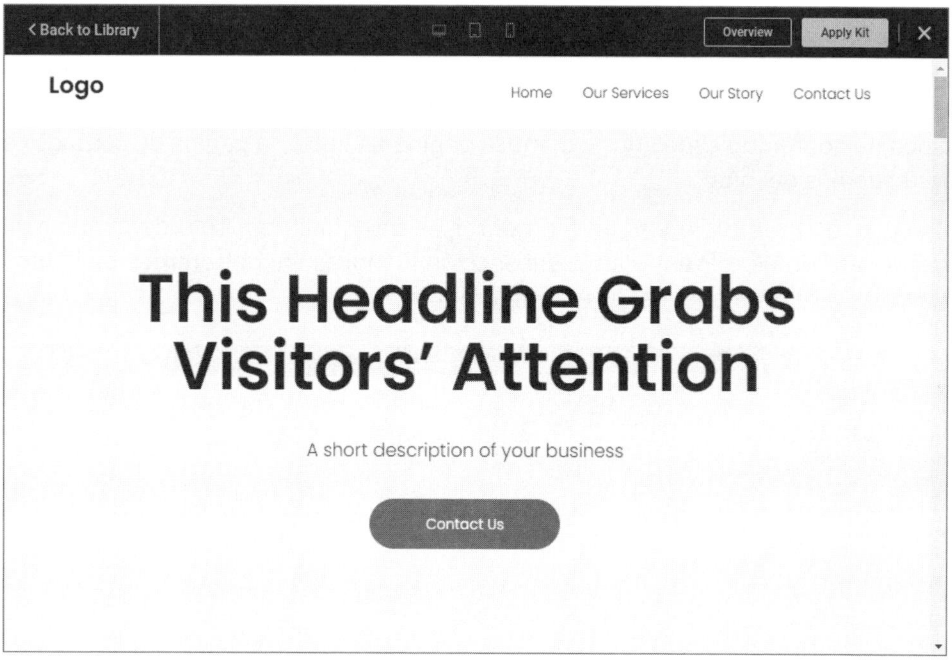

Figura 9.21. Vista previa de un *template kit* en Elementor.

Para instalar el *template kit* que estamos viendo solo tenemos que hacer clic en el botón Apply Kit, que podemos ver en la barra de arriba a la derecha.

Normalmente, nos saldrá un aviso como este que podemos ver en la figura 9.22. Debemos hacer clic en el botón Apply All para sobrescribir los estilos globales aplicados previamente y no solo utilizar las plantillas de los *widgets*, ya que normalmente serán los predeterminados si estamos dándole forma a nuestro sitio web desde cero.

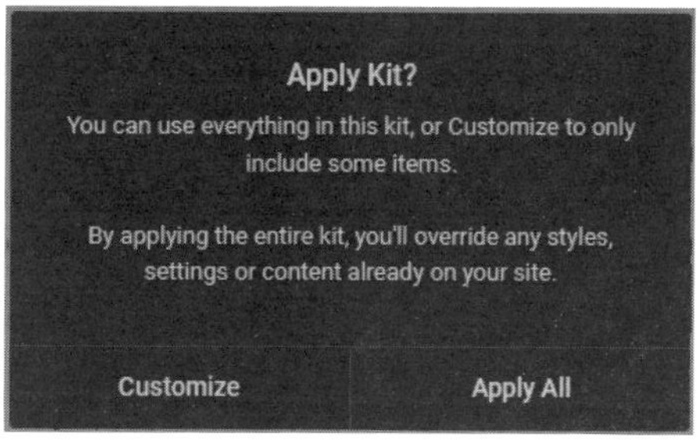

Figura 9.22. Aviso en la importación de un *template kit* en Elementor.

Esto que acabamos de ver en la figura anterior suele aplicar siempre. Es decir, normalmente al utilizar *template kits* lo recomendable es utilizar siempre las plantillas de los *widgets* y también los estilos globales, ya que, de esta forma, el diseño del sitio quedará homogéneo y más profesional. Ahora tendremos que esperar un momento hasta que se importe el contenido del *template kit*.

Al finalizar, podremos ver una pantalla resumen que podremos cerrar haciendo clic en el botón Cerrar, que puedes ver abajo a la derecha. Las importaciones de *template kits* desde el catálogo oficial de Elementor no suelen fallar.

Llegados a este punto debemos tener en cuenta tres cosas:

- ✔ Los ajustes y estilos globales estarán aplicados; si quieres editar alguno, ya hemos visto cómo se hace anteriormente en este capítulo.
- ✔ Las plantillas de *widgets* han sido cargadas en nuestro WordPress y podemos utilizarlas para maquetar nuestro sitio web de forma homogénea.
- ✔ Algunos *template kits* también crean páginas, en otros casos nos crean plantillas de páginas que podemos utilizar posteriormente para maquetar páginas enteras, como por ejemplo la página de contacto.

Al leer estos tres puntos te habrás dado cuenta de que cada *template kit* es diferente desde el punto de vista de la organización de elementos; ten esto en cuenta a la hora de utilizarlos.

Como he comentado al inicio de este punto, no utilizo los *template kits* del catálogo oficial de Elementor, ya que es un catálogo muy limitado y además todos los *template kits* son muy simples.

No te preocupes; vamos a ver de dónde podemos obtener *template kits* profesionales y cómo importarlos en nuestro sitio web.

¿Dónde encontrar *template kits* para Elementor y cómo instalarlos?

A lo largo de los últimos años han aparecido muchos sitios que ofrecen la posibilidad de descargar *template kits* para Elementor, como páginas web y otros *plugins* que nos permiten ver su catálogo e importar cualquier *template kit* de los incluidos en su catálogo tras su instalación.

No soy muy partidario de instalar un *plugin* para importar *template kits*, ya que debe ser una tarea simple y sin complicaciones.

En mi opinión, el sitio web que nos ofrece un catálogo más amplio de *template kits*, muchos de ellos profesionales y a un precio inmejorable, es Envato Elements: `https://raiola.link/envatoelements`.

Envato Elements, en la figura 9.23, es un banco de imágenes, banco de vídeo y repositorio de muchas otras cosas, entre las que se encuentran los *template kits* para Elementor y Elementor Pro.

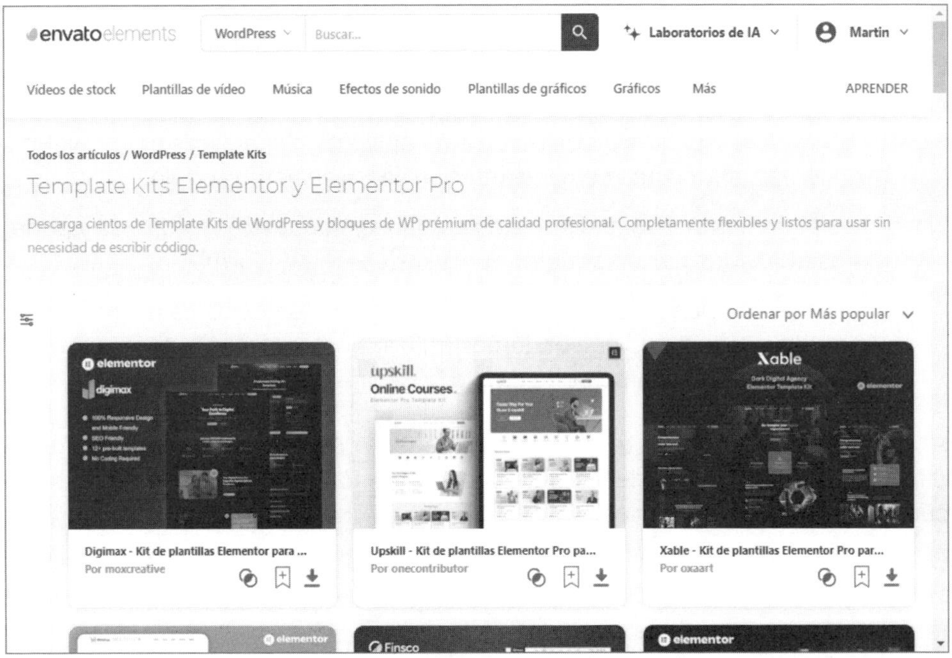

Figura 9.23. *Template kits* en Envato Elements.

En el momento de escribir esto, Envato Elements tiene un precio de 14,50 euros al mes, lo que nos permite un acceso total para descargar todos los *template kits* y demás contenido que queramos.

En el caso de los *template kits*, el catálogo supera los 5.000 y va subiendo cada mes, por lo que cada vez tenemos más *template kits* para poder descargar y utilizar en nuestros sitios web.

Puedes suscribirte a Envato Elements directamente desde este enlace: `https://raiola.link/comprarenvato`.

Una vez que estamos suscritos y autentificados en Envato Elements, podemos hacer clic en cualquier *template kit* del listado. Para acceder directamente al listado puedes utilizar el enlace (`https://raiola.link/envatoelements`) o navegar por los menús de Envato Elements.

En la figura 9.24, se ve la ficha de un *template kit*.

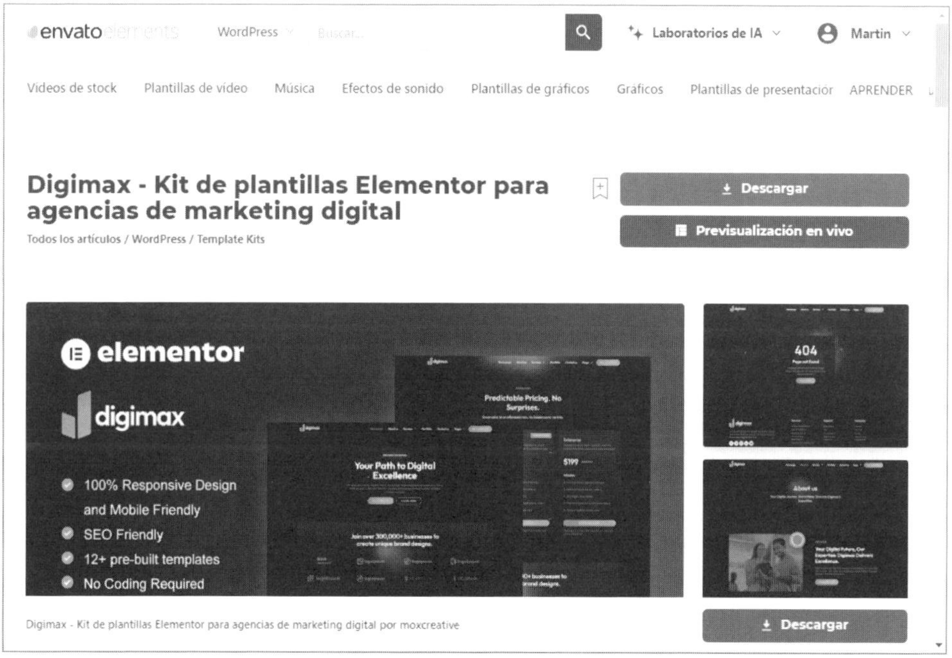

Figura 9.24. Ficha de cada *template kit* en Envato Elements.

Puedes descargar cualquier *template kit* desde su ficha haciendo clic en el botón `Descargar`.

Al hacer clic en Descargar se nos abrirá una ventana emergente como la que puedes ver en la figura 9.25, donde debemos poner para qué proyecto queremos descargar el *template kit* o podemos hacer clic en el botón O descargar sin licencia.

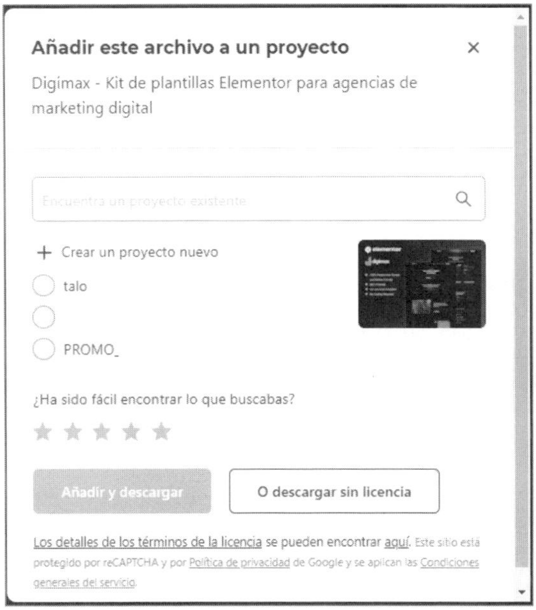

Figura 9.25. Licencia de los *template kits* de Envato Elements.

Para hacer las cosas de la forma correcta, siempre es mejor crear el proyecto en esta ventana emergente y asignarle el recurso descargado, en este caso el *template kit*, al proyecto en cuestión.

Independientemente de la opción que elijamos, se nos descargará un archivo `.zip` con el *template kit*.

Ahora vamos a subir el *template kit* a nuestro sitio web; para esto, nos vamos al *dashboard* o panel de administración de WordPress, a la sección Plantillas y a la subsección Biblioteca de Kits.

Tal y como puedes ver en la figura 9.26, no vamos a importar uno de los *template kits* del catálogo de Elementor, sino que vamos a hacer clic en el botón marcado arriba a la derecha.

Con este botón podremos acceder a un panel que nos va a permitir subir el *template kit* que acabamos de descargar desde Envato Elements.

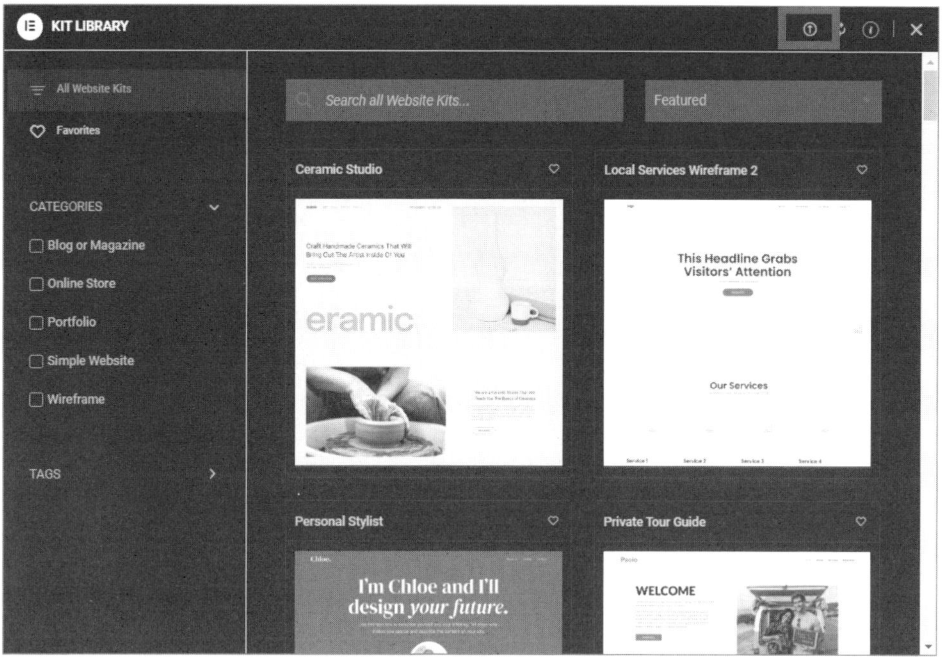

Figura 9.26. Biblioteca de kits de Elementor.

Al arrastrar y soltar el archivo `.zip` al formulario, normalmente nos aparecerá este aviso que puedes ver en la figura 9.27. Debes hacer clic en el botón Seguir para continuar con la importación.

Figura 9.27. Aviso de seguridad al importar un *template kit* en Elementor.

Si todo ha ido bien, podremos ver un resumen de todo lo que vamos a importar como el que puedes ver en la figura 9.28 y abajo a la derecha podremos ver el botón Importar.

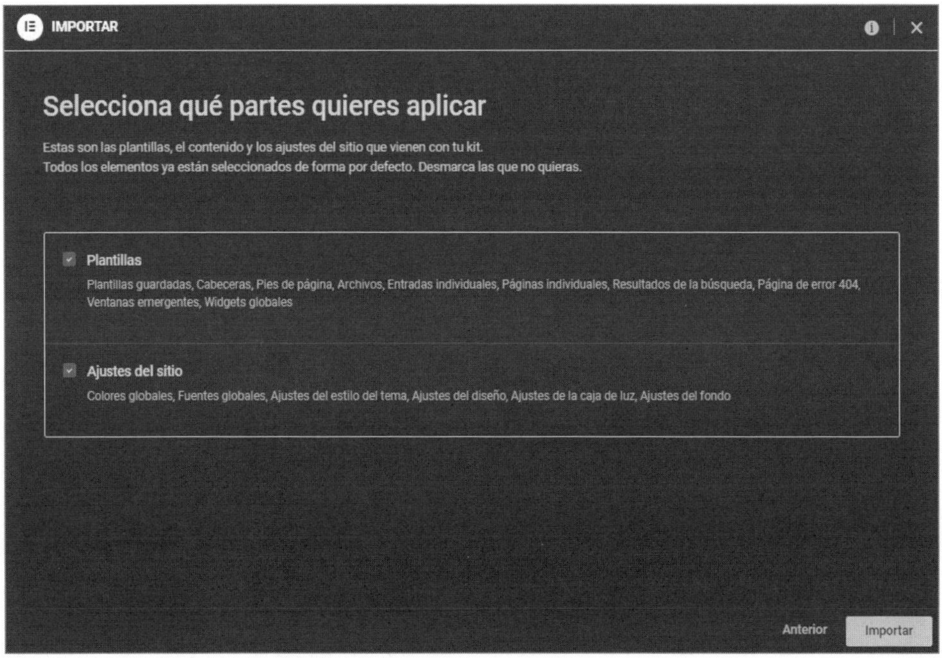

Figura 9.28. Resumen antes de importar un *template kit* en Elementor.

> Nota: Algunos *template kits* requieren la instalación de algunos *plugins*; aunque en la mayoría de los casos son gratuitos, debemos analizar si realmente necesitamos o no esos *plugins* extra.

Justo en este caso, este *template kit* incluye solo dos de los tres elementos que suelen incluir los *template kits*. En este caso tenemos plantillas y ajustes del sitio, que son los ajustes globales.

Durante este proceso pueden aparecer varios problemas que debemos solucionar y que son circunstanciales, es decir, pueden depender del *hosting*, de la configuración del *hosting* e incluso del *template kit* que queramos importar.

En primer lugar, podemos tener problemas con la subida del archivo por el bloqueo de ciertos tipos de archivos, pero, como se suele decir, siempre es mejor prevenir que curar, ya lo hemos dejado solucionado con una opción que ajustamos en el capítulo anterior.

Por otro lado, podemos tener problemas con la extensión ZIP de PHP, pero la mayoría de los *hostings* ya vienen con esta extensión PHP activa, aunque, en caso de que te aparezca un error relacionado con esto, debes contactar con el soporte de tu proveedor de alojamiento.

Por último, el proceso de importación del *template kit* después de darle al botón Importar puede variar más o menos tiempo dependiendo del tamaño del archivo y de la potencia del *hosting*.

Sin embargo, existen casos en los que por alguna limitación en el *hosting* nos podemos encontrar con algún error inesperado durante la importación. En estos casos, debes pedirle a tu proveedor de *hosting* subir los límites de las variables de PHP, ya que esta suele ser la raíz del problema en la mayoría de los casos

Si el *template kit* se ha importado correctamente, podremos ver una pantalla con un resumen como la de la figura 9.29.

Figura 9.29. Resumen tras la importación del *template kit* en Elementor.

Hacemos clic en el botón Cerrar y podremos empezar a maquetar nuestro sitio web utilizando los elementos importados.

Ahora podemos ir al *dashboard* de WordPress, a la sección **Plantillas** y al **Theme Builder** y ahí podremos ver todas las plantillas que hemos importado y que podemos utilizar.

Secciones reutilizables o plantillas en Elementor

Ahora que ya sabemos cómo importar un *template kit*, vamos a ver cómo utilizar las plantillas que hemos importado con él.

Antes de nada, debes tener en cuenta que existen diferentes formas de utilizar las plantillas o *templates* a la hora de maquetar una web.

> **Nota:** En esta parte del libro vamos a hablar de las *templates* o plantillas. Vamos a utilizar ambos términos indistintamente, ya que, al igual que ocurre con otras palabras y expresiones, aunque estemos hablando en español, en muchas ocasiones se utiliza el término en inglés para evitar confusiones.

Vamos a ir mostrando algunos ejemplos prácticos, dando por hecho que tenemos un *template kit* cargado en nuestro Elementor y, por lo tanto, tenemos *templates* para utilizar.

Empezamos importando una página entera; para ello, debemos irnos al listado de páginas de WordPress al que podemos acceder desde el *dashboard*.

Creamos una nueva página, tal y como hemos visto anteriormente, y la editamos con Elementor. Lo que vas a ver es lo que se muestra en la figura 9.30.

Volvemos a ver los tres botones de los que ya hemos hablado anteriormente, pero esta vez debemos hacer clic en el del medio.

Al hacer esto, se abrirá la biblioteca de Elementor en una ventana emergente. En este punto, debemos dirigirnos a la pestaña **Mis plantillas**, ya que es allí donde localizaremos las plantillas del kit importado.

En la figura 9.31 puedes ver el listado de plantillas o *templates* propias que podemos utilizar en nuestro sitio web.

Figura 9.30. Editor de Elementor.

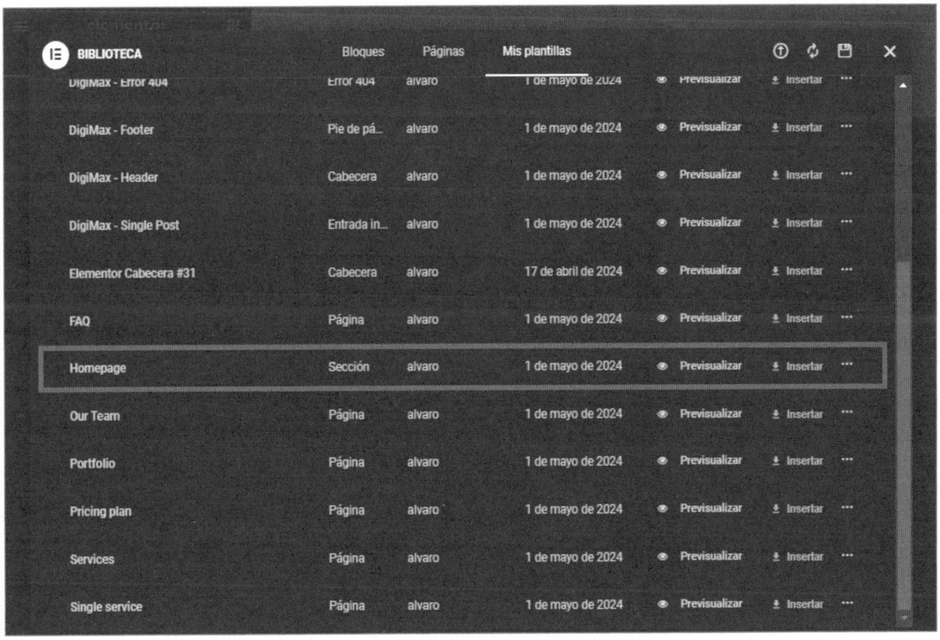

Figura 9.31. Mis plantillas en el editor de Elementor.

Vamos a imaginar que queremos importar la página de inicio del sitio web, por lo que buscamos algo relacionado con "Home" o "Homepage". Ten en cuenta que cada *template kit* identifica las plantillas de una manera diferente y personalizada.

En este caso, he marcado la fila concreta en la figura 9.31. Para importar esa plantilla o *template* debemos hacer clic en el botón **Insertar** que hay en cada fila a la derecha.

Tras esperar unos segundos, la plantilla estará importada y puedes ver algo similar a lo que tenemos en la figura 9.32.

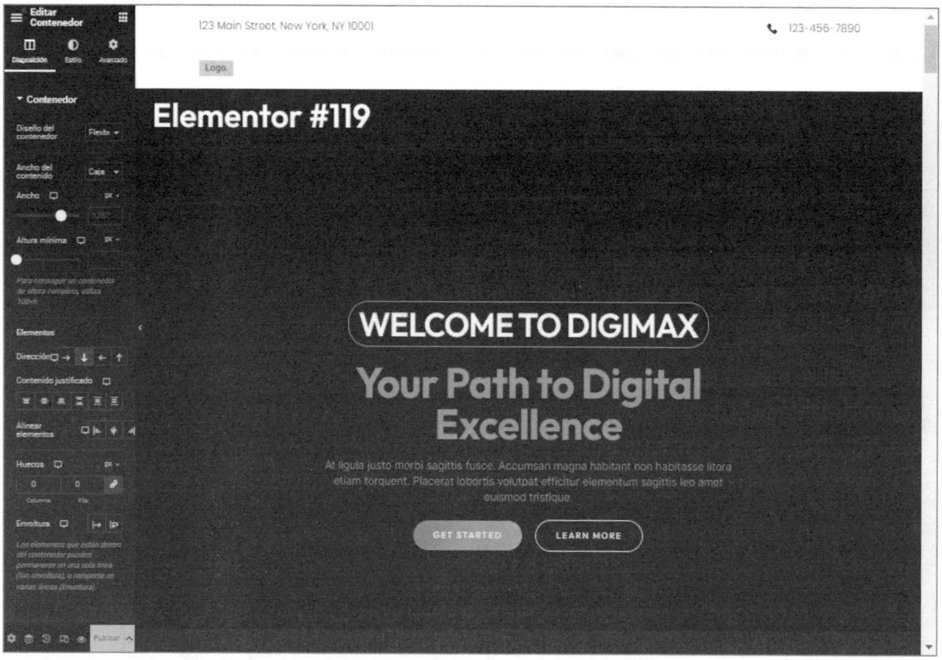

Figura 9.32. Plantilla de página importada en Elementor.

> Nota: En estas figuras he usado el zoom para cambiar el tamaño y que puedas tener una mejor vista, para que los ejemplos que expongo te puedan servir como orientación.

En la figura 9.32 puedes ver un título en blanco con el texto "Elementor #119", este título precisamente es el que podemos esconder utilizando la opción **Esconder título** de los ajustes de página del que ya hemos hablado anteriormente en este capítulo.

Con esto ya tendremos la página maquetada y estará preparada para que podamos insertar nuestro contenido y personalizar todo lo que sea necesario.

Para poner otro ejemplo, imagínate que ahora queremos importar la cabecera de la web. En este caso nos vamos a ir al Theme Builder o Maquetador de temas, dentro de la sección Plantillas en el *dashboard* de WordPress.

En la pantalla que podemos ver en la figura 9.33 vamos a seleccionar Cabecera y vamos a hacer clic en Añadir nuevo.

Figura 9.33. Plantilla de página importada en Elementor.

Se abrirá una ventana emergente para que utilicemos alguna de las plantillas del catálogo de Elementor o bien para utilizar una de las nuestras.

Para utilizar una plantilla propia de las importadas con el *template kit*, una vez más tendremos que ir a la pestaña Mis plantillas.

Volveremos a ver un listado como en el caso de las *templates* de página. Puedes verlo en la figura 9.34.

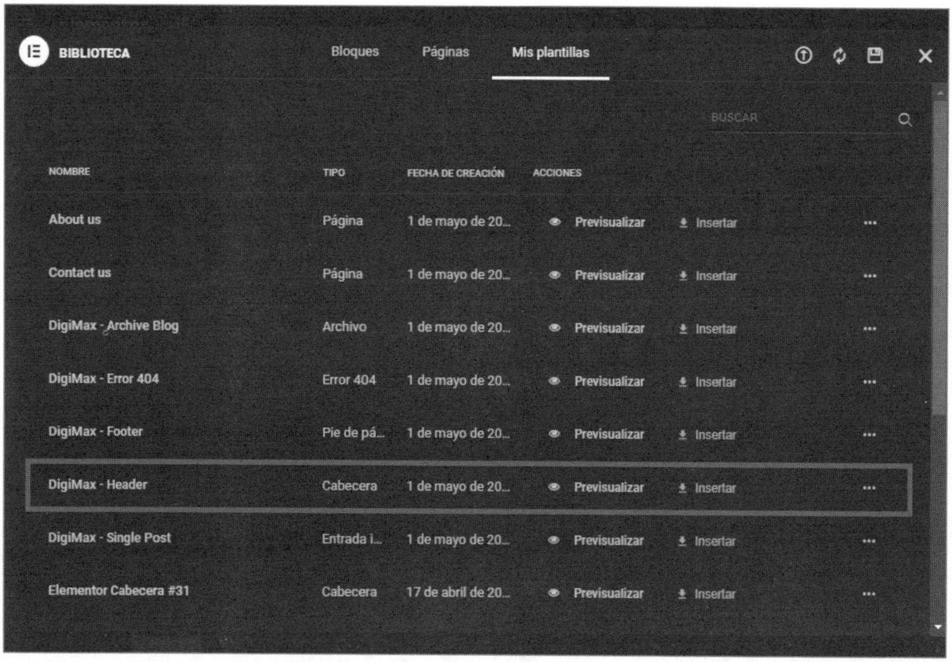

Figura 9.34. Listado de Mis plantillas en Elementor.

En este caso, estamos dándole forma a la cabecera o *header*, por lo que debemos buscar una línea que contenga la palabra *header*.

Una vez que la encontramos, hacemos clic en el botón Insertar para cargar la *template* en la nueva cabecera que estamos creando.

Vuelvo a recordarte que cada desarrollador de *template kits* se refiere a las plantillas o *templates* individuales como quiere, lo que hace que en muchos casos tengamos que guiarnos por la intuición y, si es posible, por nuestra experiencia.

Una vez hecho esto, ya tendremos la cabecera importada y podremos empezar a darle forma al menú, al logo o incluso modificar la estructura de la cabecera para adaptarlo a nuestras necesidades.

Para dejar configurada esta cabecera para todo el sitio web, nos vamos al botón Publicar, que podemos ver abajo a la izquierda en la figura 9.35.

Al hacer clic en el botón nos aparecerá la ventana emergente de condicionales de la que ya hemos hablado anteriormente cuando hablamos del Theme Builder o Maquetador de temas de Elementor.

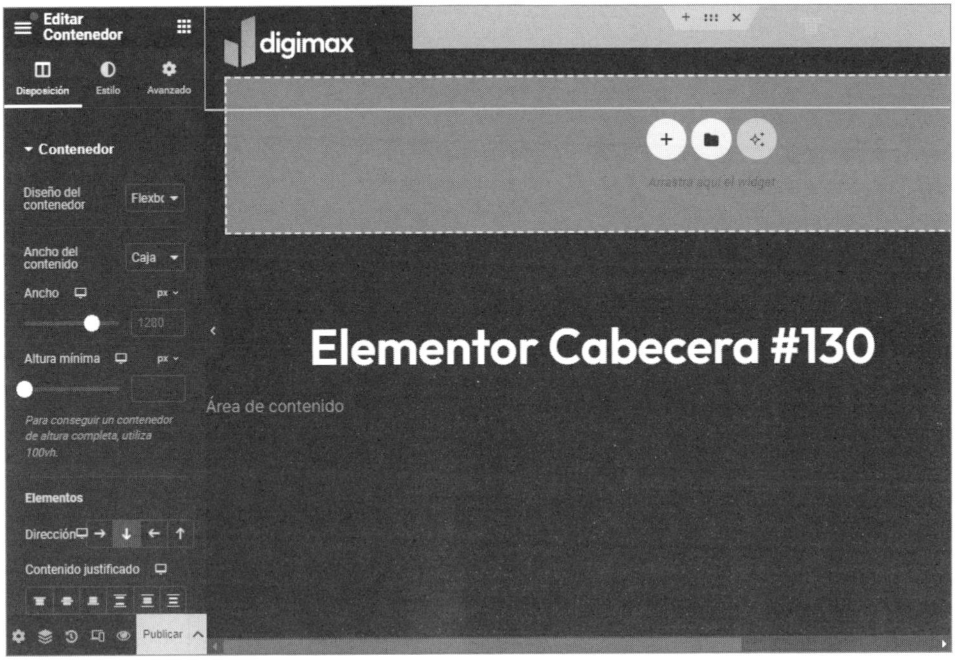

Figura 9.35. Cabecera importada en Elementor.

Hasta aquí has visto dos formas de utilizar las *templates* de Elementor, pero existe un tercer caso.

No solo podemos utilizar plantillas para páginas enteras o para elementos del Theme Builder de Elementor, sino que también podemos usar bloques individuales formados por uno o varios *widgets*.

Vamos a ver un ejemplo de esto; para ello, abrimos una página nueva y la editamos con Elementor.

Ahora hacemos clic en el botón marcado en la figura 9.36 para acceder al catálogo de plantillas.

En este caso, vamos a buscar un ejemplo en la pestaña Bloques, pero esto se puede aplicar también para las *templates* personalizadas que tengamos en Mis plantillas.

En la figura 9.37 puedes ver un ejemplo de ello, ya que, al pasar el ratón por encima de un bloque, nos sale el botón Insertar, donde debemos hacer clic en él.

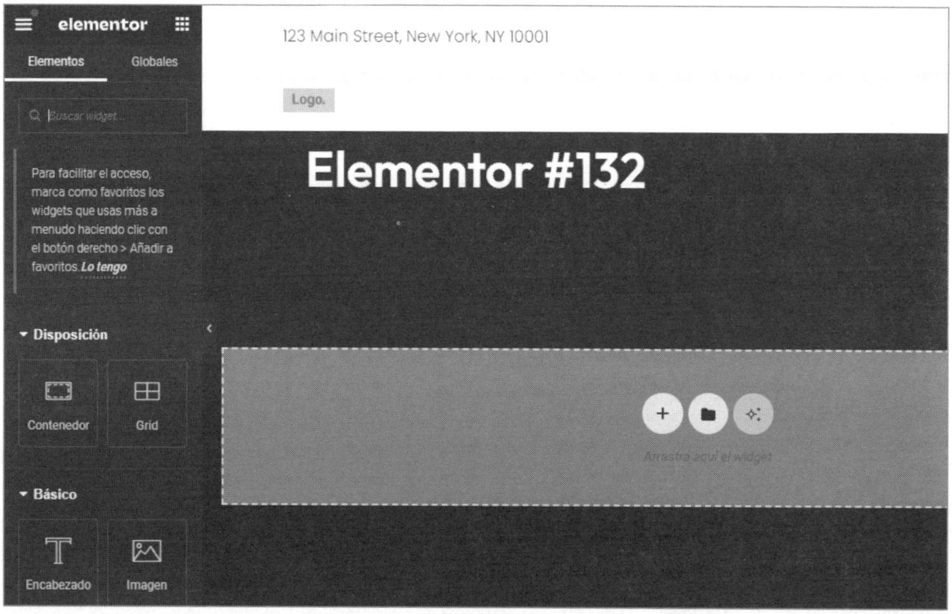

Figura 9.36. Interfaz del editor de Elementor.

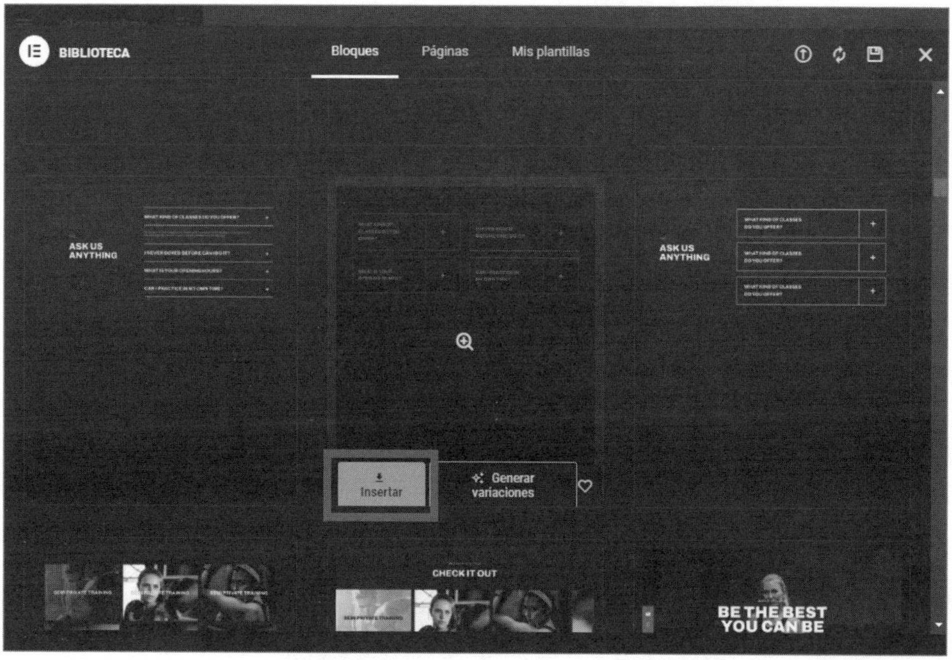

Figura 9.37. Utilizar *template* de bloque en Elementor.

Insertamos el bloque y podremos empezar a personalizarlo. Podemos incluso utilizar varias *templates* en una misma página para darle forma al contenido.

El uso de plantillas o *templates* y su personalización es una de las características más útiles que tenemos en Elementor, junto con los *template kits*.

Este tipo de funcionalidades nos permiten a los usuarios menos creativos crear sitios web bien estructurados y bien diseñados con apariencia profesional.

Incluso en muchos casos podemos decir que nos facilitan la creación de una primera versión que será modificada más adelante o la creación rápida de un producto mínimo viable.

Guardar plantillas o *templates* personalizadas en Elementor

Cuando estamos trabajando con Elementor y su editor, podemos guardar cualquier bloque de contenido como plantilla para su uso futuro o para exportarlo y emplearlo en otra instalación.

Para hacer esto, debemos hacer clic con el botón derecho del ratón sobre el *widget* o grupo de *widgets* en cuestión y, posteriormente, hacer clic en la opción **Guardar como plantilla** en el menú contextual que nos aparece, del que ya hemos hablado anteriormente. Puedes ver esta opción en la figura 9.38.

Con esto se nos abrirá una ventana emergente donde solo tendremos que poner un nombre personalizado e identificativo para la plantilla y podremos guardarla.

Posteriormente, esa plantilla estará disponible en el listado de **Mis plantillas** cuando nos aparezca la ventana emergente para seleccionar una plantilla o *template* para utilizar. Estas plantillas o *templates* podemos exportarlas, aunque eso lo veremos en el siguiente punto.

Importar y exportar plantillas en Elementor

Como complemento, tienes que saber que las plantillas o *templates* de Elementor podemos importarlas y exportarlas. ¿Esto qué quiere decir? Pues que podemos exportar ciertos elementos que tengamos configurados o diseñados en nuestro sitio web para guardarlos en nuestro ordenador y posteriormente utilizarlos en otros sitios web que también utilicen Elementor.

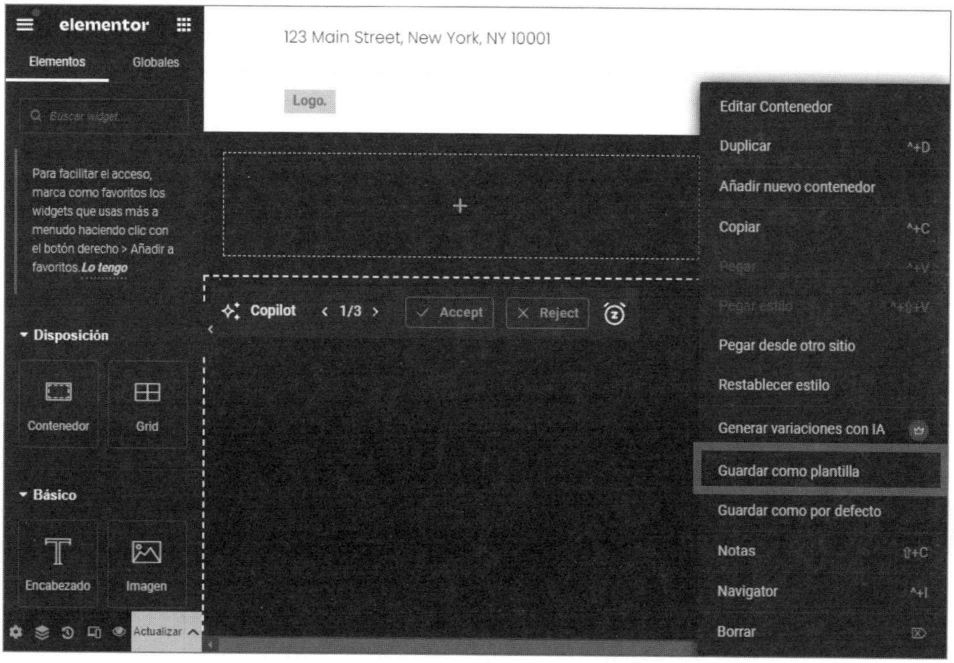

Figura 9.38. Guardar como plantilla en el menú contextual de Elementor.

Con esto agilizamos el flujo de trabajo y reutilizamos elementos para poder ser más rápidos y más eficientes a la hora de crear sitios web.

Con los *template kits* vimos que podíamos importar grupos de elementos, pero esos elementos también pueden ser importados y exportados individualmente.

En primer lugar, si queremos exportar una plantilla o *template* en Elementor, debemos dirigirnos al *dashboard* de WordPress, a la sección Plantillas, y ahí tendremos el listado completo de plantillas guardadas, como puedes ver en la figura 9.39.

Si queremos exportar una de estas plantillas, solo tenemos que hacer clic en el enlace Exportar plantilla, que he marcado en la figura anterior.

Podemos exportar cualquier tipo de plantilla o *template* que tengamos en Elementor, incluso el Kit por defecto que contiene los estilos globales.

Al descargar una *template*, obtendremos un archivo JSON con toda la información necesaria para volver a importar la *template* en Elementor.

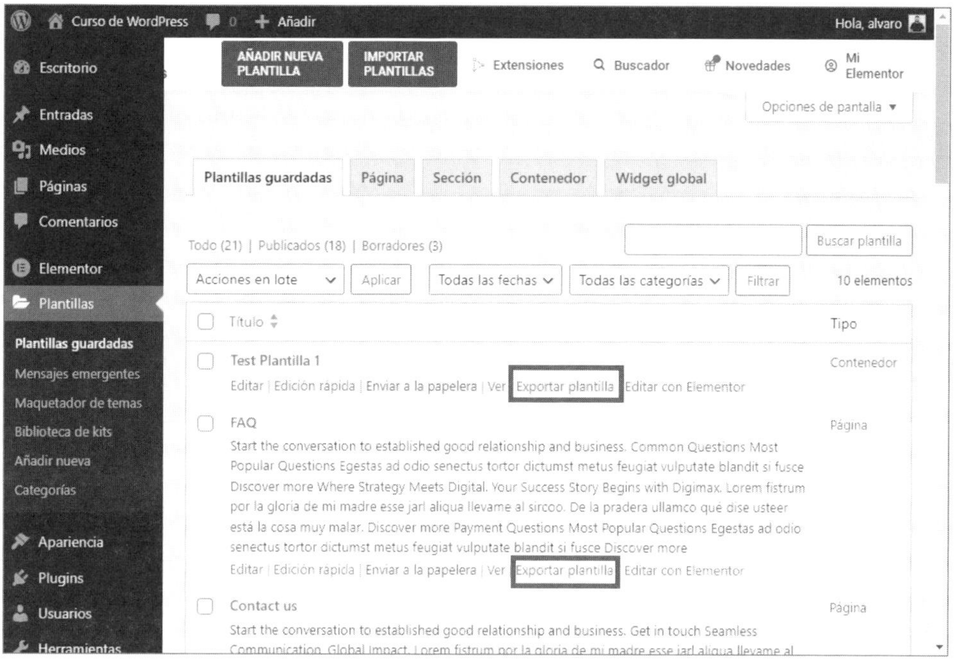

Figura 9.39. Listado de plantillas de Elementor.

Ahora que hemos exportado la *template*, vamos a volverla a importar. Debemos importarla de nuevo. Para ello, simplemente regresamos a la sección Plantillas en el *dashboard* de WordPress. En la parte superior, encontraremos un botón denominado Importar plantillas.

Al hacer clic en él, nos aparecerá un formulario de subida de archivos desde donde podremos seleccionar el archivo JSON que contiene la *template* en nuestro ordenador. Puedes ver este formulario en la figura 9.40.

Tras seleccionar el archivo, hacemos clic en el botón Importar ahora.

En la mayoría de las ocasiones nos aparecerá un aviso como el que podemos ver en la figura 9.41, donde debemos hacer clic en el botón Seguir para continuar.

Con esto se cargará la *template* en Elementor y podremos utilizarlo de la misma forma que usamos las *templates* o plantillas que salen de un *template kit*.

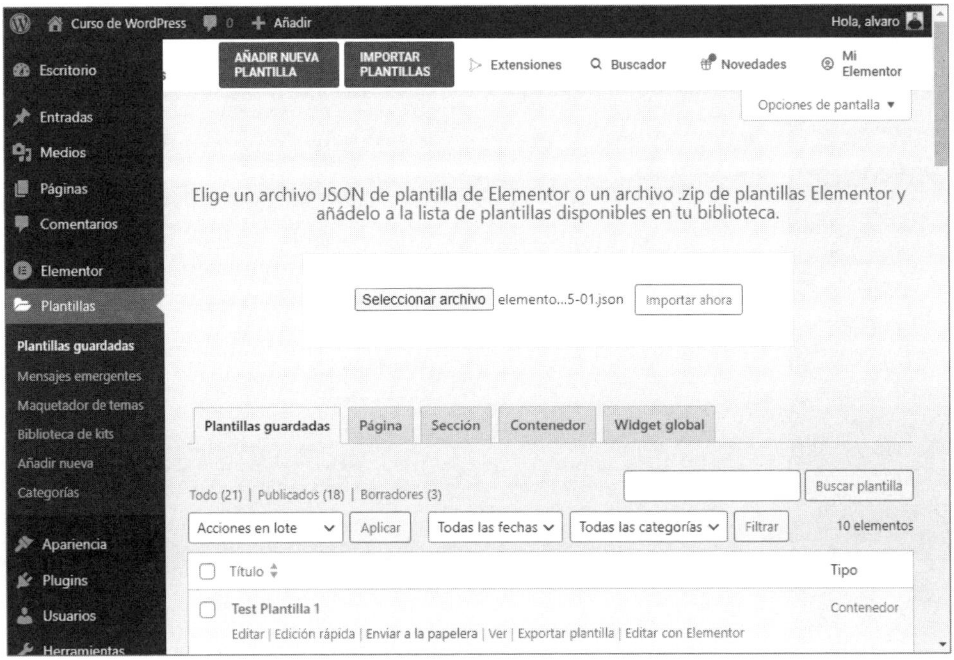

Figura 9.40. Formulario de subida de *templates* en Elementor.

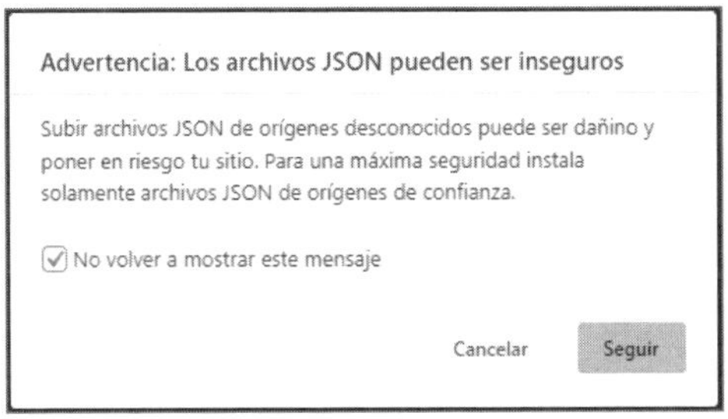

Figura 9.41. Aviso de seguridad al importar archivos JSON en Elementor.

Addons para Elementor: más *widgets* y funcionalidades

Como ya hemos dicho, Elementor es el *pagebuilder* más utilizado del mundo, con una cuota de mercado bastante más alta en comparación con otros maquetadores visuales.

Esto hace que, al igual que ocurre con otros *plugins* como WooCommerce, existan desarrolladores que se centran en crear *plugins* para añadir más *widgets* o funcionalidades a Elementor.

Podemos encontrar muchos *plugins* para añadir *widgets*, los hay gratuitos, de pago y de todos los tipos.

También podemos encontrar algunos *plugins* más avanzados que nos permiten añadir funcionalidades avanzadas a Elementor, consiguiendo que el *pagebuilder* se convierta en un completo kit para crear sitios web dinámicos y hasta aplicaciones web simples, todo esto sin necesidad de escribir ni una sola línea de código.

Aunque podemos decir que "más *widgets* nunca vienen mal", en realidad, añadir una gran cantidad de *plugins* para incluir *widgets* en Elementor puede tener como consecuencia ralentizar la carga del sitio web. Incluso si no utilizamos esos *widgets* en particular, es posible que la carga del sitio se vea afectada negativamente.

Personalmente, siempre recomiendo utilizar los *widgets* que trae Elementor y, si por alguna razón necesitamos alguno más, siempre debemos utilizar *plugins* de pago de desarrolladores de confianza.

Te dejo algunos ejemplos de *plugins* en los que yo confío:

- ✔ Unlimited Elements: `https://raiola.link/unlimitedelements`.
- ✔ Essential Addons for Elementor: `https://raiola.link/essentialaddons`.
- ✔ Dynamic.ooo: `https://raiola.link/dynamicooo`.
- ✔ JetElements de Crocoblock: `https://raiola.link/jetelements`.

Ten en cuenta que, en muchos casos, algunos *widgets* que empiezan en este tipo de *plugins* y que finalmente cuentan con buena aceptación por parte de los usuarios, acaban integrados de forma nativa en Elementor o en Elementor Pro.

Esto implica una gran actividad y cambio constante en los *widgets* de estos *plugins*, así como en las funciones y herramientas integradas en Elementor, que están continuamente mejorando y evolucionando.

10 Crear una web con Elementor Pro

Ahora que ya hemos visto unas cuantas cosas, tanto sobre WordPress como sobre Elementor, ya tenemos los conocimientos suficientes para poder empezar a crear un nuevo sitio web utilizando este CMS y este *pagebuilder*.

En este capítulo vamos a explicar todo el proceso realizado para crear un sitio web con WordPress y Elementor Pro, pero no vamos a profundizar en acciones que han sido explicadas en los capítulos anteriores. Es decir, vamos a centrarnos en el orden de pasos y vamos a explicar las acciones que aún no han sido expuestas, pero las que ya hemos explicado solo las mencionaremos brevemente.

Primero, contrataremos el *hosting* y el dominio, luego instalaremos WordPress y realizaremos su configuración inicial. No entraremos en detalles sobre esto porque está completamente explicado en los capítulos 2, 3 y 5.

Tampoco veremos cómo instalar Hello Elementor, Elementor y Elementor Pro, ya que esto se cubrió en los capítulos 6, 7 y 8, respectivamente.

Aun así, mostraremos el orden exacto en que debemos realizar los pasos para que sirva como guía.

Primeros pasos antes de maquetar con Elementor

Como ya hemos visto, lo primero que debemos hacer es contratar el *hosting* y el dominio, proceso que se explica en el capítulo 2. Además, hemos detallado cómo utilizar el nuevo *hosting* contratado en ese mismo capítulo.

Recuerda que por adquirir este libro tendrás un descuento del 30 % en la contratación de tu plan de *hosting* y tu dominio con Raiola Networks. Puedes acceder a la contratación y al descuento desde la siguiente URL: `https://raiola.link/empezarconwordpress`.

Cuando ya tengas el *hosting* contratado y el dominio funcionando, llegará el momento de instalar WordPress en el *hosting* que acabamos de contratar.

Para esto, puedes utilizar el autoinstalador de aplicaciones Installatron, que está disponible en los servidores de Raiola Networks. El proceso detallado puedes verlo en el capítulo 3.

Como ya he mencionado en dicho capítulo, actualmente la instalación manual de WordPress solo se realiza cuando por alguna razón el servidor no dispone de autoinstalador, pero, en el caso de los servidores de Raiola Networks, sí que podrás hacerlo de forma automática con el autoinstalador.

Una vez que tengamos WordPress instalado y funcionando, debemos realizar la configuración inicial del CMS, que viene detallada en el capítulo 5.

Recuerda que es muy importante realizar correctamente la configuración inicial de WordPress para evitar problemas en el futuro.

Para finalizar, teniendo WordPress instalado y configurado, debemos comprar e instalar Elementor Pro, el *pagebuilder* que vamos a utilizar para maquetar nuestro sitio web.

Recordemos que, para poder instalar Elementor Pro, es necesario que previamente tengamos instalado Elementor, es decir, su versión gratuita.

En el capítulo 8, puedes ver detallado todo el proceso para comprar, instalar y realizar la configuración inicial de Elementor y Elementor Pro.

Además, al seguir el asistente de configuración inicial en ese capítulo, podremos instalar y activar el *theme* Hello Elementor, la plantilla que vamos a utilizar para maquetar nuestro sitio web. Con estos procesos realizados, estaremos listos para empezar a maquetar nuestro nuevo sitio web con Elementor Pro.

Importar un *template kit* en Elementor

A lo largo del capítulo 9 hemos hablado de los *template kits* y de cómo pueden ayudar a cualquier usuario a maquetar un sitio web sin necesidad de tener un perfil creativo con capacidades de diseño.

Pues, en este preciso momento, cuando tenemos WordPress instalado con Elementor Pro y Hello Elementor preparado, es cuando debemos elegir el *template kit* que vamos a utilizar. Esto dando por hecho que vamos a utilizar un *template kit*.

En este caso sí que vamos a usarlo, por lo que el primer paso sería elegirlo. Como ya hemos visto, Envato Elements es el principal repositorio de *template kits* para Elementor.

Para el proyecto que voy a construir como ejemplo, he elegido un *template kit* de Envato Elements llamado Xable, cuya ficha puedes ver en la figura 10.1.

Figura 10.1. *Template kit* de ejemplo dentro de Envato Elements.

En este caso, este *template kit* ha sido el que más me ha gustado a mí, ya que encaja bastante con los colores y el estilo que le quiero dar al proyecto que voy a crear. En tu caso debes tener en cuenta que el *template kit* se adapte a tus necesidades y a las de tu proyecto.

> **Nota:** Recuerda que puedes encontrar el listado completo de *template kits* disponibles en Envato Elements desde esta URL: `https://raiola.link/envatoelements`.

Una vez descargado el *template kit* elegido, debemos instalarlo tal y como vimos en el capítulo 9.

Al hacer esto podremos ver en el *dashboard* de WordPress, dentro de la sección **Plantillas** y la subsección **Plantillas guardadas**, todas las plantillas independientes importadas y podremos empezar a trabajar. Esto es lo que puedes ver en la figura 10.2.

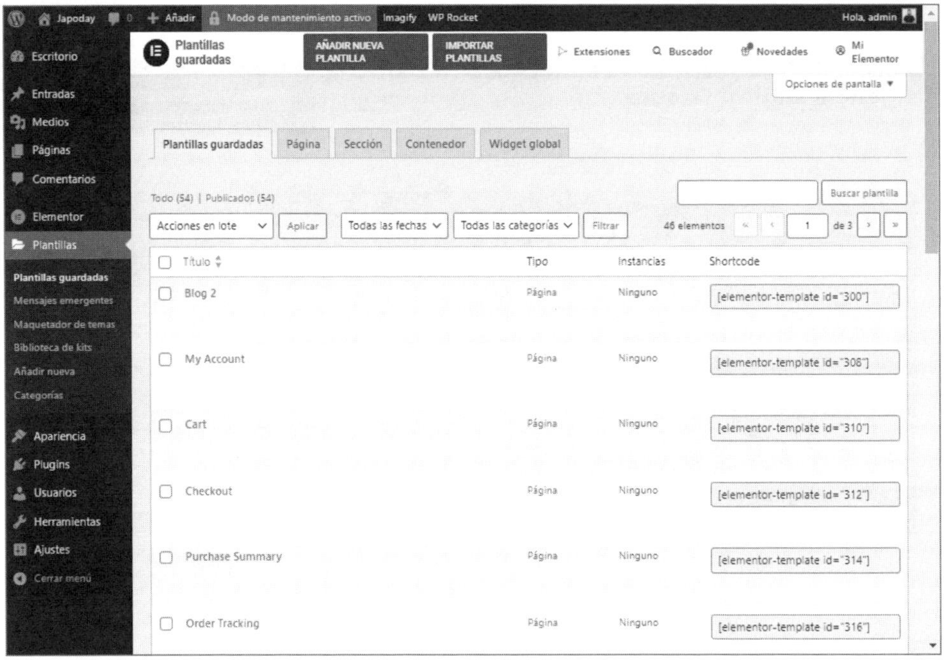

Figura 10.2. Listado de plantillas cargadas en Elementor.

Al hacer esto, tendremos a nuestra disposición numerosas plantillas homogéneas de distintos tipos, listas para ser utilizadas. Además, al importar el *template kit*, se cargarán estilos globales que permitirán darle a todo el sitio web una apariencia uniforme en todas las páginas y secciones.

Activar el editor clásico de WordPress

Esta es una decisión personal, pero, como ya hemos visto, recomiendo activar el editor clásico de WordPress cuando trabajamos con Elementor.

En el capítulo 4 ya hemos hablado del editor clásico y de las ventajas que tenía frente a Gutenberg al utilizar un *pagebuilder* como Elementor. Sin embargo, no hemos visto exactamente cómo cambiar Gutenberg por el editor clásico.

Para activar el editor clásico en WordPress, debemos instalar un *plugin* gratuito que podemos encontrar en el repositorio oficial. El *plugin* en cuestión lo puedes encontrar en esta URL: `https://es.wordpress.org/plugins/classic-editor/`.

No vamos a profundizar en el proceso de instalación del *plugin* editor clásico porque en el capítulo 7 ya hemos visto el proceso paso a paso.

Te recomiendo activar el editor clásico de WordPress antes de continuar, pero es algo completamente opcional.

Activar el modo mantenimiento en Elementor

Elementor tiene una herramienta que nos permite configurar el modo mantenimiento o modo próximamente en WordPress.

El modo mantenimiento resulta muy útil a la hora de construir nuestro sitio web, ya que evita que los visitantes vean nuestro progreso en cada etapa de la construcción hasta que estemos listos para presentar la versión final de la página web.

Este modo también se suele utilizar al hacer mantenimiento en nuestro sitio web, por si tenemos que reconfigurar alguna parte pública de la web, para que los visitantes no vean la web desconfigurada.

Con el modo mantenimiento, nosotros podremos ver todo el sitio web, pero los visitantes solo verán la plantilla de Elementor que nosotros queramos mostrarles.

Como esto no lo hemos visto todavía, vamos a explicar cómo configurar el modo mantenimiento en Elementor.

Empezaremos dirigiéndonos a la sección **Elementor** en el *dashboard* de WordPress y ahí tenemos que ir a la subsección **Herramientas**.

Dentro de **Herramientas** debemos dirigirnos a la pestaña **Modo de mantenimiento**.

En la pantalla mostrada en la figura 10.3 podremos ver tres desplegables y un enlace:

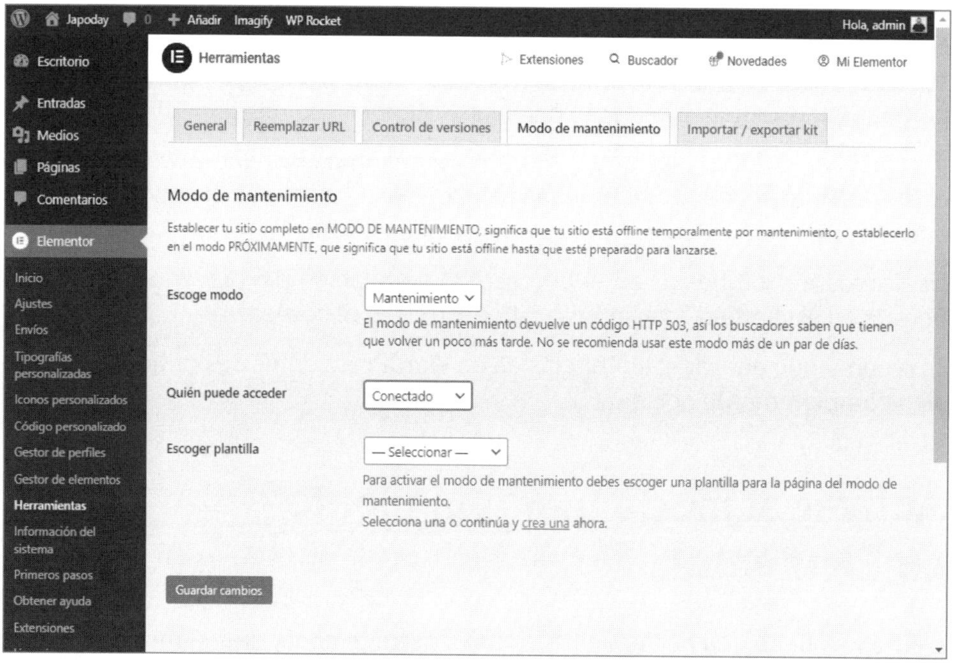

Figura 10.3. Sección **Modo de mantenimiento** de Elementor.

- ✔ **Escoge modo**: Este desplegable nos permite elegir entre desactivar todo o activar el modo **Mantenimiento** o el modo **Próximamente**. No voy a entrar en la diferencia técnica entre ambos, pero mi recomendación es que utilices el modo **Mantenimiento**.
- ✔ **Quién puede acceder**: Si seleccionamos **Conectado** cualquier usuario autentificado con cuenta puede ver la web. Lo habitual es utilizar **Conectado**, ya que **Personalizado** es para casos más complejos o específicos.
- ✔ **Escoger plantilla**: Podremos elegir la plantilla que queremos utilizar para mostrar a los visitantes sin autentificar. Si no tenemos ninguna o si queremos crear una nueva, tendremos que hacer clic en el enlace **crear una**.
- ✔ **Crear una**: Esto nos lleva directamente al editor de Elementor para crear una nueva plantilla. Con el editor clásico podremos darle el nombre que

quieras a la plantilla en el campo de título y, una vez que hagamos clic en **Publicar**, podremos hacer clic en el botón **Editar con Elementor** para darle forma a esta pantalla con el editor de Elementor.

Llegados a este punto, debemos tener en cuenta dos ajustes a la hora de usar el editor de Elementor para maquetar esta página provisional de mantenimiento.

En primer lugar, es recomendable esconder el título y, en segundo lugar, es recomendable cambiar la estructura de página a **Lienzo de Elementor** con el fin de darle forma a toda la página. Esto lo hemos visto en el capítulo 9.

Después de hacer esto, hacemos clic en el botón **Actualizar** para guardar los cambios.

Ahora podremos utilizar el editor de Elementor para maquetar y exponer en pantalla lo que queremos que visualicen los visitantes al acceder a tu web hasta que la tengamos acabada.

En la figura 10.4 puedes ver el ejemplo que he maquetado yo para la web que estoy creando.

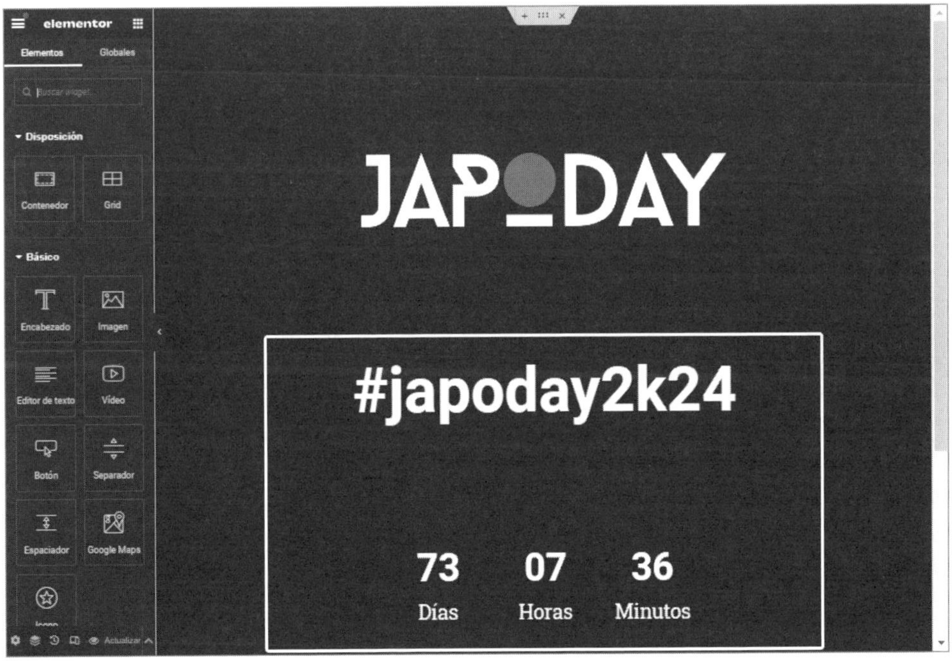

Figura 10.4. Diseño de página de mantenimiento con Elementor.

Para crear esta pantalla he ido arrastrando *widgets* de la izquierda al lienzo. En mi caso, me interesaba poner un logo, un *hashtag* con enlace y un contador, pero es una elección totalmente personal.

Cuando tengamos la pantalla maquetada, hacemos clic en el botón Actualizar para guardar los cambios y cerramos el editor.

Volvemos a recargar la pantalla que pudimos ver en la figura 10.3 y en Escoger plantilla ya podremos elegir la plantilla que acabamos de crear.

Una vez hecho esto, hacemos clic en el botón Guardar cambios, que podemos ver en la figura 10.5, y tendremos el modo mantenimiento activo.

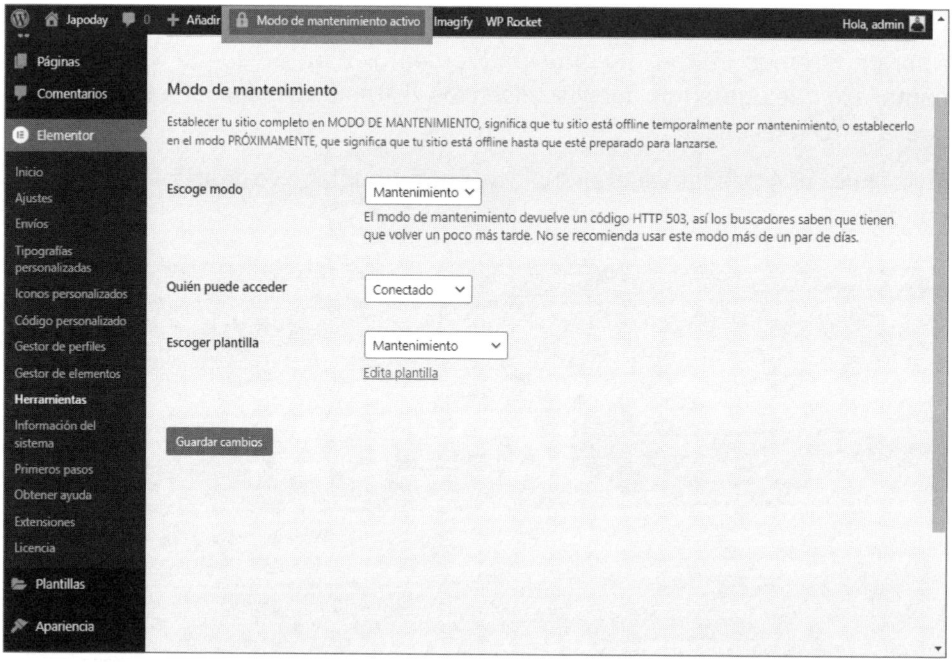

Figura 10.5. Modo mantenimiento activo en Elementor.

Sabremos que el modo mantenimiento está activo porque en la barra superior del *dashboard* de WordPress nos aparecerá una sección de color rojo con el texto Modo de mantenimiento activo.

Otra forma de comprobar si el modo mantenimiento está activo es entrando a nuestro sitio web con el navegador en modo incógnito o desde otro dispositivo donde nunca nos hayamos autentificado en WordPress con la cuenta de administrador. Si el modo mantenimiento está activo podremos ver la plantilla que hemos creado y configurado como Modo de mantenimiento.

Cargar el logo del sitio web en WordPress

Esto puede parecer algo insignificante, pero, para poder utilizar el logo del sitio en varias partes del sitio web cuando sea necesario, una de las cosas que suelo hacer yo antes de empezar a maquetar es configurar el logo en WordPress.

Para hacer esto debemos ir al *dashboard* de WordPress a la sección Apariencia y debemos ir al personalizador haciendo clic en la subsección Personalizar.

Dentro del personalizador, debemos ir a la sección Identidad del sitio, como puedes ver en la figura 10.6.

Figura 10.6. Configurar Identidad del sitio en WordPress.

En la pantalla que nos aparece podremos configurar un Título del sitio y una Descripción corta, aunque esto es opcional, nosotros lo que debemos rellenar es el Logotipo y, en base a la imagen de logotipo, podemos configurar el Icono del sitio.

> **Nota:** Cuando trabajamos con imágenes en WordPress, en muchos casos, al seleccionar una imagen para configurar, podremos recortar o reajustar la imagen. Uno de estos casos es al configurar el logotipo.

Cuando hayamos configurado el logotipo, podremos hacer clic en el botón Publicar para guardar los cambios, tal y como puedes ver en la figura 10.7.

Figura 10.7. Logotipo e icono del sitio configurado en WordPress.

Ahora podemos salir del personalizador de Elementor y ya tendremos el logo configurado en el sitio web de forma general.

Crear la estructura de páginas básica en WordPress

Para que al maquetar nuestro sitio web con Elementor se vean consistentes algunas partes como los menús, antes de maquetar vamos a crear algunas páginas de ejemplo.

Crear una página es simple. En el *dashboard* de WordPress debemos ir a la sección Páginas y hacer clic en la subsección Añadir una nueva página.

En este caso, se nos abrirá el editor clásico de WordPress y solo debemos rellenar el título de la página y después hacemos clic en el botón Publicar para guardar los cambios.

Vamos a crear las páginas de la estructura básica de nuestro sitio web. En mi caso, he creado las páginas que puedes ver en la figura 10.8.

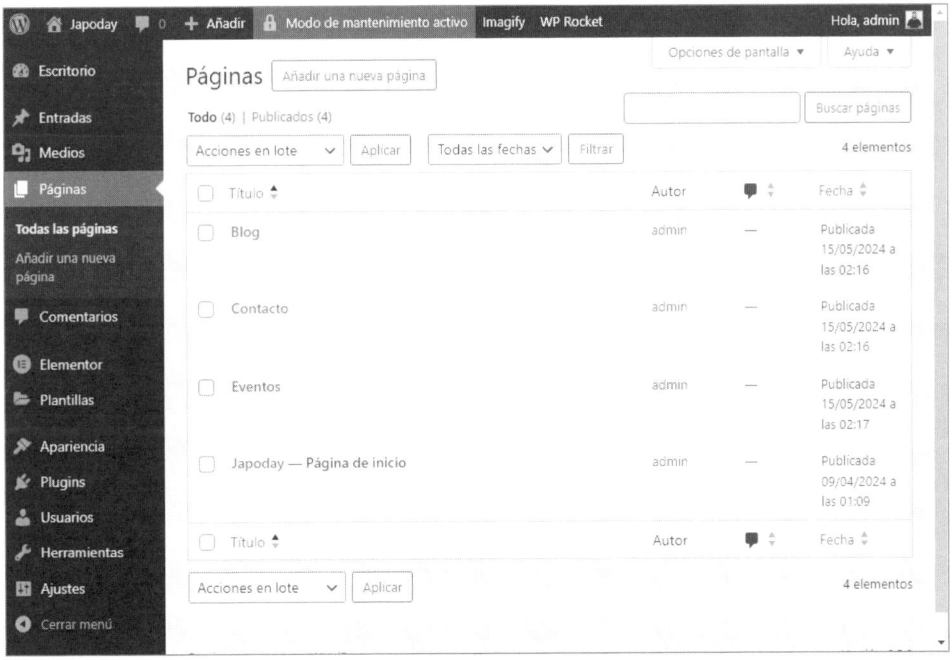

Figura 10.8. Listado de páginas en WordPress.

Ahora vamos a crear un nuevo menú para meter estas páginas con el fin de que en algunas partes como la cabecera pueda ir un menú con estos enlaces.

En el *dashboard* de WordPress nos dirigimos a la sección **Apariencia** y hacemos clic en **Menús**. Recuerda que ya hemos hablado de los menús en el capítulo 4.

En el gestor de menús que puedes ver en la figura 10.9 debemos configurar un **Nombre del menú** personalizado y después hacer clic en el botón **Crear menú**.

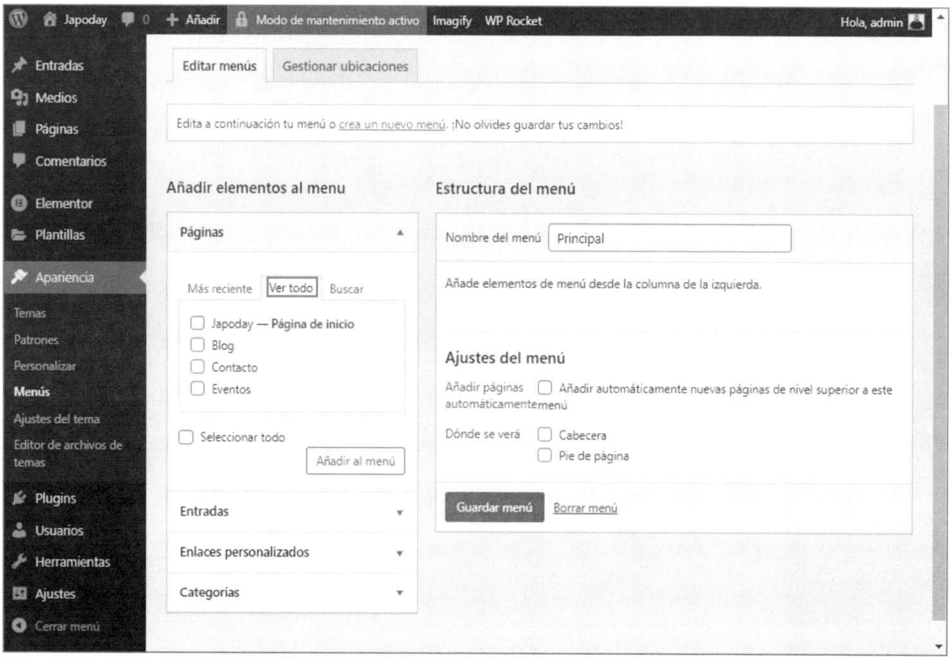

Figura 10.9. Gestor de menús de WordPress.

Después de hacer clic en el botón **Guardar menú** se nos desbloqueará el bloque **Añadir elementos al menú**, que nos permitirá añadir las páginas que acabamos de crear al menú que hemos creado.

El resultado final es similar al que puedes ver en la figura 10.10.

Con el editor de menús que se muestra en la figura 10.10, es fácil ordenar los elementos del menú: simplemente los arrastramos y soltamos en el orden deseado. Después, solo hay que hacer clic en el botón **Guardar menú** para guardar los cambios.

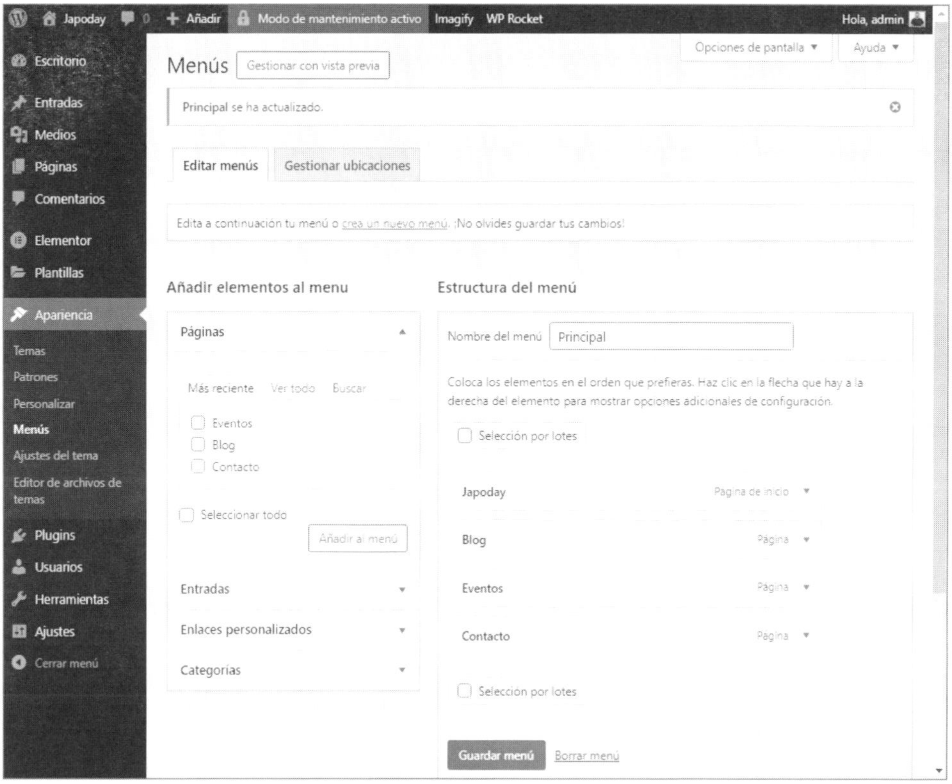

Figura 10.10. Gestor de menús de WordPress con un menú creado.

Empezar a maquetar elementos comunes con Elementor Pro

Después de hacer todo lo anterior, por fin podremos empezar a darle forma a nuestro sitio web con Elementor Pro.

Vamos a empezar por la cabecera y el pie de página, ya que son dos elementos comunes para toda la web.

Recuerda que los *widgets* utilizados, la disposición de estos y su posterior configuración son algo totalmente personal, incluso depende totalmente del *template kit* que vayas a utilizar.

Como ya he comentado, en este capítulo vamos a centrarnos más en el orden de hacer las cosas que en el uso del editor de Elementor, ya que podemos decir que la mejor forma de aprender a utilizar con soltura y agilidad el editor de Elementor es utilizándolo.

No tiene sentido que yo me ponga a listar y explicar uno por uno todos los *widgets* que nos permite utilizar Elementor Pro, porque yo posiblemente tenga unas preferencias y tú tengas otras diferentes en lo que se refiere a qué *widgets* vas a elegir y a la configuración de apariencia que les vas a aplicar.

Por esta razón, en el capítulo 9, hemos explicado la interfaz de Elementor, pero ya comentamos que la mejor forma de conocer la interfaz de Elementor es probando y ganando "horas de vuelo" con el editor.

Ahora que he aclarado esto, que creo que era necesario hacerlo, vamos a empezar a maquetar el sitio web.

Maquetar la cabecera con Elementor Pro

Para maquetar la cabecera con el *theme builder* de Elementor debemos en primer lugar ir al apartado Maquetador de temas o Theme Builder en la sección Plantillas en el *dashboard* de WordPress.

Recordemos que previamente ya hemos importado un *template kit*, por lo que vamos a utilizar la plantilla de cabecera del *template kit*.

Como ya he comentado en el capítulo 9, cada *template kit* es diferente, con una estructura y configuración inicial distintas.

En el caso del *template kit* que he instalado como ejemplo, las plantillas ya vienen asignadas a las distintas partes de la web, pero sin activar en el Maquetador de temas. Esto es lo que se muestra en la figura 10.11.

En este caso de la figura 10.11, para personalizar y asignar una plantilla como la cabecera debemos hacer clic sobre ella y, en la pantalla de la figura 10.12, hacemos clic en Editar.

Esto nos llevará al editor de Elementor donde debemos darle forma maquetando según nuestro gusto y nuestras necesidades.

Recuerda que normalmente una cabecera lleva el logo, un menú, algún botón o icono social, pero la decisión es tuya y debe ajustarse a tus propias preferencias y necesidades.

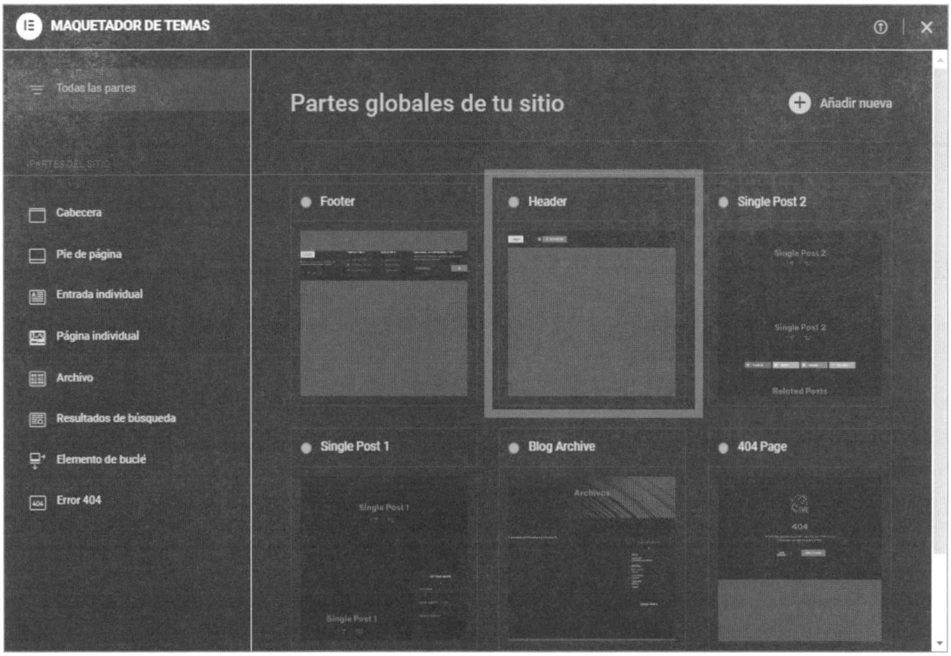

Figura 10.11. Maquetador de temas o Theme Builder de Elementor.

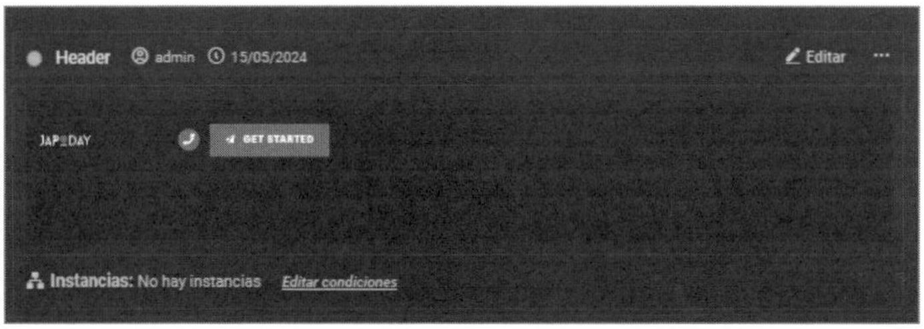

Figura 10.12. Seleccionar plantilla para editar en Elementor.

Puede que al abrir la plantilla te encuentres que la forma es bastante diferente a lo mostrado en el *template kit*, esto es normal debido a que en muchos casos faltan algunos *widgets* o están desconfigurados al faltar, por ejemplo, un menú en WordPress.

En mi caso, al empezar a maquetar con la plantilla de cabecera del *template kit* tenía esta apariencia que puedes ver en la figura 10.13. En mi caso me detectó el menú al haberlo creado previamente.

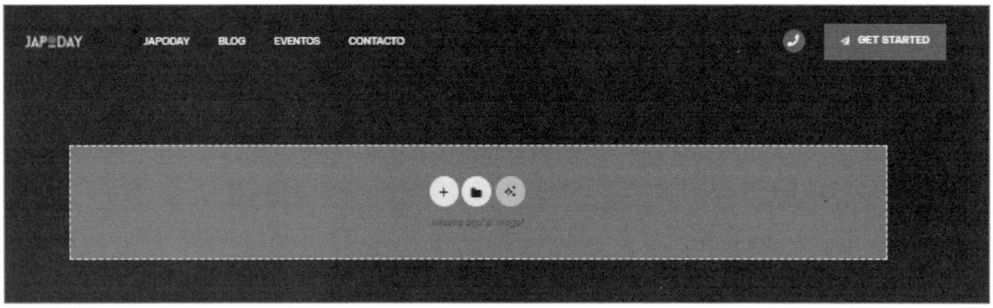

Figura 10.13. Cabecera del *template kit* antes de empezar a maquetar.

Después de darle forma a la cabecera eliminando algunos *widgets*, reajustando las columnas, los espacios y los tamaños, el resultado ha sido este que puedes ver en la figura 10.14.

Figura 10.14. Cabecera del *template kit* personalizada.

Vuelvo a repetir que estos ajustes son totalmente personales y al gusto de cada persona.

Nota: Para que se vean correctamente los elementos en las figuras de este libro, en algunos casos tengo que utilizar el zoom. Por esta razón algunas partes de la interfaz están distorsionadas.

Cuando acabemos de maquetar, vamos a hacer que la cabecera se muestre en toda la web. Para esto, debemos hacer clic en el botón Actualizar, que está abajo a la izquierda en el editor de Elementor.

Esto nos va a llevar a la ventana emergente que hemos visto en el capítulo 8, donde debemos hacer clic en el botón **Añadir condición** y, con la opción **Todo el sitio** seleccionada, hacer clic en el botón **Guardar y cerrar** para guardar los cambios.

> **Nota:** Si al hacer clic en el botón **Actualizar** no aparece la ventana emergente con los condicionales de visualización, puedes encontrar la opción **Condiciones de visualización** en la flecha hacia arriba que hay a la derecha del botón **Actualizar**.

Con esto ya tendremos la cabecera configurada para aparecer en todo el sitio web. Recuerda que tienes el modo mantenimiento activado, por lo que, si no estás autentificado en WordPress, no podrás ver la nueva cabecera correctamente.

Aún nos faltaría una última cosa antes de terminar de maquetar este primer elemento de nuestra web: debemos ajustar la vista de *tablet* y móvil. Esto sirve para que todas las partes de la página web se vean perfectamente y no se desorganice cuando el visitante acceda a ella desde dispositivos con pantallas más pequeñas.

Para ello, debemos usar la parte del editor de Elementor que vimos en el capítulo 9.

En mi caso, con el *template kit* que estoy utilizando y las modificaciones que he aplicado, en la vista para *smartphone*s me he encontrado con esto que puedes ver en la figura 10.15. Como puedes observar, no se ve bien.

Tras realizar ciertos ajustes utilizando las secciones **Estilo** y **Avanzado** en la configuración de los *widgets*, de las que hablamos en el capítulo 9, el resultado es este que puedes ver en la figura 10.16.

Debemos ir realizando este proceso para todas las partes de la web en *tablet* y *smartphone* tras maquetarlas con la finalidad de garantizar que se puedan visualizar correctamente y sin superposiciones de elementos, independientemente del dispositivo que utilice el visitante para acceder a Internet.

> **Nota:** Ten en cuenta que no puedo ofrecerte una configuración exacta de *widgets* para adaptarse correctamente, ya que eso dependerá de los *widgets* que elijas, tus preferencias personales y la estructura de la maquetación que realices.

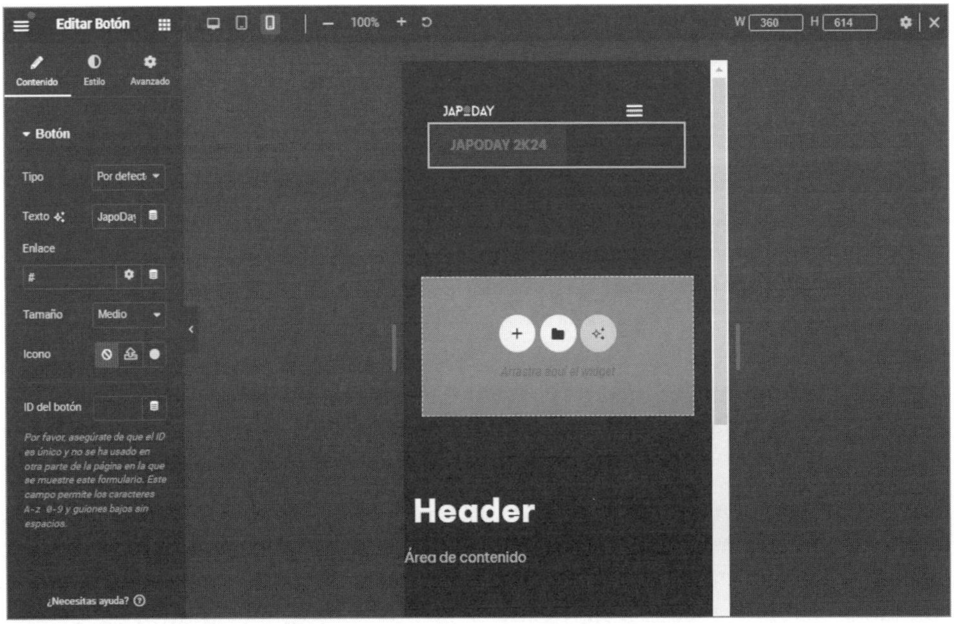

Figura 10.15. Vista sin optimizar en dispositivos móviles.

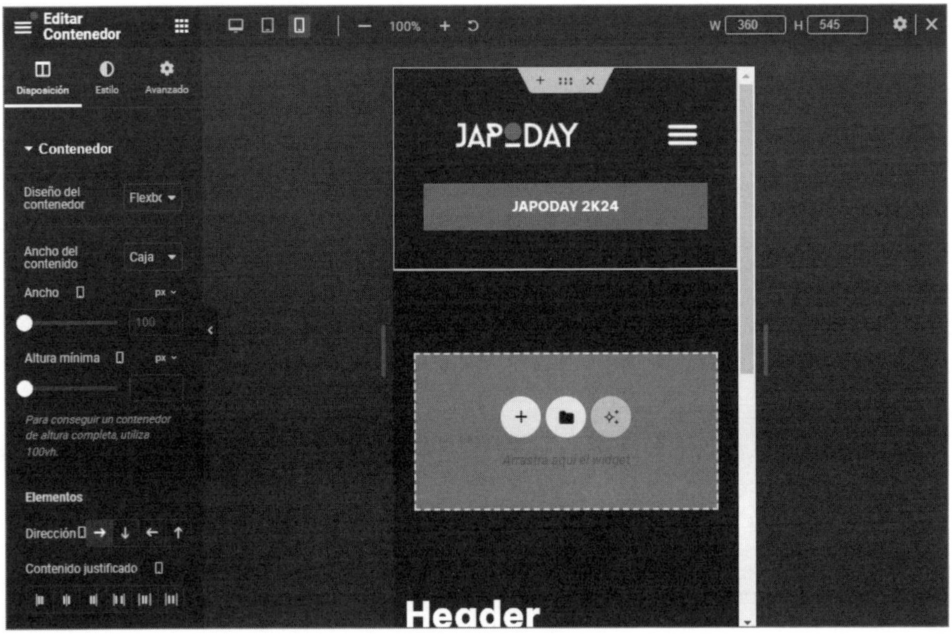

Figura 10.16. Vista optimizada en dispositivos móviles.

Ahora que ya hemos visto el paso a paso para maquetar un elemento común y global en Elementor, vamos a ir mucho más agiles con la explicación, ya que el proceso para cada parte de la web es exactamente el mismo, solo cambian los *widgets* y la disposición de los estos, pero hay muchas configuraciones más o menos comunes.

Maquetar el pie de página con Elementor

Ya tenemos la cabecera, ahora vamos con el pie de página o *footer*.

Volvemos al Theme Builder o Maquetador de temas de Elementor y en el listado nos encontraremos con el pie de página, también llamado Footer en inglés. Puedes verlo marcado en la figura 10.17.

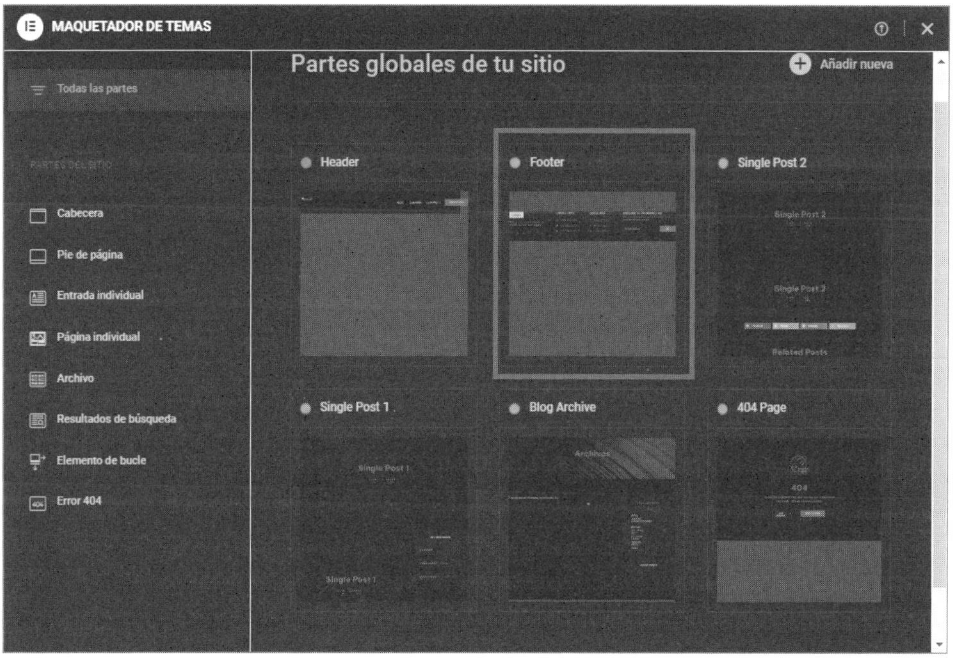

Figura 10.17. Plantilla de pie de página en el Maquetador de temas de Elementor.

Realizamos el mismo proceso que en el caso de la cabecera, editando la plantilla con el editor de Elementor para personalizarla posteriormente y configurar los condicionales de visualización al final para que el pie de página o *footer* se pueda ver en todo el sitio.

En mi caso he configurado un pie de página simple, tal y como puedes ver en la figura 10.18.

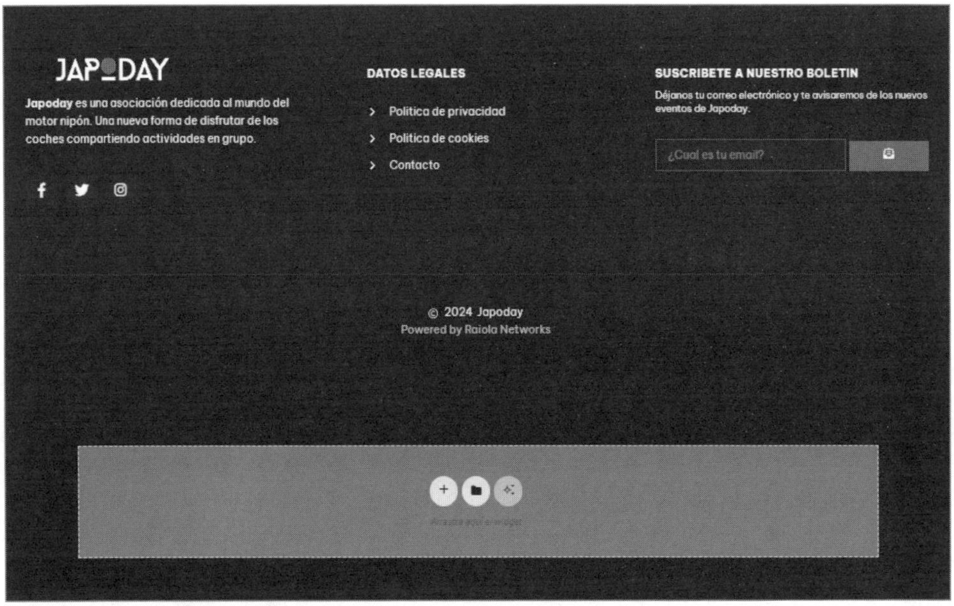

Figura 10.18. Pie de página simple maquetado con Elementor.

Evidentemente, en este caso también he tenido que realizar los ajustes necesarios para que el *footer* se pueda ver bien tanto en ordenador como en otros dispositivos con la pantalla más pequeña.

Maquetar páginas con Elementor

Ahora que ya tenemos la cabecera y el pie de página maquetados y configurados, podemos empezar con las páginas y con el contenido.

En este caso, yo solo he maquetado por ahora dos elementos comunes: cabecera y pie, pero pueden ser muchos más dependiendo de las necesidades de cada proyecto.

Cargando la URL de nuestro sitio web podemos comprobar que realmente se pueden ver la cabecera y el pie. En la figura 10.19 tienes mi ejemplo.

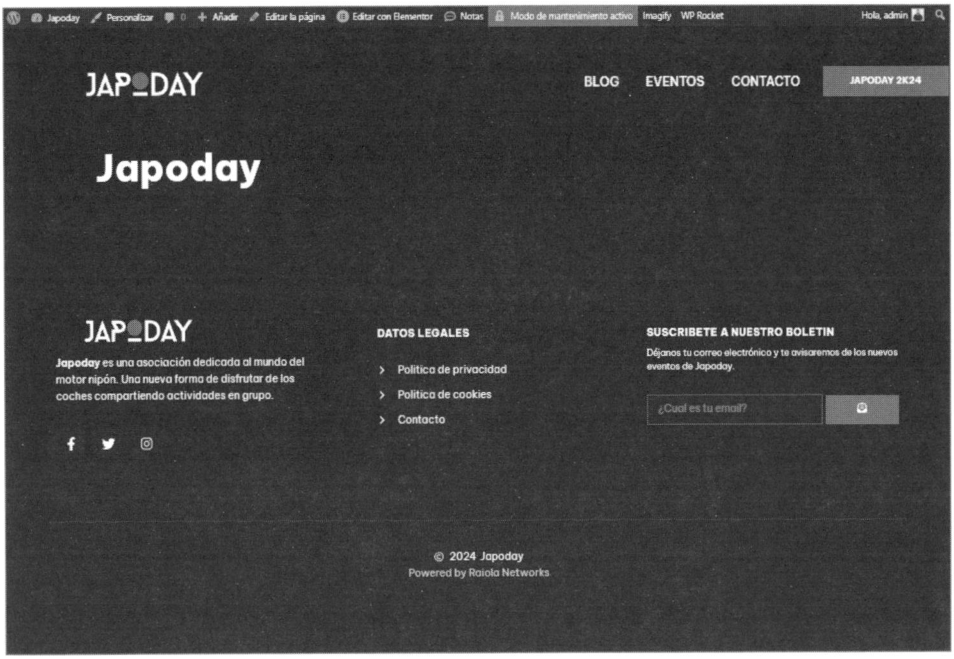

Figura 10.19. Cabecera y *footer* configurados en Elementor Pro.

Ahora vamos a utilizar las plantillas de página completa que importamos con el *template kit* para darle forma a algunas páginas.

Maquetar la *home* con Elementor Pro

Vamos a empezar por la página de inicio o *home* de nuestro sitio web, ya que suele ser la primera que se maqueta después de los elementos comunes.

En primer lugar, debemos configurar la página de inicio en nuestro WordPress, esto podemos hacerlo siguiendo las instrucciones que vimos en capítulo 5.

Ahora vamos a dirigirnos al *dashboard* de WordPress, concretamente a la sección `Páginas`, y vamos a editar la página que hemos configurado como página de inicio. No voy a profundizar en cómo editar una página porque ya lo hemos visto anteriormente.

El objetivo es abrir el editor de Elementor para editar la página.

En primer lugar, vamos a usar los ajustes de página que vimos en el capítulo 9 para activar la opción Esconder título.

En segundo lugar, vamos a dirigirnos a los tres círculos que tenemos en pantalla y que explicamos también en el capítulo 9. Hacemos clic sobre el botón circular del centro, que tiene un icono de una carpeta, que podemos ver en la figura 10.20.

Figura 10.20. Botones para añadir nuevo contenido a Elementor.

Tras realizar esta acción, se abrirá una ventana emergente con tres pestañas. Nos dirigimos a la pestaña Mis plantillas.

En este listado podremos encontrar todas las plantillas cargadas por el *template kit* importado. Nosotros tenemos que buscar el de la página de inicio, que suele estar disponible en el 99 % de los *template kits* de Envato Elements.

En este caso, este *template kit* nos trae 6 variantes de página de inicio para que puedas elegir cuál utilizar. Puedes ver esto en la figura 10.21.

En este caso, yo he elegido la plantilla Home de entre las 6 variantes.

Para importar esta plantilla en la página, hacemos clic en el botón Insertar.

Con esto ya tengo la página completa importada y puedo empezar a personalizar el contenido. En este caso, voy a tener que ajustar diferentes aspectos, entre ellas el logo y su color de fondo, con el fin de adaptar la plantilla inicial a como quiero que quede finalmente.

En la mayoría de los casos, simplemente cambiando el texto y las imágenes de ejemplo, se consiguen buenos resultados y muy profesionales, ya que la mayoría de los *template kits* de Envato están muy bien construidos.

Recuerda que en el caso de las páginas también tienes que realizar los ajustes para que se visualice todo correctamente en dispositivos móviles, aunque solo tendrás que prestar atención al contenido, ya que la cabecera, *footer* y los elementos globales que hayas maquetado y configurado ya los has ajustado anteriormente.

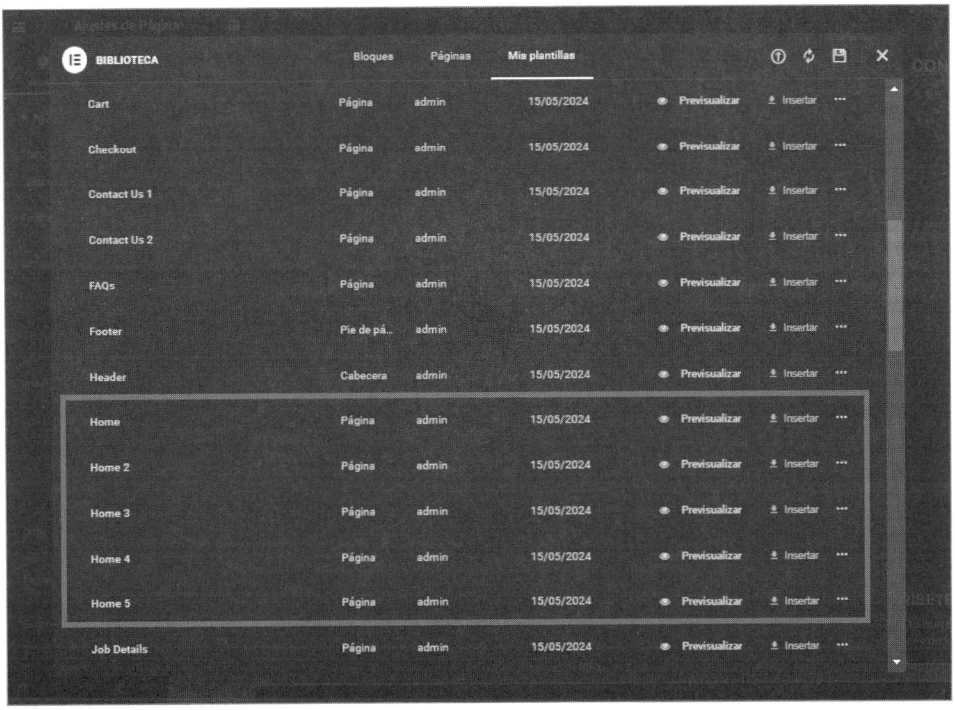

Figura 10.21. Varias plantillas de página de inicio incluidas en el *template kit*.

Maquetar la página de contacto con Elementor Pro

Lo siguiente que vamos a maquetar es la página de contacto debido a que tiene algo especial: el formulario.

En la página de inicio o *home* no se suele maquetar nada especial, pero en la página de contacto siempre o casi siempre tendremos un formulario.

> Nota: En este ejemplo ya había incluido un formulario de suscripción en el pie de página, pero no explicamos cómo configurarlo debido a que solo lo he utilizado como ejemplo de *widget* que se suele colocar en esa parte de la web.

Los formularios en Elementor Pro no son complicados de configurar, pero sí que tienen algunas opciones importantes que debemos configurar y verificar para que funcionen correctamente.

Para utilizar la plantilla incluida en el *template kit* para la página de contacto vamos a realizar exactamente el mismo proceso que en el caso de la página de inicio.

Nos vamos a **Páginas** en el *dashboard* de WordPress y, en mi caso, voy a editar la página de contacto que he creado previamente junto con las otras páginas.

El objetivo es editar la página con el editor de Elementor y, una vez más, cargar una plantilla de la pestaña **Mis plantillas**.

En este caso, este *template kit* también nos ofrece 2 variantes de la página de contacto, tal y como puedes ver en la figura 10.22.

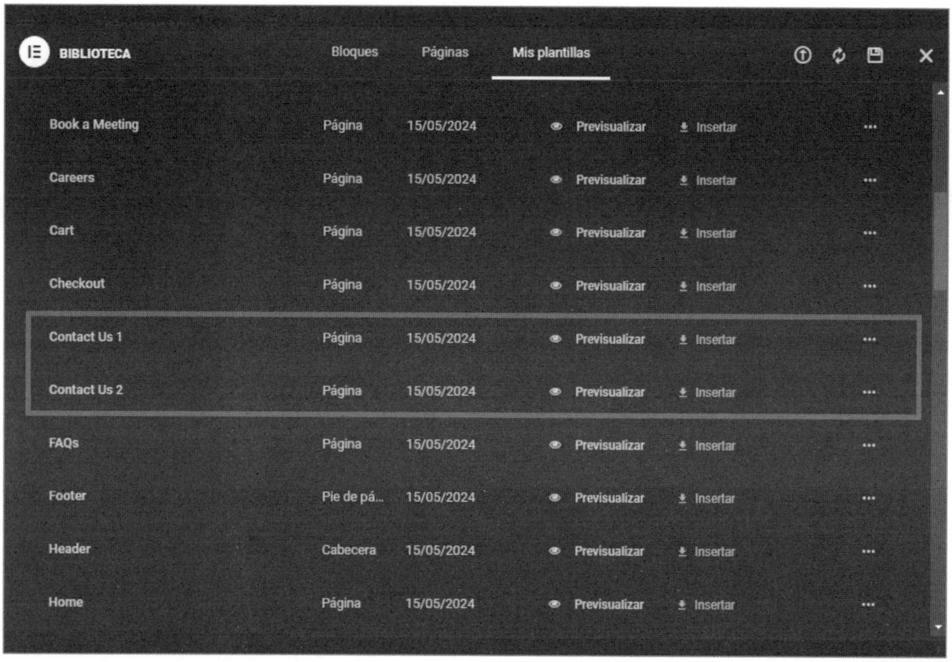

Figura 10.22. Varias plantillas de página de contacto incluidas en el *template kit*.

En mi caso, he decidido importar la plantilla **Contact Us 1**. Para hacerlo, solo tengo que hacer clic en el botón **Insertar** para realizar la carga de la plantilla.

A partir de aquí tenemos que personalizar la página para adaptarla a nuestras necesidades. En mi caso, le he dado la siguiente apariencia que puedes ver en la figura 10.23.

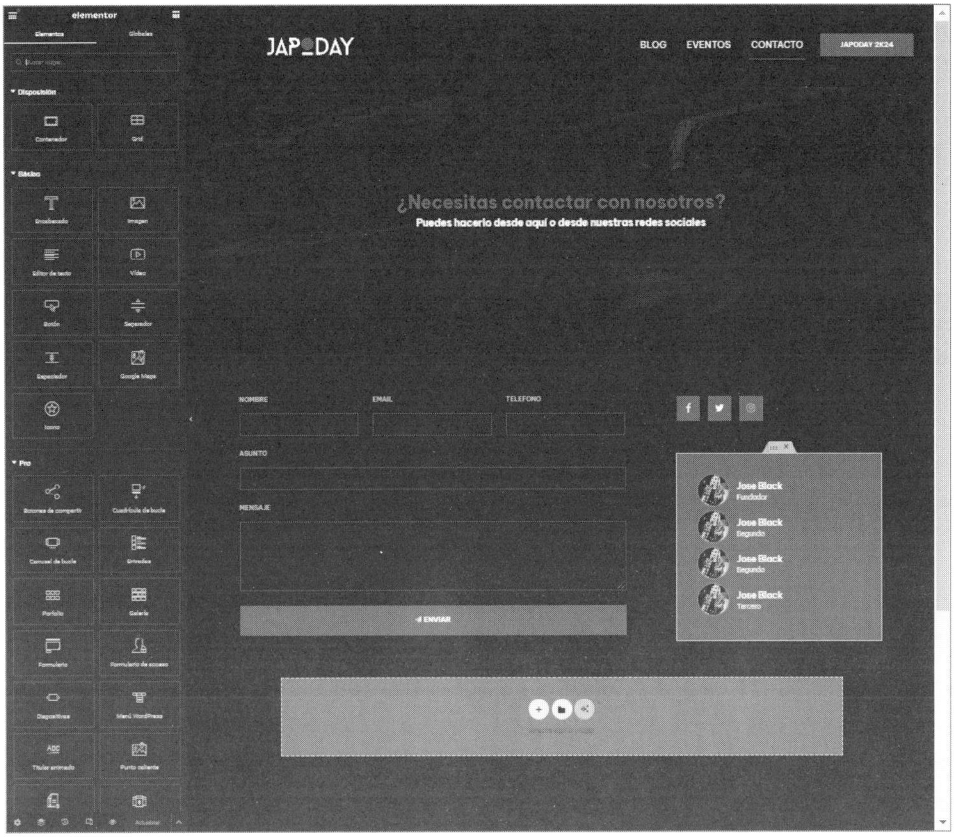

Figura 10.23. Página de contacto de ejemplo maquetada con Elementor.

Como ya he comentado, puedes colocar los *widgets* que tú quieras, con la disposición y configuración que necesites, ya que es una elección personal. Pero hay un *widget* para el que puedes requerir explicación: el formulario.

Para modificar la configuración del formulario, como en cualquier *widget* debemos hacer clic sobre él. En caso de que quieras insertar un formulario en lugar de editar un formulario como es mi caso, puedes hacerlo directamente arrastrando el *widget* Formulario.

Al hacer clic en el *widget* del formulario insertado para modificar su configuración, tendremos la vista del editor de campos, tal y como puedes ver en la figura 10.24.

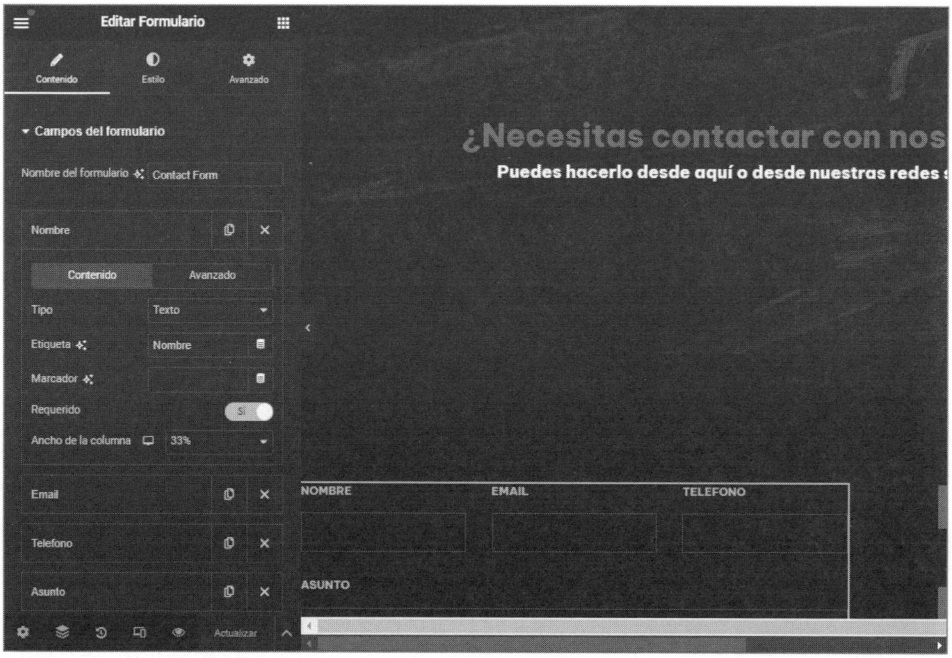

Figura 10.24. Editor de campos de formularios de Elementor.

Desde el panel de la izquierda que puedes ver en la figura 10.24 puedes modificar los campos del formulario, tanto a nivel funcionalidad como a nivel apariencia.

Desplegando cada campo puedes ver dos pestañas: Contenido y Avanzado.

En la pestaña Contenido podemos editar las opciones visuales junto con elegir el tipo de campo y si es requerido o no; sin embargo, en Avanzado podemos realizar algunos ajustes individuales de cada campo.

Al bajar por el panel de la izquierda, nos encontraremos algunas secciones colapsables más, tal y como puedes ver en la figura 10.25.

Vamos a explicar brevemente estas secciones colapsables:

- ✔ Botones: Desde esta sección podemos configurar tanto la apariencia como la disposición del botón de envío o del botón de siguiente paso y paso anterior. Normalmente, salvo que nuestro formulario sea por pasos, solo se usa el de envío.

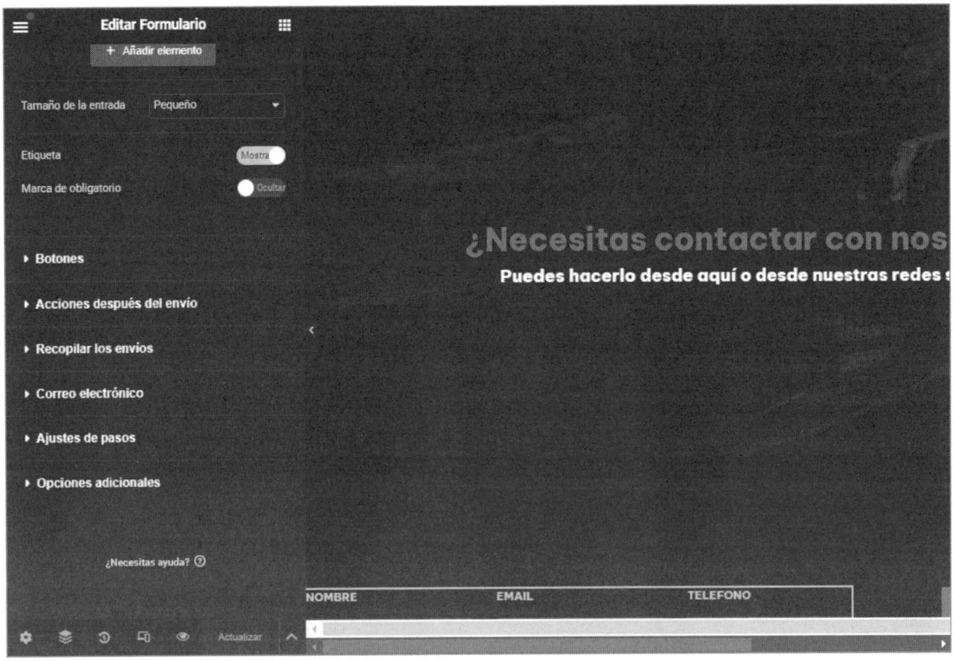

Figura 10.25. Configuración de formularios de Elementor Pro.

- ✓ **Acciones después del envío**: Esta es una de las partes más importantes de la configuración de formularios de Elementor. Desde aquí podemos elegir el comportamiento que tendrá nuestro formulario cuando el visitante haga clic en el botón de enviar.
- ✓ **Recopilar los envíos**: Podemos ver esta sección porque viene activada por defecto en la sección **Acciones después del envío**. Aquí no hay opciones, solo nos informa del lugar en la interfaz de Elementor donde vamos a poder ver los envíos realizados por los visitantes y guardados en la base de datos de WordPress.
- ✓ **Correo electrónico**: Desde aquí podemos configurar el email que se va a enviar a donde nosotros queramos con los datos introducidos por el visitante en nuestro formulario. De forma predeterminada se envía al email de administrador de la instalación WordPress.
- ✓ **Ajustes de pasos**: Nos permite elegir un par de opciones visuales que aplican a los formularios estructurados en pasos. No suele ser el caso de un formulario de contacto.

✔ **Opciones adicionales**: En esta sección nos encontraremos algunas opciones avanzadas y también la opción **Mensajes personalizados**, que si la activamos podremos personalizar los mensajes de verificación y error del formulario. Esto último es útil para traducir los mensajes al español.

Es necesario aclarar que pueden aparecernos más o menos opciones dependiendo de los *plugins* instalados y de las opciones que tengamos activas en la sección **Acciones después del envío**. En cualquier caso, siempre recomiendo dejar las opciones que aparecen por defecto en esta sección, ya que, aunque guardar en la base de datos y enviar un correo puede parecer un comportamiento muy básico, siempre podemos ir mejorando esta parte en el futuro.

En la figura 10.26 puedes ver la configuración de la sección **Correo electrónico**.

Figura 10.26. Configurar correo electrónico de destino en Elementor Forms.

Me gustaría subrayar la importancia de configurar correctamente la sección **Correo electrónico**, que puedes ver en la figura 10.26, especificando al menos la dirección a la que nos van a llegar los formularios enviados por los visitantes.

Maquetar una página con plantillas de secciones

Hasta el momento hemos visto cómo trabajar con plantillas de *template kit*, importando páginas completas y después realizando las modificaciones necesarias para dejar todo a nuestro gusto.

Pero existe otra forma de trabajar que puede ser similar a exportar e importar plantillas personalizadas, pero con las plantillas que nos traen los *template kits*.

Si nosotros nos vamos al *dashboard* de WordPress, concretamente a la sección **Plantillas** y dentro de la subsección **Plantillas guardadas**, nos vamos a encontrar el listado con todas las plantillas de Elementor guardadas en la instalación. Lo puedes ver en la figura 10.27.

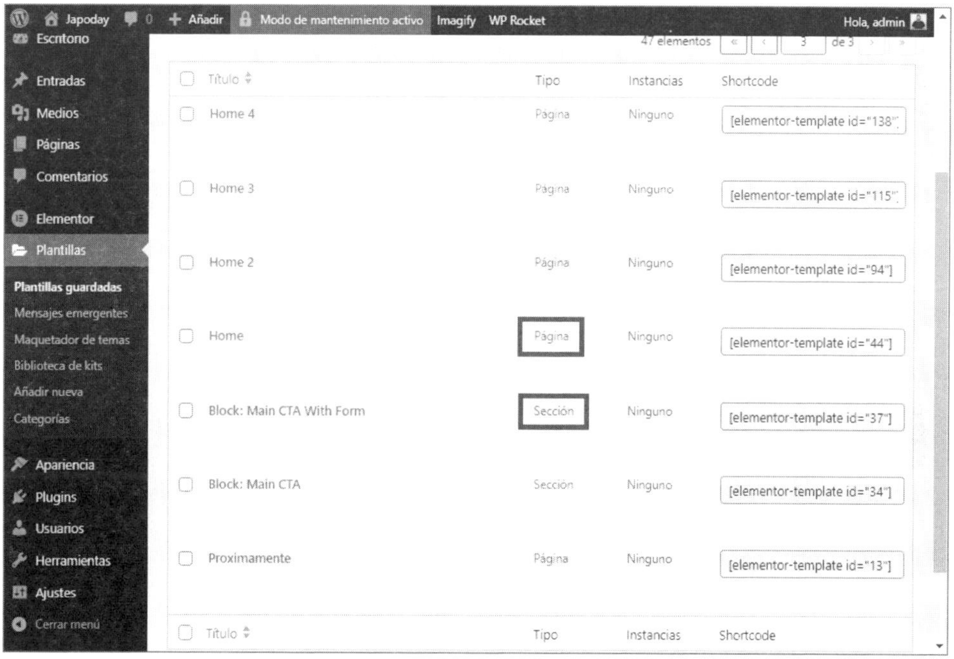

Figura 10.27. Listado de plantillas guardadas en Elementor.

En la figura 10.27 he marcado la diferencia entre distintos tipos de plantilla: **Página** y **Sección**.

Anteriormente, explicamos cómo maquetar páginas partiendo de una plantilla de página, pero existe otro camino.

Podemos montar nosotros mismos la página con plantillas de tipo `Sección`. Incluso podemos combinar este tipo de plantillas con "trabajo manual", aunque debemos tener cuidado con cumplir los estilos globales configurados para que la web tenga una apariencia profesional.

En este caso que he mostrado yo, este *template kit* solo trae dos plantillas de tipo `Sección`, el resto son de tipo `Página`, pero es suficiente para enseñarte la diferencia.

Para utilizar plantillas de tipo `Sección` podemos hacerlo de la misma forma que en el caso de las plantillas de `Página`. Recordemos que en el editor de Elementor siempre tenemos disponible este bloque con los tres botones al final del contenido, que puedes ver en la figura 10.28.

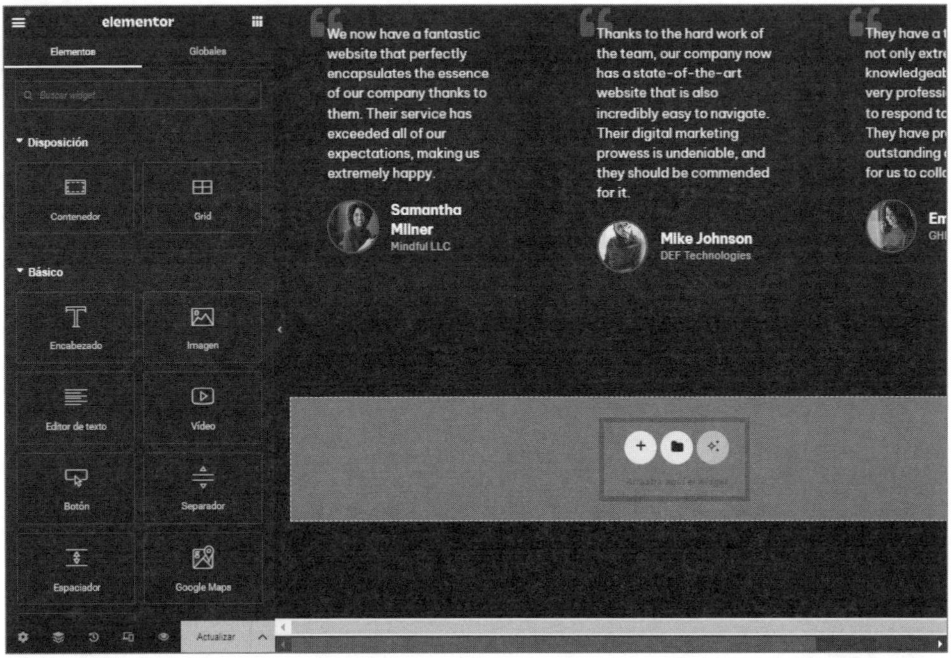

Figura 10.28. Función de añadir nuevo contenido en el editor de Elementor.

Como en el caso de las páginas, hacemos clic en el botón con el icono de la carpeta. Esto nos abrirá la ventana emergente donde podremos seleccionar una plantilla para utilizar.

Aunque Elementor tiene una biblioteca de bloques reutilizables para usar, nosotros vamos a ir a Mis plantillas.

Podemos filtrar por las plantillas de tipo Sección, tal y como puedes ver en la figura 10.29.

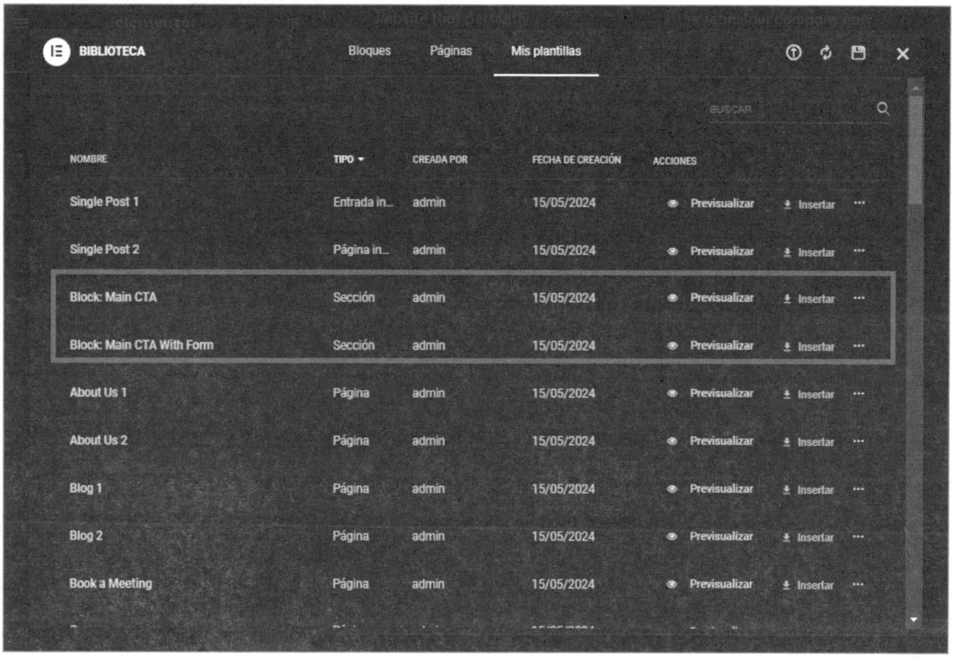

Figura 10.29. Plantillas de tipo Sección en Elementor.

En la pantalla que puedes ver en la figura 10.29 hacemos clic en el botón Insertar en la plantilla elegida.

Y con esto insertaremos el bloque en la página que ya estábamos editando.

Ahora, utilizando el editor de Elementor, haciendo clic y manteniendo sobre las opciones que tenemos encima del bloque, podemos arrastrar y soltar para colocar el bloque en el lugar que queramos dentro de la página. Puedes ver donde tienes que hacer clic en la figura 10.30.

Por defecto siempre se importará al final de la página, debajo de todo el contenido.

Figura 10.30. Ubicación sobre la que hacer clic en los bloques de Elementor para ordenar bloques.

Otras páginas y secciones de un sitio web normal

Hasta este momento ya hemos visto cómo maquetar partes comunes de la web, como la cabecera y el pie de página, y también hemos visto cómo maquetar páginas cargando una plantilla desde un *template kit*. Ahora vamos a explicar algunos casos distintos que se pueden dar al maquetar un sitio web.

Maquetar *pop-ups* o ventanas emergentes con Elementor

En este libro hemos mencionado varias veces las ventanas emergentes o *pop-ups*, pero ahora vamos a ver cómo crear este tipo de elemento usando Elementor.

Para crear, editar y configurar *pop-ups* en Elementor debemos ir al *dashboard* de WordPress, concretamente a la sección Plantillas y a la subsección Ventanas emergentes. Lo que te vas a encontrar puedes verlo en la figura 10.31.

Ahora para crear una nueva ventana emergente debemos hacer clic en el botón Añadir nueva Ventana emergente, que puedes ver en el centro de la pantalla.

También puedes utilizar el botón Añadir nueva plantilla que puedes ver arriba, pegado a la barra de administración de WordPress.

Al hacer esto abrimos un *pop-up* con dos campos, uno es un selector que de forma predeterminada tendrá seleccionada la opción Ventana emergente, y el otro es un campo donde debes poner el nombre que le quieres dar al *pop-up*. El nombre es algo personal y puedes ponerle el que quieras; el fin es identificar el *pop-up* en el listado.

Hacemos clic en el botón Crear plantilla y se nos abrirá el editor de Elementor. Como siempre que se abre el editor, nos mostrará una ventana emergente del propio Elementor con plantillas que podemos utilizar para maquetar un nuevo *pop-up*.

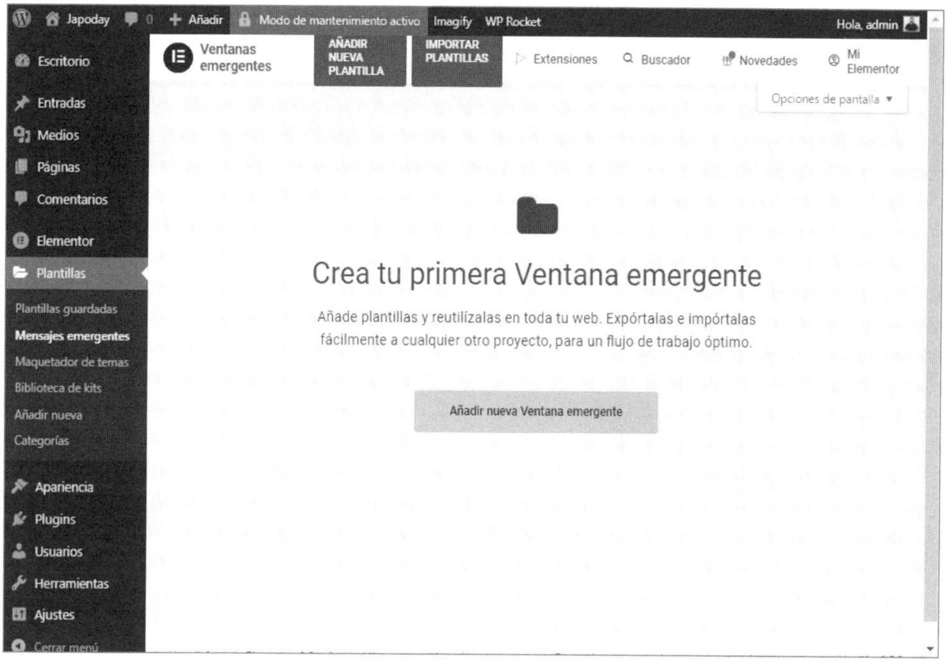

Figura 10.31. Gestor de ventanas emergentes o *pop-ups* en Elementor Pro.

Además, en la biblioteca de Elementor existen plantillas específicas para los *pop-ups*.

Independientemente de si usamos una plantilla o le damos forma nosotros mismos, el editor de Elementor es el mismo, aunque nos pone en situación, como puedes ver en la figura 10.32.

Si nos vamos al engranaje de abajo a la izquierda, justo donde hablamos de los ajustes de página en el capítulo 9, nos encontraremos un panel de opciones de la ventana emergente. Desde aquí podemos configurar el ancho y el alto de la ventana emergente, junto con algunas opciones de comportamiento y funcionalidad.

Pero, si queremos elegir dónde y cuándo se va a mostrar la ventana emergente, debemos hacer clic en el botón Publicar o Actualizar del editor de Elementor, con esto se nos abrirán los condicionales de visualización, los mismos que utilizamos en el Theme Builder para seleccionar dónde iba a visualizarse un elemento.

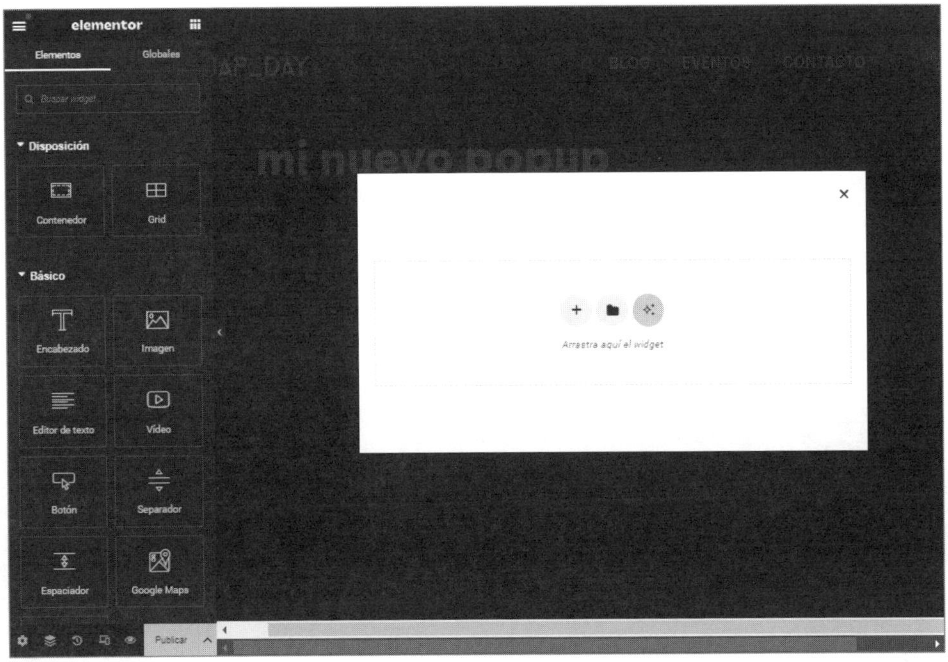

Figura 10.32. Editor de Elementor editando un *pop-up* o ventana emergente.

En el caso de las ventanas emergentes esta parte varía ligeramente, ya que en la pestaña **Disparadores** y en la pestaña **Reglas avanzadas** podremos configurar ciertos aspectos del comportamiento del *pop-up* que estamos creando. Esto puedes verlo en la figura 10.33.

Recuerda hacer un uso responsable de los *pop-ups* o ventanas emergentes, ya que en muchos casos la usabilidad de un sitio web se deteriora por el uso incontrolado de ventanas emergentes que dificultan la navegación y dañan completamente la experiencia del usuario.

Maquetar la página de error 404

Otro elemento que tienen todos los sitios web es la página de error 404, es decir, esa página que aparece cuando lo que buscas en el sitio web no existe.

En Elementor se puede personalizar la página de error 404 por defecto sin mayor complicación.

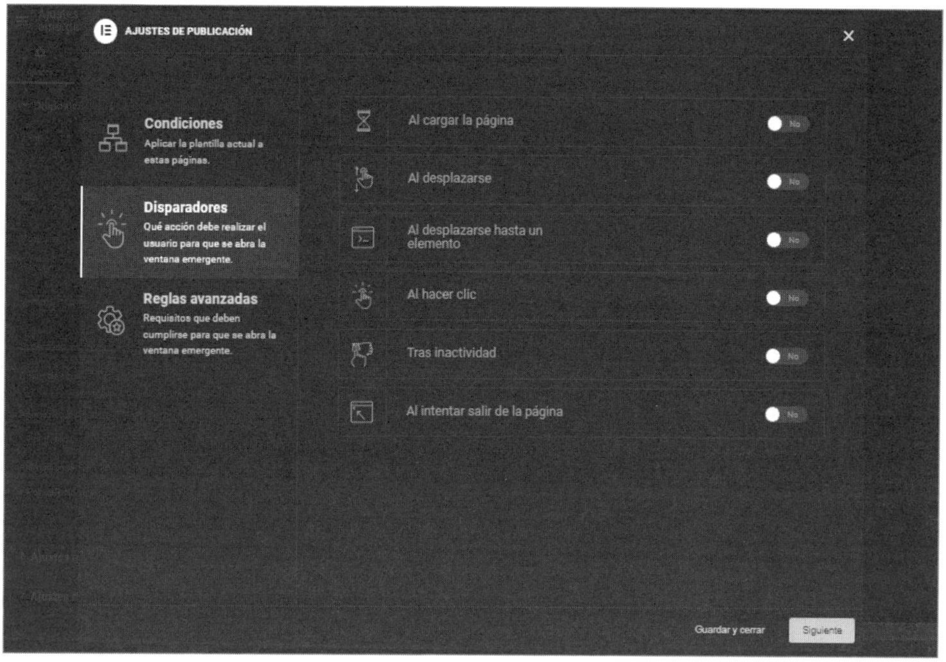

Figura 10.33. Editor de Elementor editando un *pop-up* o ventana emergente.

Todo lo que tenemos que hacer es dirigirnos al *dashboard* de WordPress e ir al Theme Builder o Maquetador de temas que se encuentra dentro de la sección Plantillas.

Ahora tenemos dos opciones: utilizar la plantilla del *template kit* o crear nosotros mismos una nueva página de error 404 haciendo clic en el botón Añadir nuevo.

En cualquier caso, con esto abriremos el editor de Elementor, desde donde podremos personalizar el error 404 con los *widgets* y opciones que queramos, ya que es algo personal, aunque lo ideal es que copies los elementos que tienen los 404 de otros sitios web.

Cuando lo tengamos maquetado, hacemos clic en el botón Publicar o Actualizar del editor de Elementor y esto nos abrirá la ventana emergente para seleccionar dónde queremos que se vea el contenido que acabamos de maquetar.

Hacemos clic en Añadir condición como en los casos anteriores y en el selector debemos seleccionar la opción Página 404. Esto puedes verlo en la figura 10.34.

Figura 10.34. Condicionales de visualización de Elementor Pro.

Hacemos clic en el botón Guardar y cerrar, que está abajo a la derecha, y con esto ya tendremos la página de error 404 configurada en nuestro WordPress.

Uso recursivo de plantillas y *shortcodes* en Elementor

Existe otro truco que podemos utilizar para hacer que nuestras maquetaciones sean modulares y con esto sea más fácil de modificar uno elemento en todo el sitio web. He dejado este tema para el final del capítulo porque puede que ser algo más difícil de entender. Sin embargo, vamos a intentar abordar este truco desde la parte práctica.

Para explicar esto, nos vamos a ir al *dashboard* de WordPress, concretamente a la sección Plantillas y a la subsección Plantillas guardadas.

Aquí tendremos tres tipos de plantillas guardadas. Con esto no hablo de las plantillas de página y sección que hemos explicado antes.

Realmente estoy hablando de que aquí se guardarán y saldrán listadas las plantillas que hemos importado mediante un *template kit*, las plantillas que se están mostrando en la web porque ya están configuradas y al mismo tiempo cualquier plantilla que tengamos en Elementor, aunque no esté siendo utilizada en la web.

¿Qué nos permite esto? Crear plantillas de secciones que posteriormente serán enlazadas mediante *shortcodes* o mediante el *widget* Plantilla.

En el capítulo 8 mencionamos los *shortcodes* y comentamos que eran etiquetas con parámetros proporcionadas por los temas. Esa información era aplicable a lo que estábamos explicando en ese momento, pero realmente el 50 % de los *plugins* que nos permiten insertar elementos en el sitio web tienen sus propios *shortcodes* y Elementor también lo permite.

El resumen es que, copiando los *shortcodes* que he marcado en la figura 10.35 y pegándolos en cualquier parte del sitio web WordPress donde podamos pegar texto, insertaremos ese elemento.

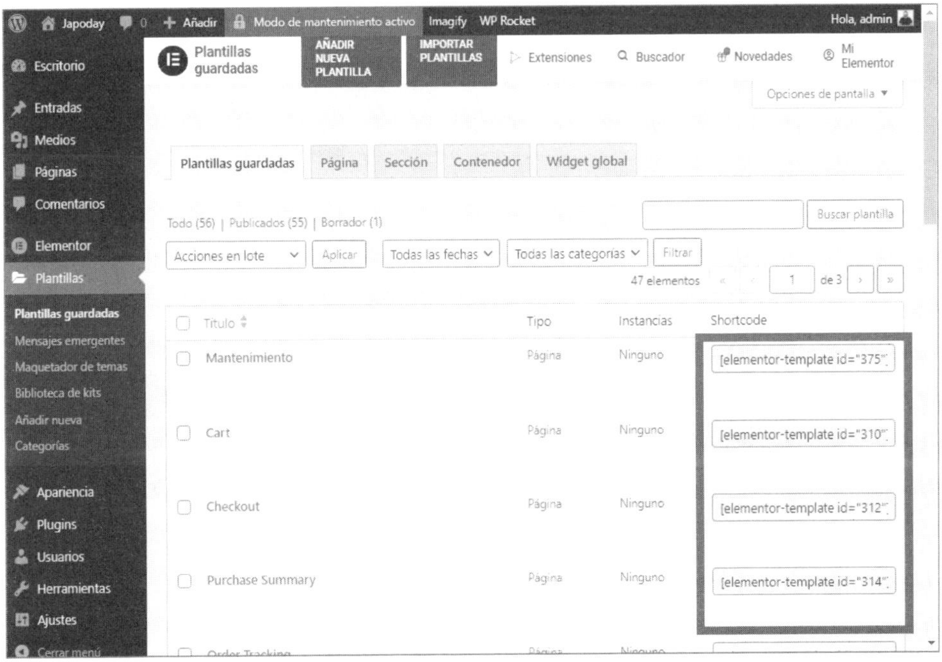

Figura 10.35. *Shortcodes* de Elementor.

Te dejo un pequeño ejemplo en la figura 10.36 con el editor clásico de WordPress.

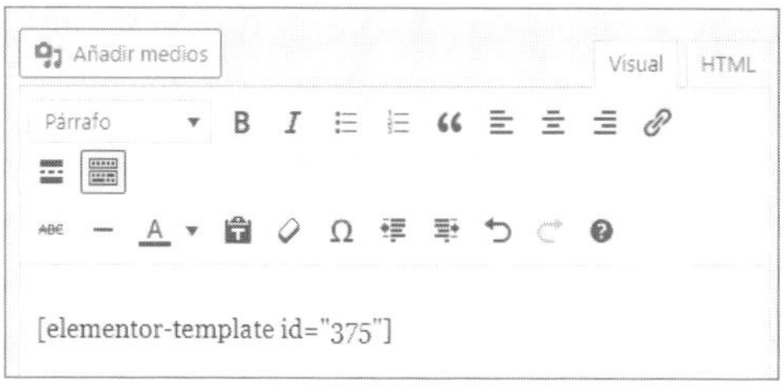

Figura 10.36. Editor clásico de WordPress con un *shortcode* insertado.

Si en lugar de *shortcodes* queremos utilizar el *widget* Plantilla para insertar cualquier plantilla dentro de otra maquetación podemos hacerlo con el editor de Elementor.

El *widget* Plantilla está en el catálogo nativo de Elementor y desde la configuración del *widget* podrás elegir la plantilla que quieres insertar del listado de Elementor. Esto puedes verlo en la figura 10.37.

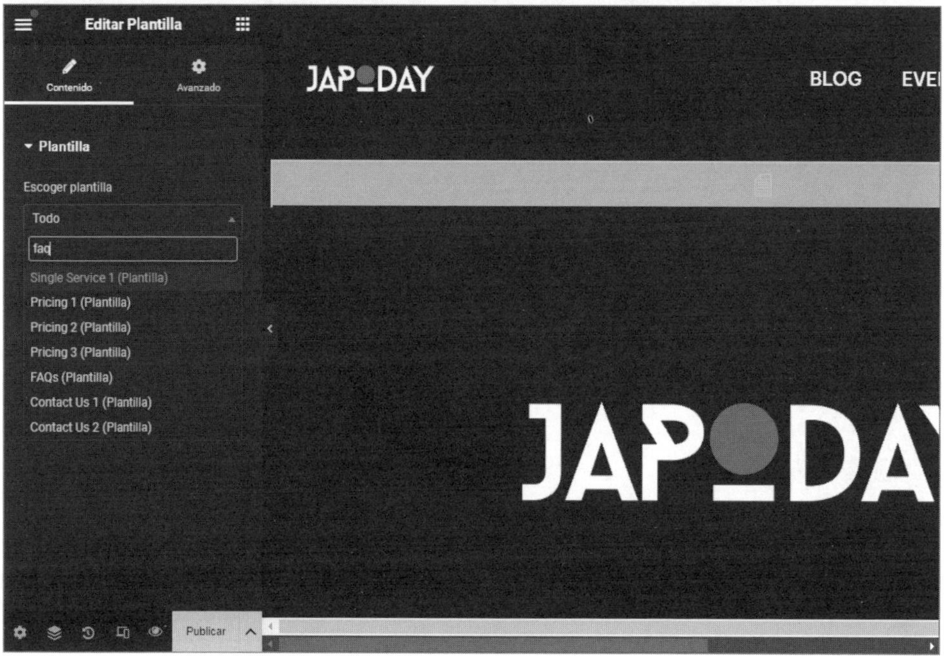

Figura 10.37. *Widget* Plantilla de Elementor.

Debes tener en cuenta que en este listado te aparecerán tanto plantillas sin personalizar del *template kit* como plantillas creadas y personalizadas por ti.

11 Crear un blog con WordPress y Elementor Pro

Aunque fue en el año 1993 cuando se dice que apareció el primer blog en Internet, los blogs empezaron a popularizarse junto con la web 2.0 de 2005 en adelante.

Este término nació en 1999 para ponerle un nombre a los sitios web que permitían a los visitantes interactuar con el sitio web, es decir, en el caso de los blogs, los comentarios.

Desde ese momento cualquier proyecto en Internet tiene al menos un blog donde se intenta aportar conocimientos y contenidos al visitante, con el fin de ganar autoridad ante los clientes potenciales o usuarios potenciales del sitio web.

Hoy en día, lo más común es que la mayoría de sitios web tengan un blog, y siendo WordPress un CMS que nació originalmente con la idea de crear blogs, pues no podía faltar este capítulo en este libro.

Vamos a ver cómo maquetar las distintas partes del blog usando Elementor Pro. Para esto vamos a utilizar como base la web con la que hemos trabajado hasta ahora como ejemplo.

Desde el punto de vista de WordPress, el sistema de blog está activo de forma predeterminada, no tenemos que hacer nada. Podemos empezar a meter contenido directamente; de hecho, yo siempre recomiendo meter al menos 3 o 4 artículos antes de empezar, aunque sean de prueba, con el fin de poder utilizar correctamente la vista previa.

> **Nota:** En el caso del blog, mi recomendación es que para añadir contenido a las entradas utilices el editor clásico de WordPress para este tipo de tareas; más si vamos a trabajar con Elementor, es preferible utilizar el editor clásico a utilizar Gutenberg.

Para esta tarea, cobra especial importancia el **Theme Builder** de Elementor, ya que es la herramienta que vamos a utilizar para darle forma a las plantillas que van a componer las distintas partes del blog.

Como he mencionado previamente, lo primero que recomiendo es crear un par de entradas con contenido, ya sea con contenido de ejemplo o con contenido real. Lo importante es tener algo que mostrar en el sitio, con imágenes incorporadas en el contenido y, si es posible, con una imagen destacada en cada artículo.

Para esto nos vamos al *dashboard* de WordPress y, en la sección **Entradas**, vamos a hacer clic en el botón **Añadir una nueva entrada**.

Ahora debes rellenar con contenido de ejemplo en caso de que no tengas ya varios artículos preparados. Para la vista previa de la maquetación nos sirve con un título, un par de párrafos y la imagen destacada.

Para esto hay tres opciones:

- ✔ La primera es que escribas cosas inventadas rápidamente y que subas una imagen destacada que tengas por ahí, pero puede ser una tarea un poco desesperante.
- ✔ La segunda opción es que utilices un servicio que genere "*Lorem Ipsum*", es decir, un generador de texto de ejemplo, o que utilices ChatGPT o alguna IA para generar algo de contenido de ejemplo. En cuanto a la imagen, puedes utilizar una que tengas por ahí.
- ✔ La última opción es utilizar un *plugin*. Puedes buscar distintos *plugins* para generar contenido de ejemplo buscando en el repositorio oficial por "*Lorem Ipsum*" o por "*Example Content*".

Hoy por hoy, a mí me gusta generar el contenido con una IA como ChatGPT y, en cuanto a la imagen destacada, busco una cualquiera por Internet.

La idea es tener algo similar a lo que puedes ver en la figura 11.1.

Figura 11.1. Editar un artículo con el editor clásico de WordPress.

En la figura 11.1 he marcado los tres elementos que debemos rellenar para poder utilizar este artículo para la vista previa.

Para publicar el *post* o artículo, tan solo debemos hacer clic en el botón **Publicar**, que se encuentra en el bloque **Publicar** arriba a la derecha en el editor clásico de WordPress.

Nota: Recuerda, los artículos del blog debemos maquetarlos con el editor clásico y no con un *pagebuilder* o maquetador para evitar los problemas que podemos tener si por cualquier razón tenemos que desactivar el *pagebuilder*.

Ahora tienes que realizar esto varias veces, entre 3 y 4 veces es suficiente. En mi caso ya tengo tres artículos cargados de ejemplo con sus imágenes destacadas, como se ve en la figura 11.2.

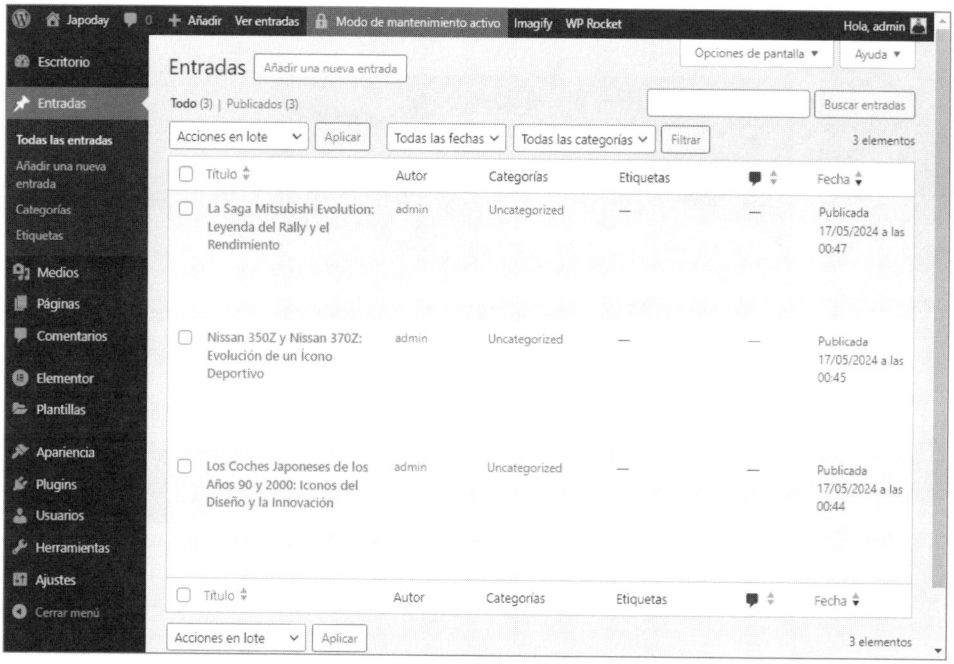

Figura 11.2. Listado de artículos de WordPress.

Recuerda que, si ya tienes el contenido definitivo, puedes utilizar el contenido definitivo para esta tarea. Al final, el objetivo es simplemente tener algo que se pueda visualizar en la vista previa de Elementor al maquetar.

Una vez que tenemos esto, podemos empezar con la maquetación de las distintas partes del blog.

Nota: Al igual que en el resto de partes de la web maquetadas con Elementor, en el blog también debemos realizar los ajustes en la maquetación para que se visualice correctamente en *smartphone* y *tablet*.

Maquetar el listado de artículos

Vamos a empezar por la plantilla que se va a mostrar en el listado de artículos.

Para esto, debemos dirigirnos al *dashboard* de WordPress, concretamente a la sección Plantillas y, dentro de esto, al Maquetador de temas.

Ahora buscamos Archivo en la columna de la izquierda y podremos ver que, en este caso, el *template kit* elegido ya tiene una plantilla para listado de artículos. Esta puede ser utilizada tanto para el listado principal como para las categorías, ya que solo cambia un *widget*.

En este primer caso, vamos a crear una nueva plantilla de archivo para que veas cómo se hace y, un poco más adelante, cuando creemos la plantilla de categoría, vamos a utilizar la plantilla importada con el *template kit*.

También es importante destacar que la mayoría de *template kits* traen una plantilla de Archivo para utilizarla con los listados de artículos.

Empezamos haciendo clic en Añadir nuevo, el botón que está arriba a la derecha en la pantalla que se muestra en la figura 11.3.

Al hacer clic en el botón se nos abrirá como siempre la ventana emergente con plantillas, pero en este caso vamos a cerrar la ventana con la cruz que está arriba a la derecha.

Tendremos delante el editor de Elementor listo para arrastrar *widgets*.

Una ventaja de editar plantillas con el Theme Builder o Maquetador de temas de Elementor es que los *widgets* que aparecen arriba de todo del panel de *widgets* de la izquierda son circunstanciales, es decir, Elementor nos muestra arriba los *widgets* que cree que podemos utilizar basándose en el elemento o parte de la web que estamos editando.

En este caso, vamos a arrastrar el *widget* Archivo de entradas al lienzo. Puedes ver el *widget* ya arrastrado en la figura 11.4.

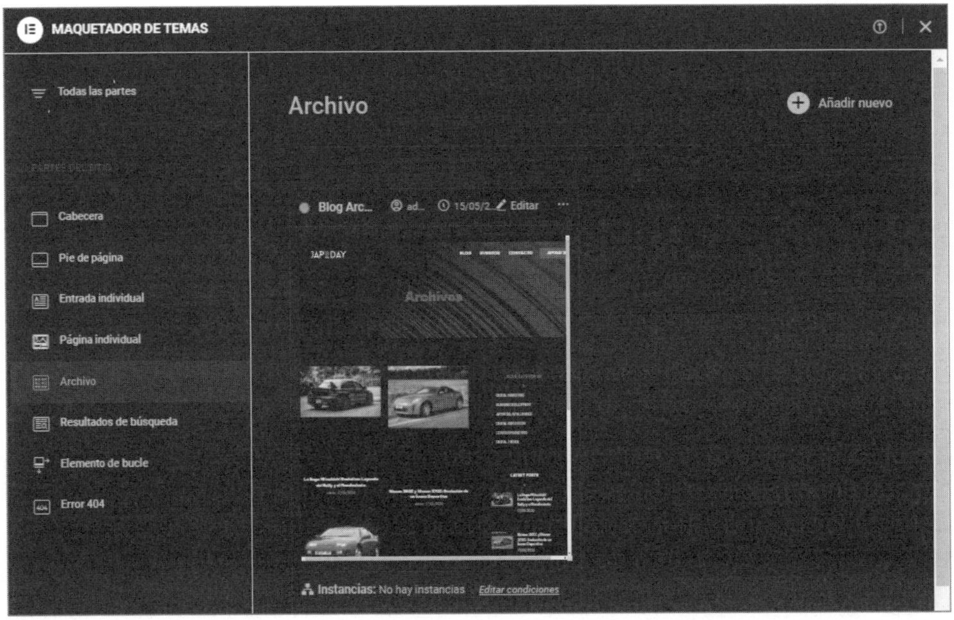

Figura 11.3. Plantilla de archivo con Elementor.

Figura 11.4. *Widget* Archivo de entradas de Elementor.

Ahora podemos personalizar toda la configuración del *widget* para adaptar la apariencia y el estilo a nuestro gusto.

Nos dejará elegir qué campos se mostrarán, en cuántas columnas, si se van a páginas los elementos o no, etc. No existe una configuración que sea mejor que otra, ya que lo que importa es que la adaptes a tus gustos y necesidades.

Al igual que la gran mayoría de *widgets*, Archivo de entradas también tiene tres pestañas para realizar su configuración.

Podemos arrastrar más *widgets* para personalizar la plantilla, pero he querido explicar Archivo de entradas porque es el principal en esta parte de la web.

Existe otra forma más avanzada de personalizar todavía más el listado: utilizar un tipo de plantilla llamado Bucle.

La idea de las plantillas Bucle es simple: nosotros personalizamos el elemento individual del listado y después usamos el *widget* de Cuadrícula de Bucle para mostrar el elemento repetido las veces que haga falta. En la figura 11.5 puedes ver la edición individual.

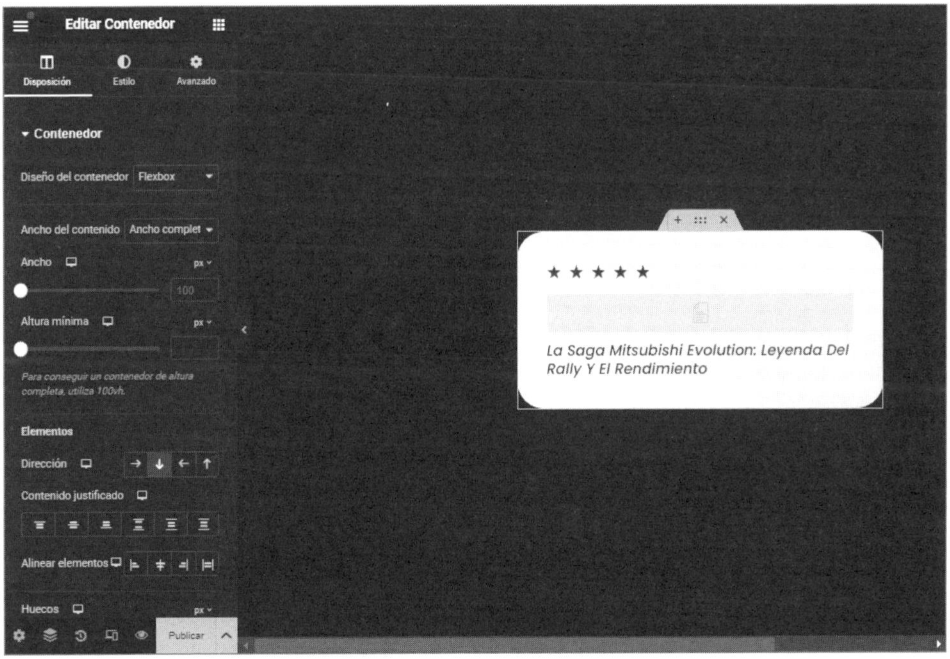

Figura 11.5. Editar plantilla Bucle en Elementor.

Posteriormente cuando utilizamos el *widget* Cuadrícula de Bucle podemos seleccionar la plantilla Bucle creada previamente y ajustar la funcionalidad del listado de entradas que estamos configurando, pero debemos hacerlo con la apariencia previamente configurada de forma individual, que nos permite ser más flexibles con la personalización. Puedes ver esto en la figura 11.6.

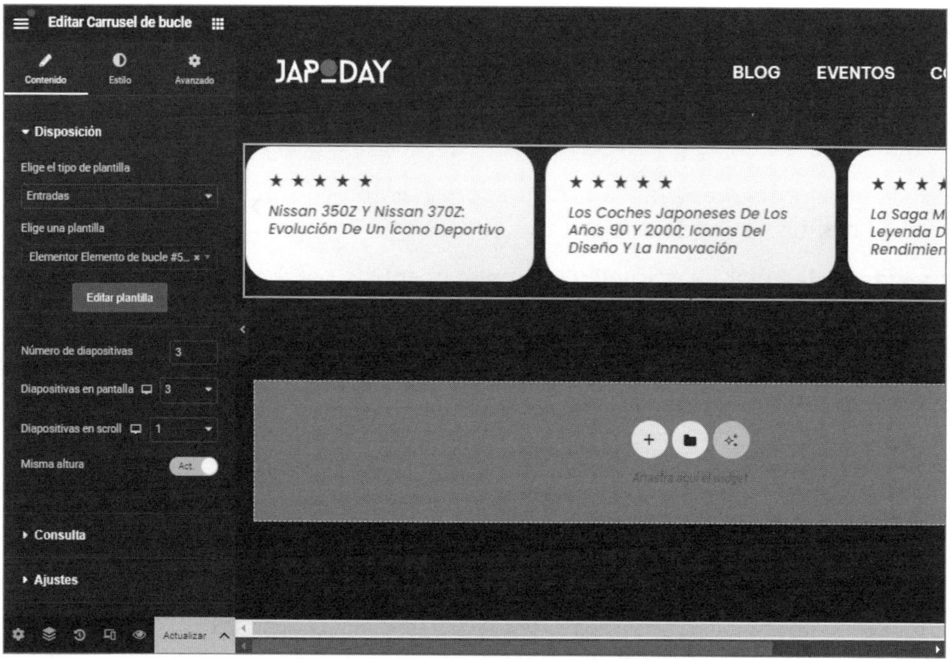

Figura 11.6. Editar *widget* Cuadrícula de Bucle en Elementor.

La mayoría de los *template kits* que existen para Elementor no trabajan con plantillas de bucle, por eso he preferido hablar en un principio del *widget* Archivo de entradas en lugar de Bucle.

Cuando tengamos la apariencia a nuestro gusto debemos hacer clic en el botón Publicar y, como en todos los casos anteriores explicados en este libro, podremos configurar con condicionales dónde se va a mostrar esta plantilla.

Hacemos clic en el botón Añadir condición y podremos seleccionar varias opciones en el desplegable. Como esta plantilla solo la vamos a utilizar para el listado principal de artículos, vamos a seleccionar la opción Archivo de entradas, que puedes ver en la figura 11.7.

Figura 11.7. Condicional de plantilla de archivos en Elementor Pro.

Después de esto, hacemos clic en el botón Guardar y salir para guardar los cambios.

> Nota: Con este sistema de condicionales podemos configurar una plantilla para que se muestre en varias partes de la web. Por ejemplo, podemos configurar una plantilla de listado de artículos para que se muestre tanto en las categorías como en el listado principal.

Una vez hecho esto, vamos a configurar la página de blog en WordPress.

Para hacer esto, debemos crear una página llamada Blog desde el listado de páginas en la sección Páginas del *dashboard* de WordPress. Esto no tiene ninguna complicación, ya lo hemos hecho anteriormente para la página de inicio y la página de contacto.

En este caso vamos a crear una página llamada Blog y la vamos a dejar vacía.

Ahora, en el *dashboard* de WordPress, nos vamos a dirigir a la sección **Ajustes** y a la subsección **Lectura**.

En la parte de arriba del panel de opciones, nos vamos a encontrar una sección llamada **Tu página de inicio muestra**, como la que puedes ver en la figura 11.8.

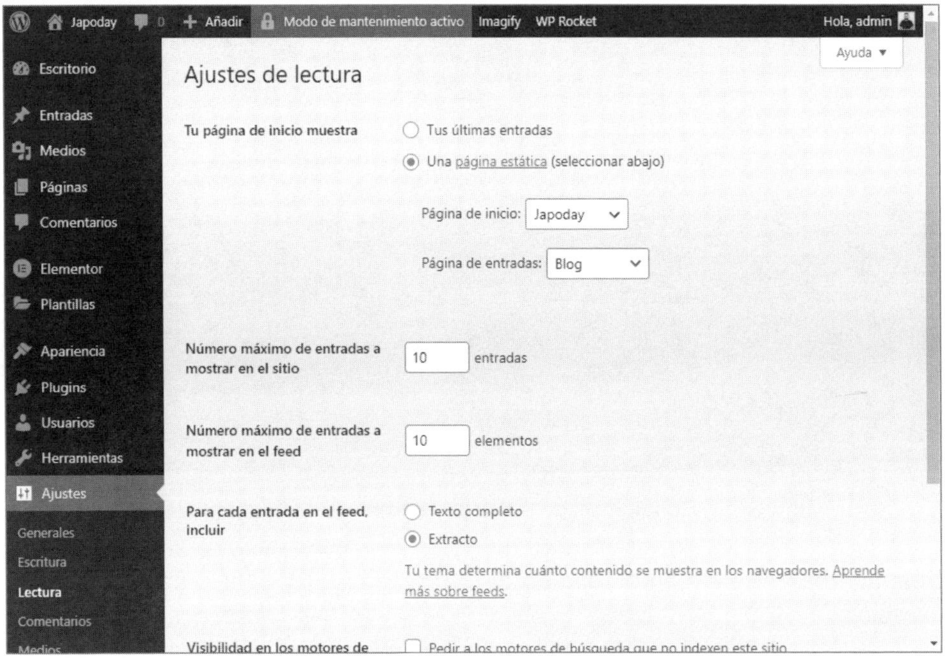

Figura 11.8. Configuración de páginas de WordPress.

Esta sección la vimos en el capítulo 5, pero en este caso vamos a utilizarla de forma práctica para configurar nuestra página de blog.

Si tenemos marcada la opción **Tus últimas entradas**, WordPress mostrará en la página de inicio de nuestra web el listado que acabamos de maquetar con Elementor, aunque eso no es lo que buscamos en este caso.

Antes hemos creado una página de blog y la hemos dejado vacía. Dejando marcada la opción **Una página estática (seleccionar abajo)**, que hemos configurado en capítulos anteriores, vamos a usar el seleccionable **Página de entradas** para seleccionar la página **Blog** que acabamos de crear.

Una vez hecho esto, nos deslizamos hasta el fondo del panel de opciones y hacemos clic en el botón **Guardar cambios**.

Con esto, ya tendremos el listado de entradas de nuestro blog listo; podrás verlo utilizando la URL de la página llamada **Blog** que hemos creado durante el proceso. En este ejemplo le he llamado **Blog**, pero puedes ponerle el nombre que tú quieras a la página en cuestión.

Maquetar la plantilla de artículo individual

Otra parte muy importante que debemos maquetar es la forma en la que se ve el contenido de cada artículo del blog.

Para hacer esto volvemos al **Theme Builder** o **Maquetador de temas** de Elementor desde el *dashboard* de WordPress y buscamos **Entrada individual** en el listado de partes del sitio que puedes ver en la figura 11.9.

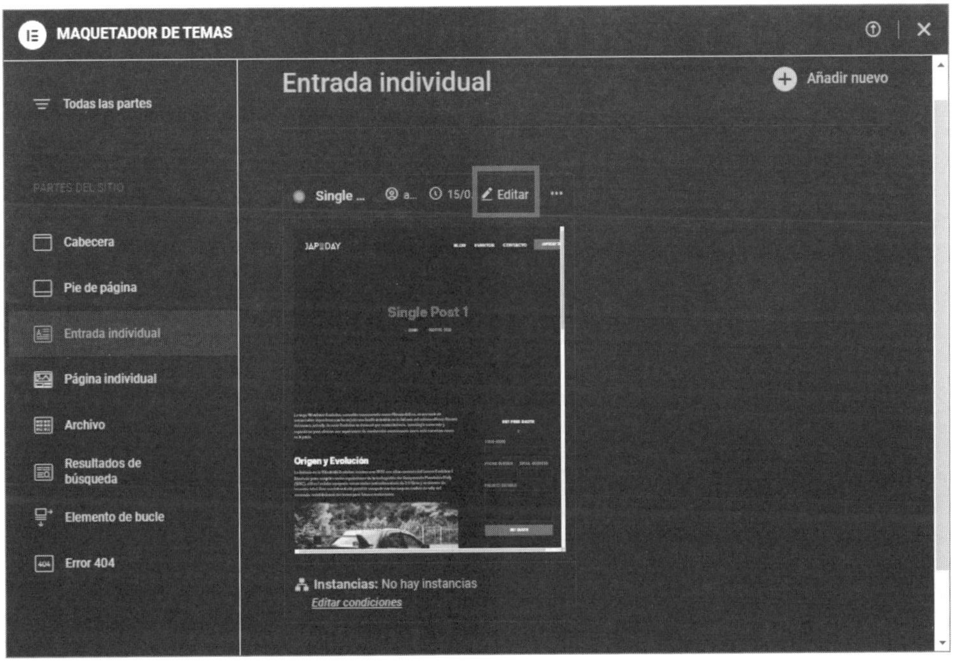

Figura 11.9. Plantillas de **Entrada individual** en el **Theme Builder** de Elementor.

En este caso, la mayoría de los *template kits* también traen una plantilla **Entrada individual** para poder darle forma a los contenidos del blog.

En este caso, voy a utilizar la plantilla proporcionada por el *template kit* y para personalizarla vamos a hacer clic en el botón **Editar**, que he marcado en la pantalla mostrada en la figura 11.9.

Ahora debemos personalizar y adaptar la apariencia de esta plantilla a nuestros gustos y necesidades. Pero, antes de continuar, quiero enseñarte los *widgets* de este tipo de plantilla, los principales son estos dos:

- ✔ Título de la entrada.
- ✔ Contenido de la entrada.

Pero, como puedes ver en la figura 11.10, el editor de Elementor nos va a mostrar en la parte de arriba los *widgets* recomendados o específicos para este tipo de plantilla que estamos editando.

Figura 11.10. *Widgets* del editor de Elementor para la plantilla **Entrada individual**.

Dentro de cada uno de estos *widgets* podemos ajustar la parte de visual y algunas funcionalidades.

No tienes por qué utilizar todos los *widgets*. Los básicos son los dos que te mencioné anteriormente. El resto son totalmente opcionales, aunque algunos, como la Caja de autor y Comentarios de entradas, son muy recomendables por temas de usabilidad.

Al editar una plantilla previamente creada, debemos activarla. Puede que al hacer clic en el botón Actualizar, que podemos ver en la figura 11.10 abajo a la izquierda, no nos aparezcan los condicionales de visualización de Elementor. En este caso, debemos hacer clic en la flecha hacia arriba que hay a la derecha del botón Actualizar, que puedes ver en la figura 11.11.

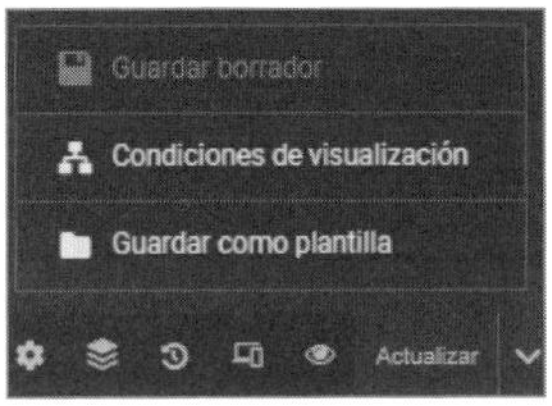

Figura 11.11. Botón Actualizar y condicionales de visualización.

Con esto ya podremos ver la ventana emergente en la que debemos elegir para qué se utilizará esta plantilla que estamos personalizando.

En la figura 11.12 podemos ver todas las opciones que nos da el desplegable de condiciones de visualización.

Si vas a crear una plantilla para los artículos y otra plantilla para las páginas que no se vayan a maquetar con Elementor, sino con el editor clásico, puedes seleccionar Entradas en el desplegable.

Si no tienes intención de crear una plantilla para páginas como los textos legales de la web, puedes dejar marcada la opción Todas las únicas en el desplegable.

Como siempre, para guardar cambios debemos hacer clic en el botón Guardar y cerrar, que está abajo a la derecha.

Con esto ya tendremos la plantilla donde se mostrará el contenido de los artículos lista y creo que podemos decir que las dos partes más importantes de un blog ya las tenemos.

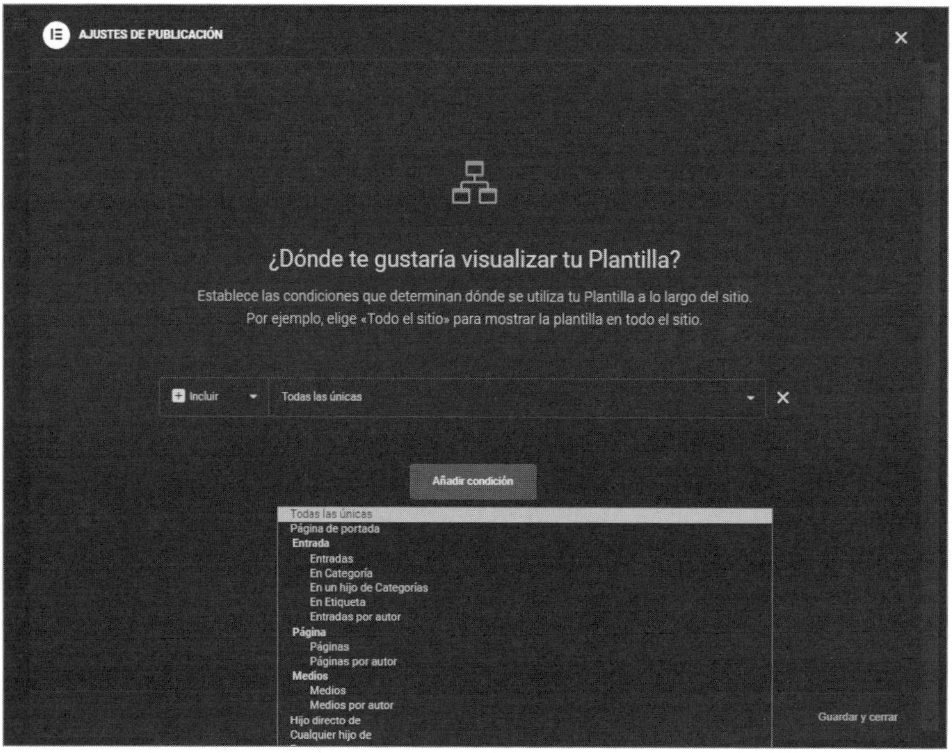

Figura 11.12. Condiciones de visualización para entrada individual.

Maquetar la plantilla de listado para las categorías

Como ya he comentado, el listado de artículos de las categorías es muy similar al utilizado para el listado principal.

En este caso, vamos a utilizar una plantilla importada en el *template kit* y para esto nos vamos a ir al Theme Builder o Maquetador de temas de Elementor. Ahora en las plantillas de tipo Archivo nos va a aparecer la plantilla del listado principal que acabamos de crear y la plantilla importada en el *template kit*. Esto puedes verlo en la figura 11.13.

Para que veas un ejemplo diferente, vamos a abordar las cosas desde otro ángulo distinto.

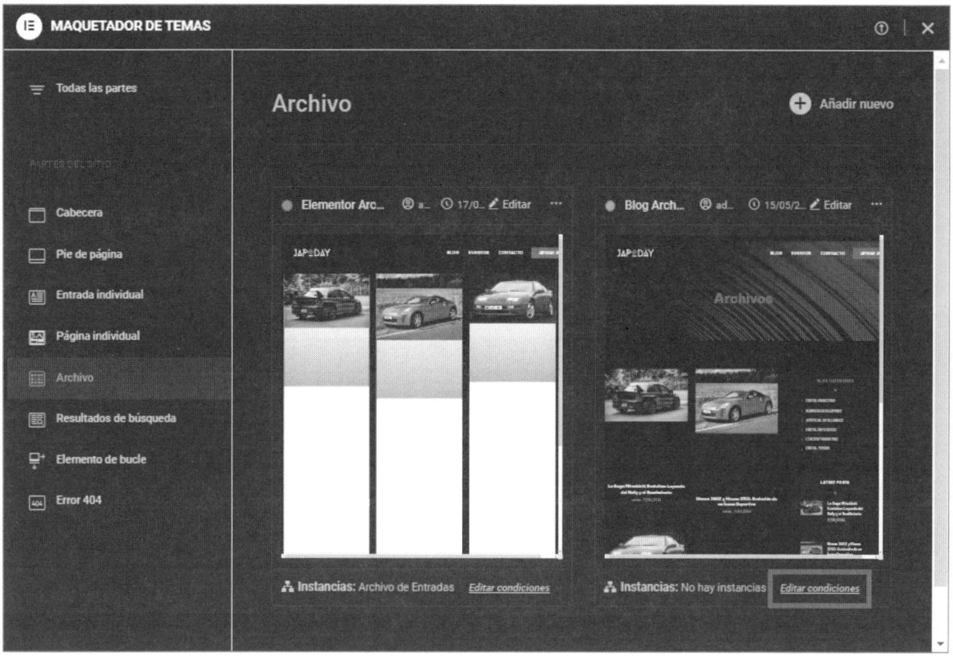

Figura 11.13. Plantillas de archivos en el Theme Builder de Elementor.

Imagínate que quiero utilizar esta plantilla importada por el *template kit*, pero sin modificarla. Simplemente tendría que hacer clic en el botón Editar condiciones, que he marcado en la figura 11.13.

Al hacer esto, podremos ver los condicionales de visualización directamente sin pasar por el editor de Elementor. Esto puedes verlo en la figura 11.14.

En los condicionales mostrados en la figura 11.14, seleccionamos Categoría y hacemos clic en el botón de abajo a la derecha Guardar y cerrar.

Con esto tendremos la plantilla configurada directamente para que se utilice en todas las categorías del blog.

Podemos comprobar si se visualiza correctamente entrando al *dashboard* de WordPress, a la sección Entradas y en la subsección Categorías. Desde ahí podremos acceder al enlace de visualización de las categorías en la parte pública de la web.

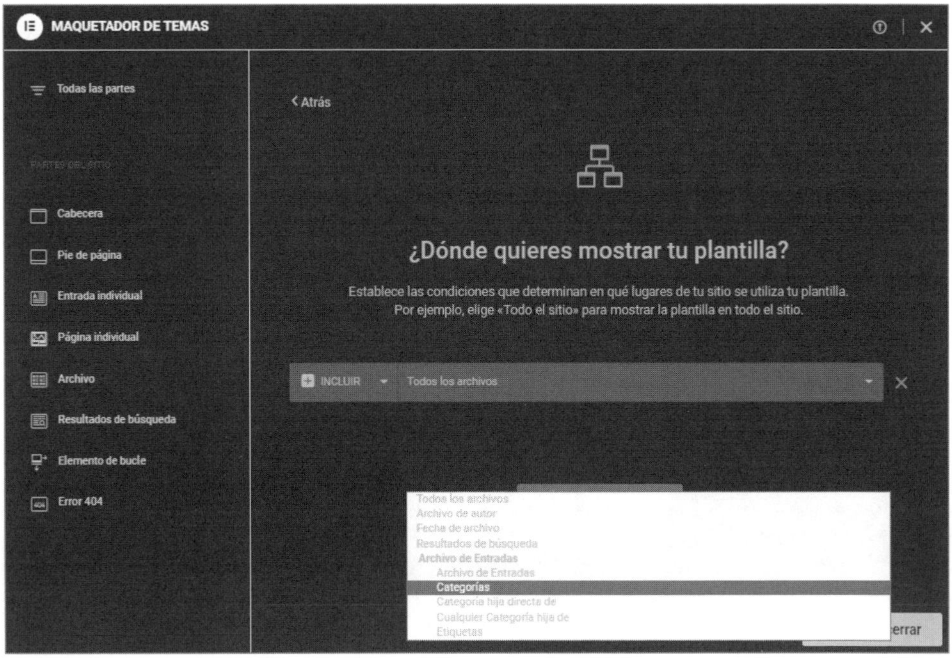

Figura 11.14. Condicionales de visualización de Elementor.

Maquetar la plantilla de resultados de búsqueda

Por último, vamos a mostrar cómo configurar la plantilla que mostrará los resultados de búsqueda del buscador.

La mayoría de los blogs que existen en Internet tienen buscador, y te sorprenderías con la cantidad de gente que lo utiliza para encontrar contenidos en sus blogs favoritos.

El buscador de WordPress es muy simple, está formado por dos partes. Por un lado, tenemos el formulario de búsqueda y por otro lado los resultados de búsqueda.

Con Elementor podemos poner un formulario de búsqueda en cualquier parte de la web, tan solo debemos utilizar el *widget* `Formulario de búsqueda`, que puedes ver en la figura 11.15.

Figura 11.15. *Widget* Formulario de búsqueda en Elementor.

Con este formulario, ya tendremos la primera parte del buscador.

Ahora debemos ir al Maquetador de temas o Theme Builder de Elementor y vamos a ir a la sección Resultados de búsqueda en el panel de la izquierda llamado Partes del sitio.

En mi caso, esta parte está vacía porque el *template kit* que he importado no trae esta plantilla. No pasa nada; vamos a crear una nueva plantilla haciendo clic en el botón Añadir nuevo, que hay arriba a la derecha en la figura 11.16.

Como siempre, se nos abrirá una ventana emergente con plantillas de ejemplo que podemos utilizar para maquetar. En este caso cerramos la ventana emergente con la X que hay arriba a la derecha.

Como puedes ver en la figura 11.17, el editor de Elementor se configura de una forma muy parecida a cuando estábamos creando la plantilla para los listados de artículos, ya que realmente los resultados de búsqueda son listados de artículos que cargan diferentes elementos dependiendo del contexto.

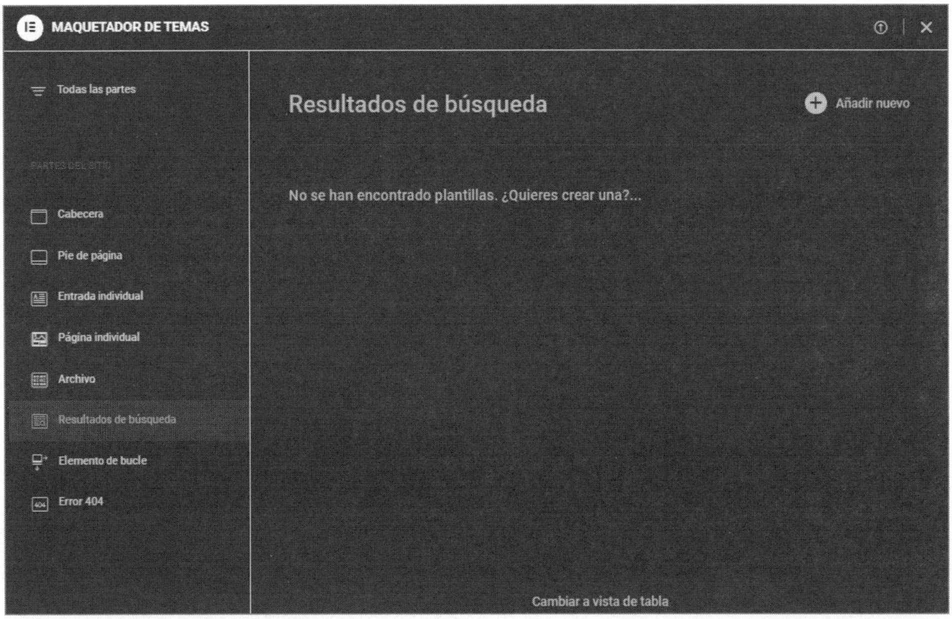

Figura 11.16. Plantillas Resultados de búsqueda en el Theme Builder de Elementor.

Figura 11.17. Editor de Elementor editando una plantilla de resultados de búsqueda.

De la misma forma que en el caso del listado principal de artículos y del listado de las categorías, en este caso también podemos elegir entre usar el *widget* Archivo de entradas o utilizar Cuadrícula de Bucle, maquetando previamente el elemento individual evidentemente.

Recuerda que puedes ponerle tantos *widgets* como quieras a este tipo de plantillas, pero siempre debes tener los básicos, en este caso el básico es el que muestra los elementos que el usuario está buscando.

12 *Plugins* y últimos detalles de tu nuevo sitio web

Hemos llegado al capítulo final de este libro. Un capítulo donde vamos a hablar de *plugins* y también de las últimas pinceladas que te recomiendo darle a tu sitio web antes de hacerlo público.

En este capítulo ya vamos a explicar cosas algo más complejas, pero trataremos de simplificarlas al máximo para que puedas ir aprendiendo a tu ritmo.

Evidentemente, se podría seguir explicando más y más cosas, pero el número de páginas que puede tener un libro es finito. Además, hay ciertas cosas que son mucho más difíciles de explicar por escrito que a través de un vídeo.

Por esta razón, antes de continuar con el capítulo, te recomiendo que, si te gusta lo que has visto hasta aquí y quieres seguir aprendiendo cosas sobre WordPress, visites esta dirección URL con algunos recursos para que puedas seguir aprendiendo: `https://raiola.link/seguir-formandome-con-alvaro`.

Desactivar el modo mantenimiento en nuestro sitio web

Teóricamente, al llegar a este punto, ya tenemos nuestro sitio web maquetado y listo para que los visitantes puedan acceder a él.

Por otro lado, vamos a realizar los últimos ajustes en nuestro sitio web. Para ello, antes de nada, debemos desactivar el modo mantenimiento que hemos activado anteriormente utilizando una funcionalidad de Elementor.

Vamos a ir al *dashboard* de WordPress y vamos a hacer clic en la zona roja llamada **Modo de mantenimiento activo** en la barra superior del panel de administración.

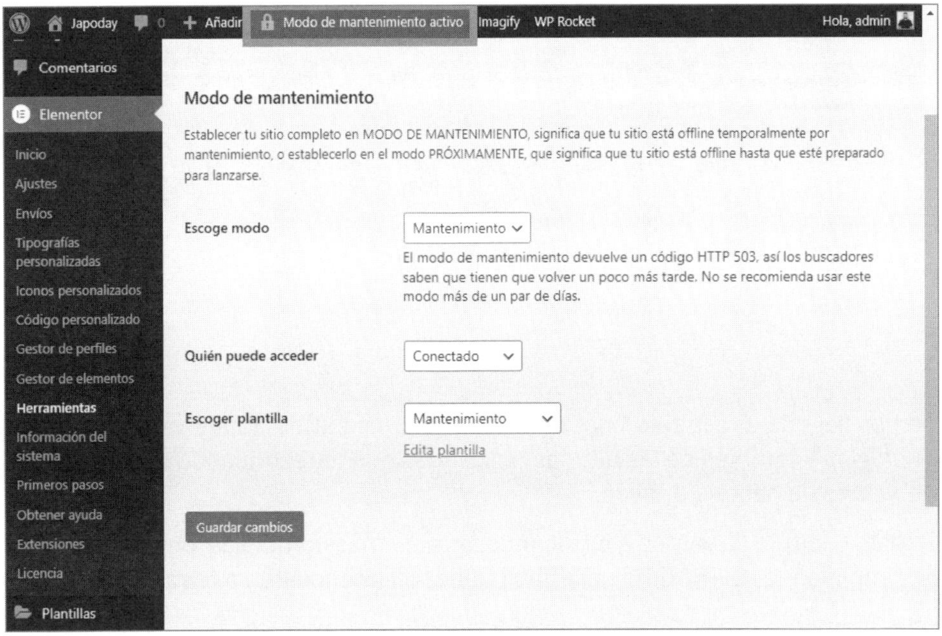

Figura 12.1. Desactivar modo mantenimiento con Elementor en WordPress.

En dicha figura también puedes ver las opciones del modo mantenimiento que aparecen al hacer clic sobre el área **Modo de mantenimiento activo** de la barra superior.

En el selector **Escoge modo** debes marcar la opción **Desactivado**, después de esto hacemos clic en el botón **Guardar cambios** y el modo mantenimiento será desactivado. A partir de este momento los visitantes podrán acceder a nuestro sitio web y nosotros podremos continuar con los últimos ajustes.

Optimizar la velocidad de carga de una web WordPress

Hemos llegado a una parte del libro que particularmente me encanta. Vamos a explicar de manera sencilla cómo mejorar la velocidad de carga de una web creada con WordPress.

El mundo de la optimización de la velocidad de carga es muy amplio y podría dar para un libro más, pero en este caso vamos a explicar lo imprescindible de forma simple y fácil.

Las técnicas utilizadas para mejorar la velocidad de carga de un sitio web se llaman "técnicas WPO". WPO son las siglas de *Web Performance Optimization*.

Nosotros aquí vamos a explicar algunas técnicas WPO aplicables a WordPress. Como no podemos desarrollarlas todas, ya que son más de 50, vamos a explicar algunas que son fáciles de implementar en WordPress y que nos ayudan bastante con la velocidad de carga.

Algunas técnicas WPO pueden ser muy difíciles de implementar, pero, en este caso, todo lo explicado puede realizarse mediante *plugins*.

Otro punto en el que quiero insistir es en la importancia de mejorar la velocidad de carga cuando tu web ya esté terminada y lista para que los visitantes puedan acceder a ella, es decir, cuando tengas la versión definitiva de la web.

Caché de página en WordPress

Vamos a empezar con la primera técnica WPO: la caché de página.

Esta es una de las principales técnicas WPO que podemos aplicar a un sitio web creado con un CMS, como es el caso de WordPress. En la mayoría de los casos, esta técnica WPO se implementa mediante *plugins* en el caso de WordPress.

Los *plugins* de caché se encargan de generar y guardar una copia procesada de la página web para poder utilizarla en el futuro. Esto permite que los visitantes accedan al sitio sin necesidad de realizar el proceso de generar la página una y otra vez siempre que alguien la visite.

Cuando un *plugin* de caché está funcionando, se reducen mucho los tiempos de respuesta y el consumo de recursos en el *hosting*, lo que permite agilizar la carga de la web.

Cuando no se utiliza un *plugin* de caché, con cada visitante que accede al sitio web se realiza un proceso en el que se ejecuta código PHP y se obtienen datos de la base de datos MySQL o MariaDB donde se guarda la información. Esto provoca que los tiempos de respuesta no sean instantáneos y que se realice un consumo de recursos en el *hosting*.

Esta copia generada que se sirve a los visitantes, normalmente, tiene un tiempo de expiración o tiempo de caducidad; tras este tiempo, se tiene que generar otra vez la copia, realizando de nuevo el procesado una vez. Esto se hace para evitar servir contenido desactualizado al visitante.

Hoy en día, implementar una caché de página en WordPress es algo indispensable. La parte buena de esto es que en los últimos años han aparecido ciertos *plugins* en el mercado que simplifican mucho la configuración y esto ayuda a que los usuarios principiantes también puedan optimizar la velocidad de carga de su sitio web.

Precisamente en el año 2014 apareció WP Rocket, un *plugin premium* que simplifica mucho la configuración y permite que cualquier usuario pueda configurar caché de página en su WordPress sin necesidad de conocimientos avanzados.

Puedes encontrar más información y comprar el *plugin* WP Rocket desde esta URL: `https://raiola.link/wp-rocket`.

Existen muchos otros *plugins* de caché para WordPress, pero ninguno es tan fácil de utilizar como WP Rocket; de hecho, considero que no existe ningún *plugin* de caché gratuito que sea ideal para usuarios principiantes y que además tenga todas las funcionalidades necesarias para ser utilizado en la mayoría de sitios web.

Siempre que hablo de WP Rocket, comento que su principal ventaja es que se adapta perfectamente y es el *plugin* de caché ideal para el 90 % de los casos.

Existe otra opción gratuita y que puede ser una buena opción para usuarios principiantes, aunque puede dar más problemas y solo es válida si utilizas un proveedor de *hosting* que utiliza el servidor web LiteSpeed Web Server, como es el caso de Raiola Networks. Se trata del *plugin* LiteSpeed Cache para WordPress.

A nivel de efectividad, LiteSpeed Cache y WP Rocket son más o menos iguales, con la diferencia de que la curva de aprendizaje para configurar LiteSpeed Cache es mucho más compleja y que LiteSpeed Cache requiere tener un *hosting* con LiteSpeed Web Server.

> **Nota:** El *hosting* que recomendé al principio del libro y en el que ofrecemos un 30 % de descuento desde Raiola Networks es totalmente compatible con LiteSpeed Cache. Puedes acceder a él desde esta dirección URL si no lo has hecho ya: `https://raiola.link/empezarconwordpress`.

A continuación, vamos a mostrar brevemente la diferencia práctica entre ambos *plugins*, sin entrar en demasiados detalles, dado que, como mencioné al inicio de este capítulo, si hablamos de técnicas WPO a fondo, podríamos extendernos considerablemente.

Pero, si quieres profundizar en este tema, puedes encontrar más información en esta dirección URL: `https://raiola.link/seguir-formandome-con-alvaro`.

Empezamos con WP Rocket. Tiene la desventaja de que hay que pagar por él; en el momento de escribir este libro, la licencia más barata cuesta 59 euros al año y solo nos permite utilizarlo en una instalación WordPress.

Antes hemos comentado que su punto fuerte era ser el *plugin* de caché ideal que se adapta al 90 % de los casos, pero esto es gracias a su compatibilidad y también a su soporte técnico, que si tienes algún problema te ayudan con tu caso de forma específica. Además, en su sitio web tienen mucha documentación para resolver los problemas más comunes.

Otro aspecto muy interesante de WP Rocket es que tan solo necesitas instalarlo y activarlo en tu WordPress para que la funcionalidad de caché de página se active y funcione, sin necesidad de hacer nada más.

Podemos encontrar las opciones de configuración de WP Rocket agrupadas en pestañas dentro del *dashboard* de WordPress, en la sección **Ajustes** y dentro de la subsección **WP Rocket**. Esto es lo que puedes ver en la figura 12.2.

Como puedes ver en la figura, en las pestañas laterales hay varios paneles de configuración, pero, si solo quieres configurar caché de página, tienes que activar el *plugin*.

Si quieres ajustar el tiempo de expiración o tiempo de caducidad de la copia generada y guardada en la caché de página, debes ir a la sección **Reglas avanzadas** y modificar el campo **Especifica el tiempo tras el cual quieres borrar la caché global** en el bloque **Vida útil de la caché**. Esto es lo que puedes ver en la figura 12.3.

Esta configuración es muy variable dependiendo del tipo de sitio web y de sus funcionalidades. Mi recomendación personal para ser lo más genérico posible es que configures 12 horas como vida útil de caché.

Con esto haremos que las copias de las páginas guardadas en caché expiren cada 12 horas y se vuelvan a generar en la próxima visita que acceda a ver nuestro sitio web.

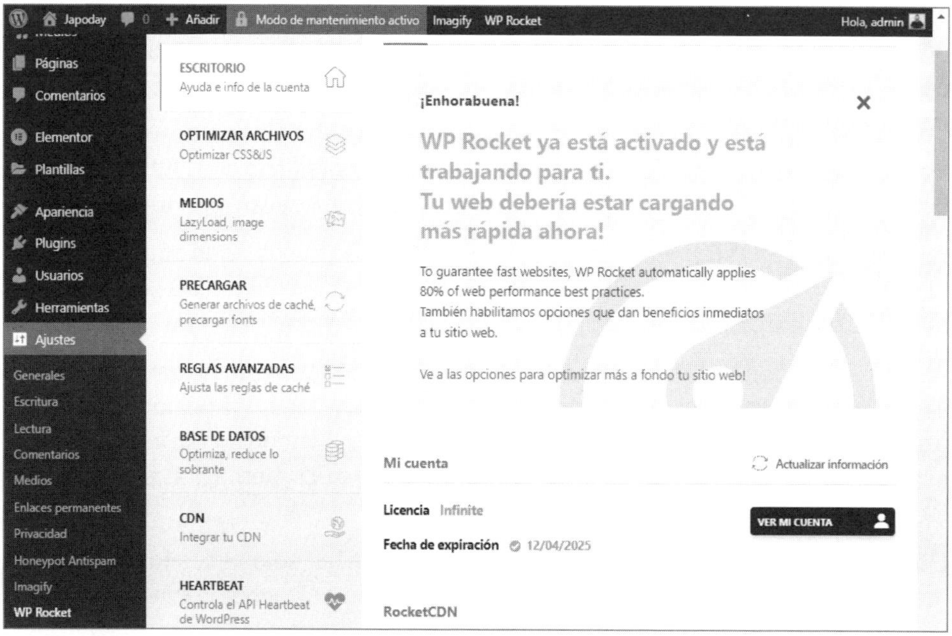

Figura 12.2. Configuración de WP Rocket en el *dashboard* de WordPress.

Figura 12.3. Vida útil de la caché en WP Rocket.

Adicionalmente, si WP Rocket detecta que publicamos nuevo contenido o que modificamos algún contenido existente, automáticamente borrará todo el contenido de la caché de página con el fin de no servir contenido obsoleto a los visitantes.

Dicho esto, la configuración de WP Rocket podemos extenderla más, pero seguir explicando a partir de aquí requiere explicar ciertos conceptos avanzados que no son el objetivo de este libro.

Ahora vamos a hablar de LiteSpeed Cache, la opción gratuita que comentamos antes y que estaba condicionada a utilizar un *hosting* con LiteSpeed Web Server, como es el caso de los planes de *hosting web* de Raiola Networks.

Lo primero que tengo que decir es que LiteSpeed Cache se actualiza mucho, por lo que puede que, cuando tú veas las figuras que vamos a mostrar aquí, tal vez hayan cambiado.

En segundo lugar, al ser un *plugin* gratuito, está disponible en el repositorio oficial de WordPress y podremos instalarlo directamente desde el *dashboard* de WordPress, tal y como puedes ver en la figura 12.4.

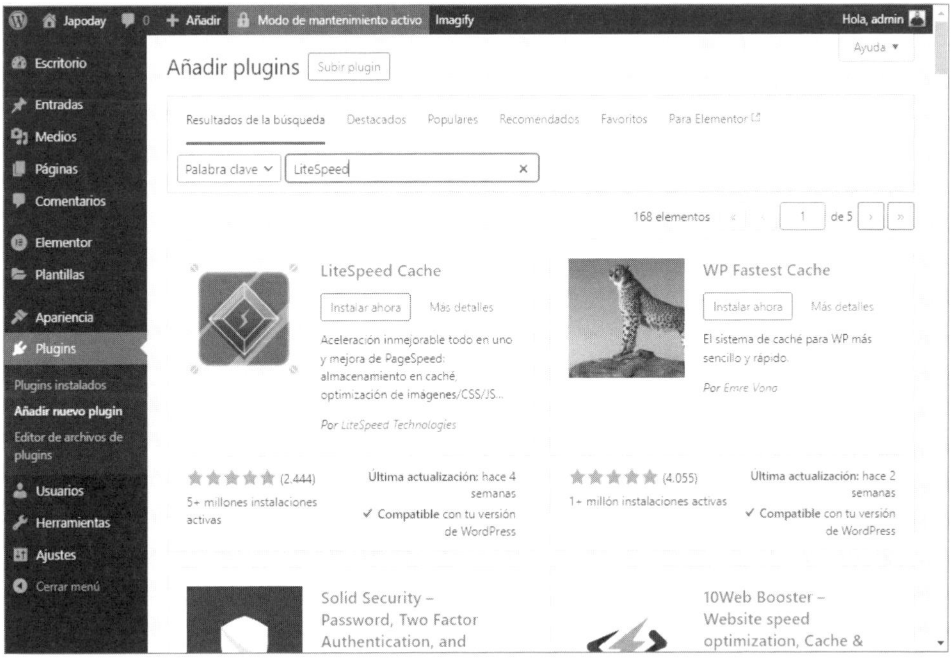

Figura 12.4. Instalación de LiteSpeed Cache desde el repositorio oficial.

Después de instalar y activar LiteSpeed Cache, en el *dashboard* de WordPress tendremos disponible la sección **LiteSpeed Cache**.

Si accedes a esta sección, posiblemente te asustes al navegar por los menús y ver todas las opciones que tiene disponibles en el *plugin* LiteSpeed Cache. Precisamente esta es una de las principales diferencias con WP Rocket. LiteSpeed Cache tiene muchas opciones porque permite configuraciones avanzadas muy flexibles y adaptadas al proyecto en cuestión, aunque la parte negativa es que para realizar esto necesitaremos conocimientos avanzados.

Pero no te preocupes, LiteSpeed Cache desde hace un tiempo dispone de unos preajustes que podemos utilizar para realizar una configuración fácil del *plugin*, aunque en este caso nos podremos encontrar con algunos problemas, a diferencia de lo que ocurría con la configuración inicial de WP Rocket.

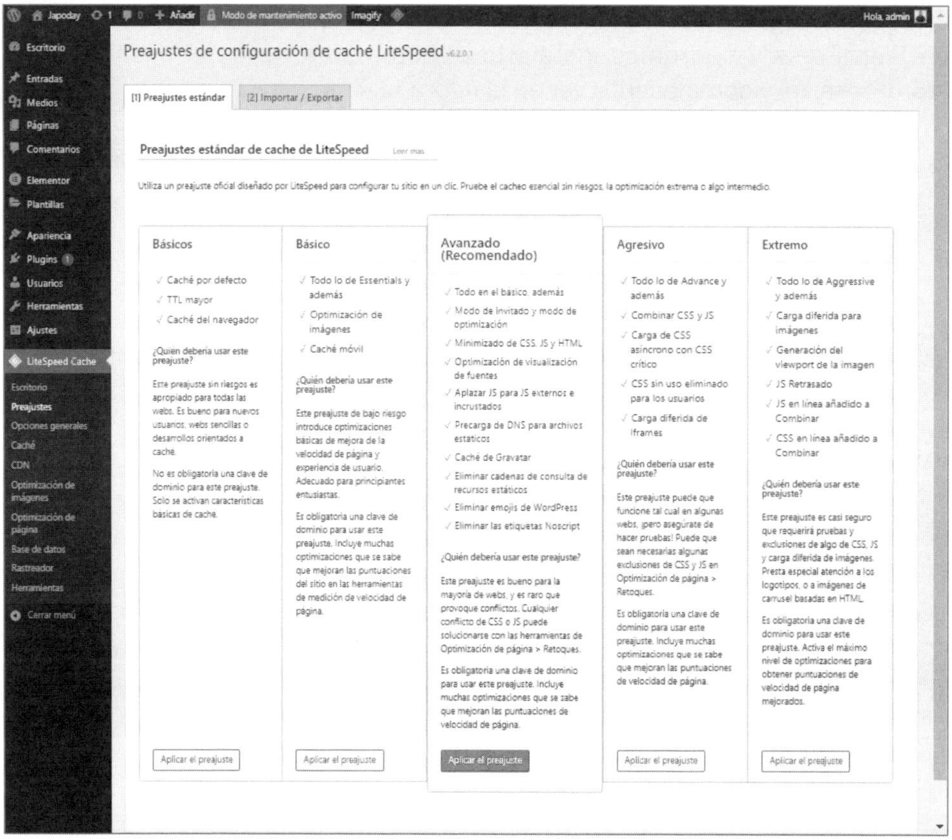

Figura 12.5. Preajustes de LiteSpeed Cache para optimizar WordPress.

En el *dashboard* de WordPress, dentro de la sección LiteSpeed Cache debemos dirigirnos a la subsección Preajustes.

En esta pantalla de configuración nos encontraremos 5 columnas con 5 perfiles diferentes que podemos elegir para que se autoconfigure LiteSpeed Cache.

A la izquierda, tendremos la columna Básicos, que es la configuración más simple, pero con menor riesgo de romper nada. A la derecha, tendremos Extremo, la configuración que más optimiza, pero con más posibilidades de que se rompa algo en la visualización de nuestra web.

Mi recomendación para usuarios principiantes y que no quieren arriesgarse a tener que realizar ajustes manuales en la configuración de LiteSpeed Cache es usar Básicos o Básico, es decir, la primera o la segunda opción empezando por la izquierda.

Después de elegir la opción que queremos, debemos hacer clic en el botón Aplicar el preajuste.

Con esto ya tendremos LiteSpeed Cache con la caché de página funcionando con una configuración predefinida que no debería darnos problemas.

Vuelvo a repetir: existen muchos más *plugins* de caché para WordPress, pero, para realizar su configuración, es necesario tener conocimientos avanzados. Por esta razón he elegido estos dos: WP Rocket como opción ideal para un usuario que empieza y LiteSpeed Cache como alternativa gratuita.

Optimizar imágenes subidas a WordPress

El tema de las imágenes en relación a la velocidad de carga ha cambiado bastante en los últimos años, en parte gracias a un nuevo formato de imagen para sitios web apoyado por Google: el formato WebP.

Aunque se ha demostrado en múltiples ocasiones que el formato WebP no tiene por qué mejorar la tasa de optimización y tamaño de las imágenes, Google ha apostado fuertemente por él y ha obligado a los administradores a utilizar este formato en sus sitios web.

Dejando de lado el tema de los formatos y volviendo al tema de las imágenes, tras muchos años como consultor WPO puedo afirmar que la mayoría de sitios web que podemos visitar en Internet tienen problemas de compresión y escalado en las imágenes visibles:

- ✔ **Compresión:** Es el peso de la imagen en kilobytes o megabytes. Mediante algoritmos podemos comprimir más las imágenes para que pesen menos y, por lo tanto, se transfieran más rápido cuando el visitante entra a nuestro sitio web.
- ✔ **Escalado:** Es el tamaño en píxeles o resolución. En muchos casos se sirven imágenes de tamaños tan grandes que nunca se van a poder servir a ese tamaño en la interfaz de la web. Aunque se redimensionen por CSS a tamaños más pequeños, el peso de la imagen siempre será el de la resolución real y, por tanto, tardará más en transferirse al navegador del visitante.

Podemos realizar las optimizaciones y ajustes necesarios en nuestro ordenador antes de subir las imágenes a nuestra web, o tener un *plugin* de optimización de imágenes en nuestro WordPress que realice los ajustes por nosotros.

Personalmente, creo que una cosa no sustituye a la otra. A mí me gusta tener un *plugin* de optimización que optimice y escale las imágenes subidas, pero recomiendo que antes de subirlas realicemos los ajustes necesarios en nuestro ordenador.

Aun así, la optimización y escalado de imágenes en tu ordenador es opcional, siempre y cuando tengamos un buen *plugin* de optimización de imágenes como el que vamos a mencionar un poco más adelante.

> **Nota:** El peso de la imagen (Kb o Mb) daña la velocidad de carga de la web y una resolución de imagen demasiado alta hace que la imagen tenga un peso mayor, por lo que también daña la velocidad de carga de la web.

No tiene mucho sentido profundizar en las diferentes herramientas que utilices en tu ordenador para optimizar imágenes, ya que es una decisión personal. Mucha gente utiliza Adobe Photoshop para escalar y optimizar imágenes, aunque otros, entre los que me incluyo, preferimos utilizar herramientas gratuitas como estas:

- ✔ **Photoscape X:** Utilizo esta herramienta para escalar varias imágenes al mismo tiempo a un tamaño máximo común. Es muy sencilla de utilizar, aunque lleva tiempo sin actualizarse y no está disponible para todos los sistemas operativos.

- ✔ **Kraken.io:** Se trata de una herramienta *online* que nos permite optimizar el peso de las imágenes con un buen algoritmo de compresión. Aunque también tiene *plugin* para WordPress, personalmente no me gusta y utilizo otro que vamos a ver un poco más adelante. Puedes encontrarla en la siguiente URL: `https://raiola.link/kraken`.

En cualquier caso, el objetivo es escalar las imágenes a un tamaño máximo de 2.000 px de ancho con Photoscape o con la herramienta que tú quieras, para después optimizar su compresión utilizando Kraken.io. Si alguna imagen se pasa del tamaño máximo permitido en Kraken.io en su versión gratuita, puedes omitir que se optimice esa imagen.

Ahora vamos a hablar de *plugins* para WordPress.

Existen cientos de *plugins* para WordPress que nos van a permitir optimizar imágenes automáticamente al subirlas. Principalmente se diferencian en el algoritmo de compresión y en las funcionalidades.

Los *plugins* de optimización de imágenes gratuitos tienen todos el mismo problema: su algoritmo de compresión es demasiado simple y la compresión conseguida no merece la pena. Por esto, mi consejo es que, si estás pensando en utilizar un *plugin* gratuito, es mejor que no utilices ninguno y trabajes las imágenes en local, es decir, en tu ordenador.

Otro factor determinante actualmente para elegir un buen *plugin* de optimización de imágenes para WordPress es el formato WebP.

Lo ideal es que el *plugin* de optimización de imágenes sea capaz de convertir a WebP todas las imágenes subidas y posteriormente utilizar WebP en caso de que el navegador web sea compatible o utilizar JPG, PNG y GIF para versiones del navegador que no sean compatibles con WebP.

Personalmente, llevo años utilizando el mismo *plugin*: Imagify.

Imagify es de los desarrolladores de WP Rocket y su algoritmo de compresión no es de los mejores, pero es bueno.

Te preguntarás por qué lo recomiendo si su algoritmo no es el mejor. La razón es que el *plugin* está muy bien desarrollado, es muy fácil de configurar y, además, tiene las funcionalidades necesarias para optimizar, convertir a WebP y escalar las imágenes a una resolución máxima al subirlas.

Puedes contratar un plan de optimización de imágenes con Imagify en la siguiente dirección URL: `https://raiola.link/imagify`.

Por su parte, el *plugin* lo puedes instalar de forma totalmente gratuita desde el repositorio de WordPress, tal y como puedes ver en la figura 12.6.

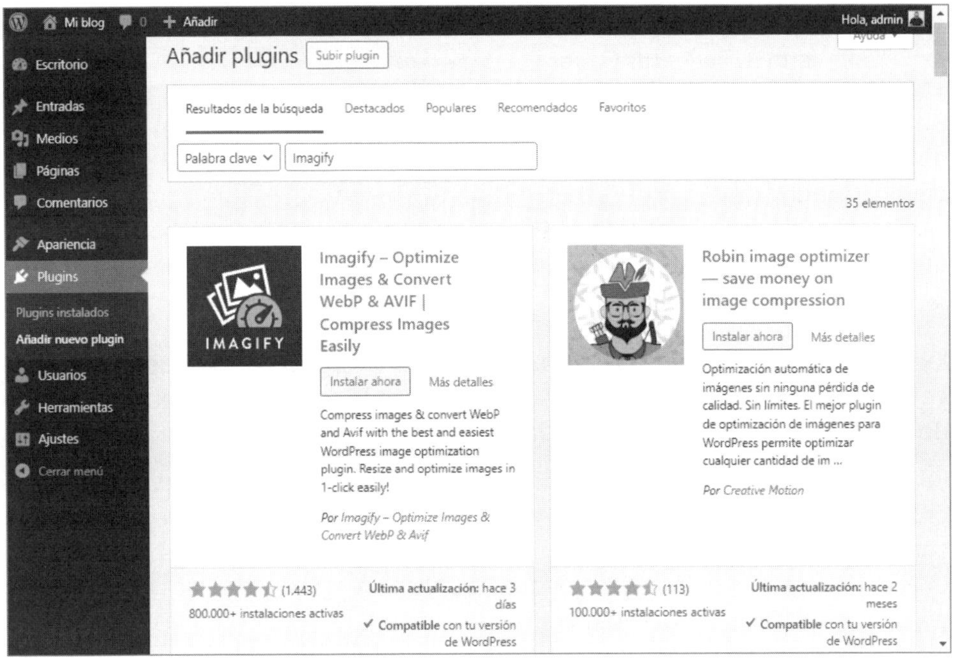

Figura 12.6. Instalar Imagify desde el repositorio oficial de WordPress.

Después de instalar y activar el *plugin*, en la parte de arriba del *dashboard* de WordPress nos aparecerá este mensaje que puedes ver en la figura 12.7.

Figura 12.7. Configuración inicial de Imagify.

Para empezar a utilizar Imagify debemos hacer clic en el botón Tengo mi API Key y, en la ventana emergente que nos aparece, debemos introducir el API Key que nos proporcionarán tras registrar una cuenta gratuita o tras comprar un plan de pago de Imagify.

> **Nota:** Con un plan gratuito de Imagify tendremos una cuota de uso pequeña, pero suficiente para probar cómo funciona el *plugin* y comprar un plan de pago si nos convence. Puedes crear una cuenta gratuita desde aquí: `https://raiola.link/crear-cuenta-imagify`.

Independientemente de que tengamos una cuenta gratuita en Imagify o una cuenta con un plan de pago, podremos ver el API Key de nuestra cuenta desde la siguiente URL: `https://raiola.link/imagify-api-key`.

Si no estamos autentificados con nuestra cuenta, este enlace nos mandará a la pantalla de autentificación; en caso contrario, podremos ver una pantalla como la mostrada en la figura 12.8 donde podremos ver el Access Token o API Key.

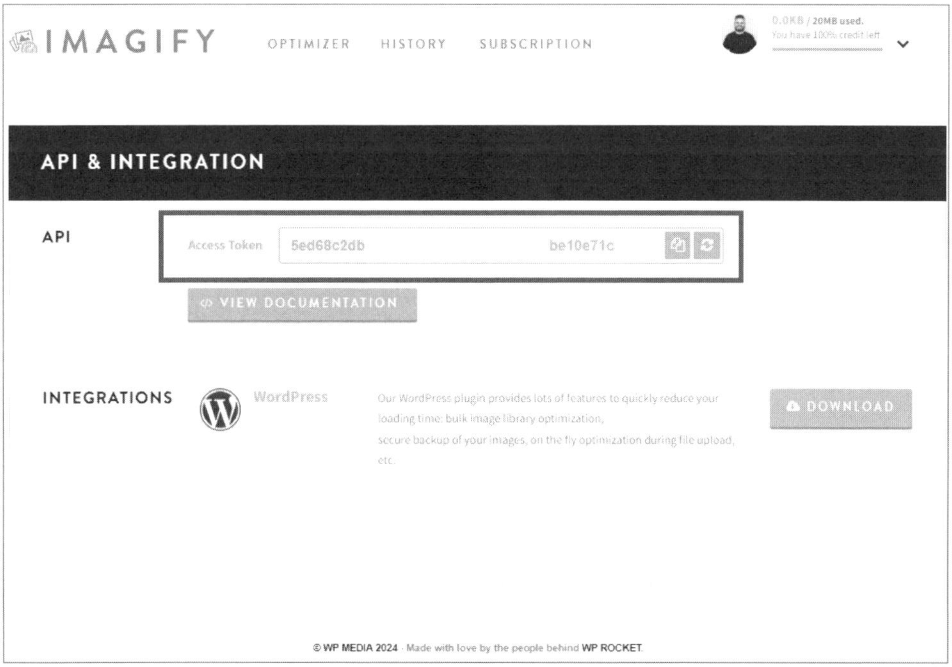

Figura 12.8. API Key de Imagify.

Copiamos el campo Access Token y lo pegamos en la ventana emergente que nos apareció anteriormente en el *plugin* al hacer clic en el botón Tengo mi API Key, mostrado en la figura 12.7.

Si todo está correcto, nos aparecerá otra ventana emergente en el *plugin* que nos dirá que la clave API es válida.

Ahora podremos acceder a la configuración de Imagify desde el *dashboard* de WordPress, concretamente en la sección Ajustes tendremos la subsección Imagify.

En este panel de opciones nos encontramos varios bloques. Vamos a explicarlos por partes para poder mostrar capturas de todas las opciones.

Empezamos por el bloque Ajustes generales, que podemos ver en la figura 12.9.

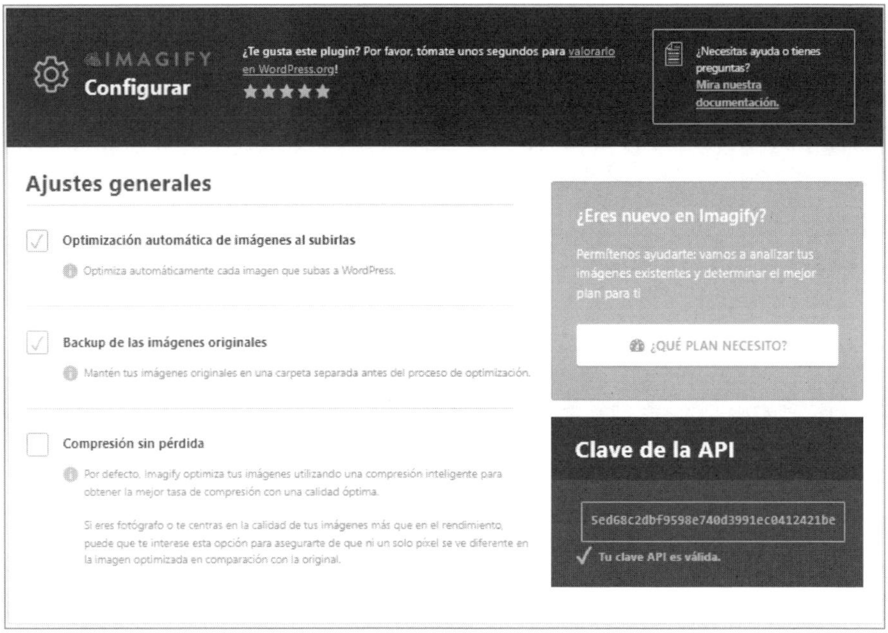

Figura 12.9. Bloque Ajustes generales en la configuración de Imagify.

En la pantalla mostrada en la figura nos encontramos las siguientes opciones:

- ✔ Optimización automática de imágenes al subirlas: Esta opción es simple, debemos marcarla para que el *plugin* realice su trabajo y optimice las imágenes nada más subirlas al sitio web. Mi recomendación personal es dejar esta opción siempre activa.

- ✔ **Backup de las imágenes originales**: Con esta opción marcada, el *plugin* realizará una copia de seguridad de las imágenes antes de optimizarlas. Mi recomendación personal es dejarla marcada, ya que, si no, la conversión a WebP fallará.
- ✔ **Compresión sin pérdida**: Esto reducirá la eficiencia del algoritmo de compresión para evitar que se pierda calidad en las imágenes, es decir, priorizará la calidad a la compresión. Mi recomendación personal es que solo utilices esta opción si eres fotógrafo o trabajas en proyectos donde las imágenes son el centro del proyecto.

Si nos desplazamos por el resto del panel de configuración nos encontramos con el bloque **Optimización**, que puedes ver en la figura 12.10.

En la pantalla mostrada en la figura no todos los campos tienen nombre, por eso puede ser difícil nombrar algunos, pero vamos a intentarlo:

- ✔ **Formato de imagen de nueva generación**: En este selector podemos activar o desactivar la conversión a WebP. También nos permite convertir las imágenes a AVIF, pero la mayoría de navegadores web aún no son compatibles. Mi recomendación personal es que dejes marcado WebP en este campo.
- ✔ **Mostrar en el sitio las imágenes en formato de nueva generación**: En este campo debemos marcar **Usar las etiquetas <picture> tags (preferiblemente)**. Esta es la forma que se utiliza para detectar si el navegador es compatible con WebP.
- ✔ **Redimensiona las imágenes más grandes**: Esta opción nos permite definir un tamaño máximo al que escalar las imágenes subidas. Mi recomendación personal es que actives esta opción y que el valor siempre sea **2048** píxeles, ya que en raras ocasiones se va a mostrar una imagen con mayor resolución en un sitio web.
- ✔ **Carpetas personalizadas**: En esta opción simplemente debemos hacer clic en el botón **Añadir el tema a la optimización** y automáticamente Imagify añadirá las imágenes de la carpeta del *theme* para que se optimicen. Adicionalmente podríamos utilizar el botón **Añadir carpetas** para añadir otras carpetas a la cola de optimización automática del *plugin*.
- ✔ **Optimización de archivos**: En esta lista debemos marcar todas las casillas de verificación, ya que queremos que Imagify optimice todas las miniaturas de imágenes generadas.

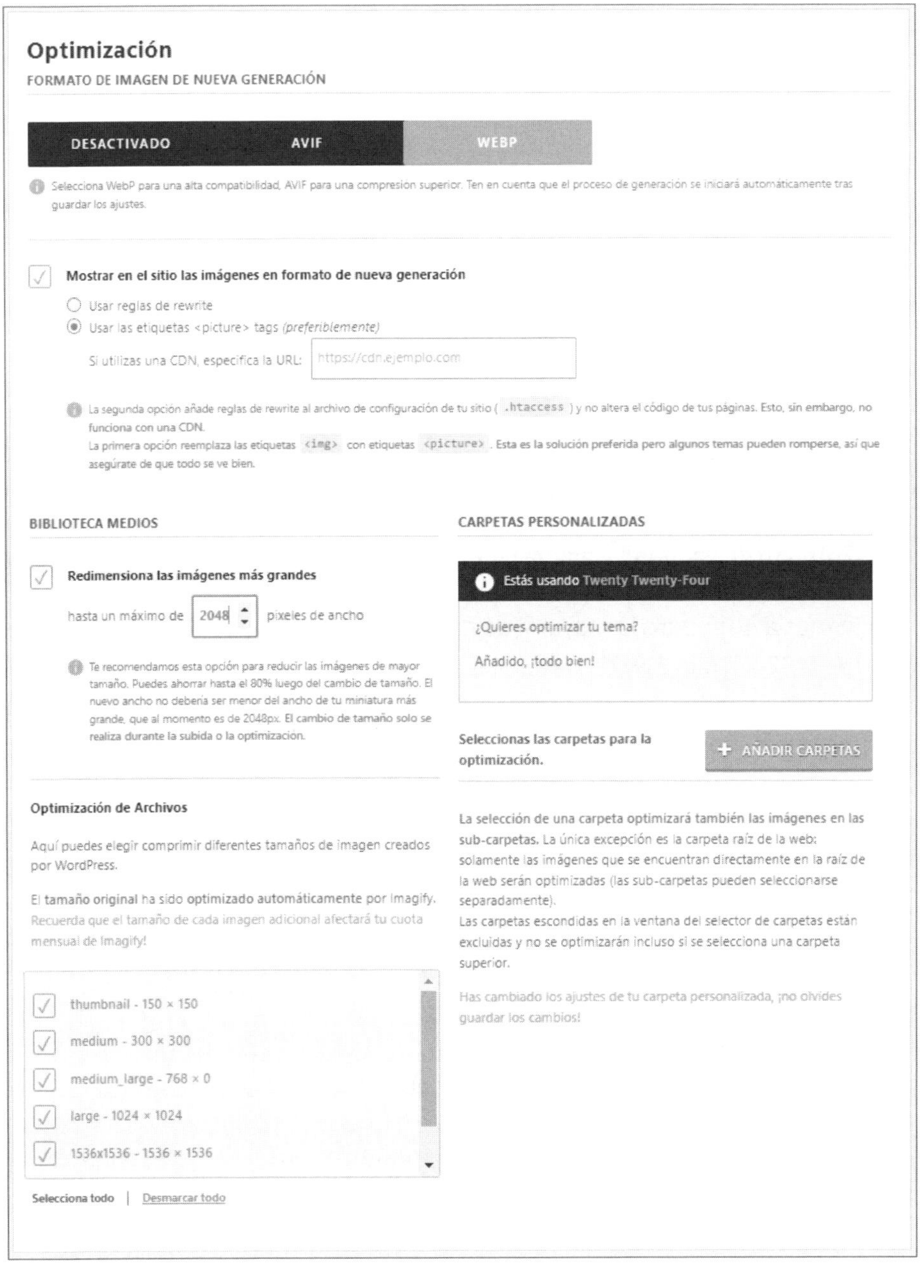

Figura 12.10. Bloque **Optimización** en la configuración de Imagify.

Cuando tengamos todas las opciones definidas, debemos desplazarnos hasta abajo del todo y hacer clic en el botón **Guardar cambios**.

Si queremos ir a la pantalla de optimización, desde el *dashboard* de WordPress vamos a la sección **Medios** y buscamos la subsección **Optimización Masiva**.

En la figura 12.11 ya he optimizado algunas imágenes, pero, en tu caso, si acabas de instalar y configurar el *plugin*, te mostrará los contadores a cero.

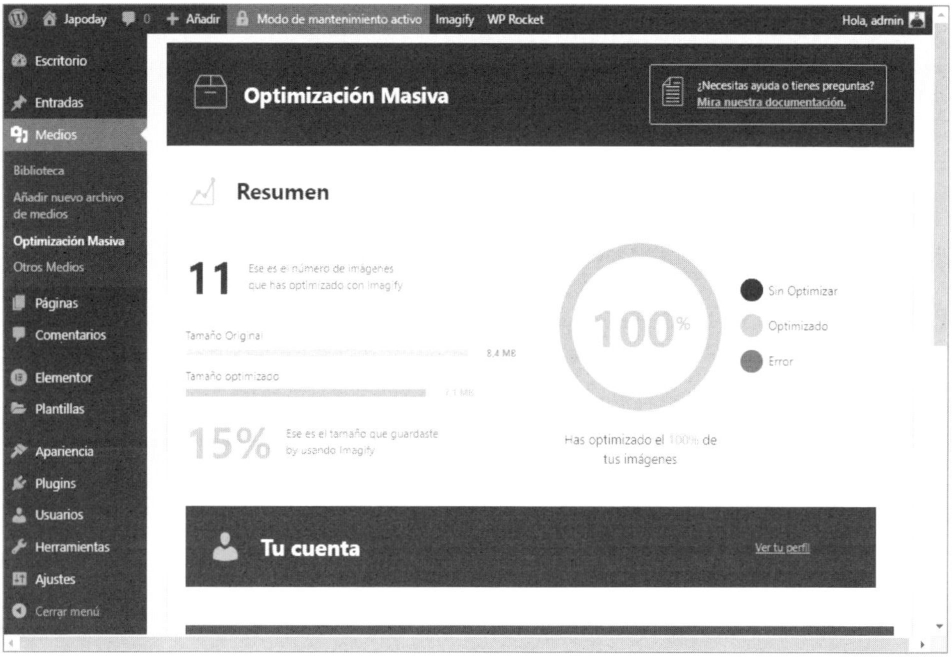

Figura 12.11. **Optimización Masiva** en Imagify.

Para optimizar todas las imágenes subidas a WordPress debes desplazarte por la pantalla y buscar el botón **Imagifícalo todo**.

Una vez hecho esto, tendrás que esperar a que finalice el proceso de optimización de imágenes, durante el cual también se realizará la conversión a WebP y el escalado a un tamaño máximo de 2.048 píxeles.

Cuando finalice, tendrás todas las imágenes subidas a la galería multimedia de WordPress optimizadas y las nuevas imágenes que subas posteriormente se optimizarán automáticamente sin hacer nada.

> **Nota:** Recuerda que la interfaz de un *plugin* puede cambiar sin previo aviso con las actualizaciones, por lo que puede que las interfaces mostradas en las figuras de este libro pueden cambiar ligeramente.

Créeme si te digo que la configuración de Imagify es de las más simples en comparación con otros *plugins* de optimización de imágenes para WordPress.

Si buscas una alternativa gratuita a Imagify para uso ilimitado, puedes probar las versiones gratuitas de EWWW Image Optimizer o Smush, aunque sus algoritmos de compresión son inferiores. Personalmente prefiero no utilizar nada a utilizar la compresión de un *plugin* gratuito.

Mejorar la seguridad web en WordPress

La seguridad web es uno de los puntos a los que más atención debemos prestar actualmente, ya que millones de sitios web son hackeados cada día e infectados con *malware*.

Mucha gente dice que WordPress es un CMS poco seguro, pero la realidad es otra. WordPress es el CMS más utilizado del mundo, y su popularidad lo convierte en el más atacado. Por decirlo de otra forma, WordPress es el CMS al que más le "buscan las cosquillas".

Realmente mantener un WordPress seguro no es para nada difícil, tan solo debemos aplicar la lógica y la prevención.

Aunque existen *plugins* de seguridad para WordPress que se podrían definir como *suites* completas dedicadas a esta tarea, no son necesarias si aplicamos simplemente la lógica y la prevención.

Existen pocos casos en los que una instalación WordPress sea hackeada por un factor o razón al que no nos hayamos podido anticipar.

Realmente, si aplicamos estos tres puntos que vamos a comentar a continuación, el 90 % de la seguridad de nuestro WordPress estará cubierta:

- ✔ No instalar nunca *themes* y *plugins* de orígenes poco fiables o directamente de webs pirata. Estos *themes* y *plugins* vienen siempre con *malware* que infectará nuestro sitio web.

- ✔ Mantener siempre al día las actualizaciones de nuestro sitio web, tanto el núcleo de WordPress como los *themes* y los *plugins*. Esto lo vamos a comentar un poco más adelante en este libro.
- ✔ No utilizar contraseñas débiles, ya que un ataque de fuerza bruta podría llegar a averiguar nuestra contraseña probando combinaciones.

Estos tres puntos son suficientes para tener un sitio web WordPress completamente seguro.

Todo lo que hagamos a partir de aquí es opcional, aunque puede ayudarnos a proteger aún más nuestra instalación.

Existen muchos mitos que dicen que debemos utilizar *suites* de seguridad como WordFence Security, Solid Security o All in One Security & Firewall para mantener nuestro WordPress seguro. Esto no es del todo cierto, ya que, aunque sí que es cierto que estos *plugins* o *suites* de seguridad para WP pueden darnos un extra de seguridad, deberemos pagar un precio muy alto para ello: un aumento exponencial en el consumo de recursos y una ralentización importante en la velocidad de carga de la web.

Mantener WordPress actualizado

WordPress, como cualquier software cuyo proyecto está activo, recibe actualizaciones constantes. Estas actualizaciones no solo son para añadir más funcionalidades y mejoras, sino que en muchos casos solucionan problemas de seguridad reportados por los usuarios.

Los *plugins* y *themes* que instalamos en nuestro WordPress también reciben actualizaciones, incluso los archivos de traducciones que se instalan en WordPress reciben actualizaciones de vez en cuando.

Es fundamental mantener nuestro WordPress actualizado para tener un sitio web seguro, y esto incluye también las actualizaciones de los *plugins* y el *theme*.

Cuando hablamos de "mantener nuestro WordPress actualizado" parece una tarea fácil, pero hay algo que la mayoría de la gente no tiene en cuenta: si estamos utilizando un determinado *plugin* y este deja de recibir actualizaciones, es necesario sustituirlo por otro que continúe siendo actualizado.

Por decirlo de otra forma, si un *plugin* deja de recibir actualizaciones durante más de un año, lo más probable es que el proyecto haya sido abandonado. No solo dejará de recibir actualizaciones con mejoras o nuevas funcionalidades, sino que tampoco se seguirán recibiendo actualizaciones para solucionar fallos de seguridad, lo que puede afectar gravemente a la seguridad del sitio web entero e incluso puede afectar a todo el plan de *hosting*.

Si se da esta situación, tenemos que buscar otro *plugin* similar que siga actualizándose y sustituirlo por el actual.

Precisamente por esto es muy importante elegir correctamente los *plugins* utilizados en un sitio web, sobre todo los *plugins* base como el *pagebuilder*, ya que, si deja de actualizarse el *pagebuilder* utilizado, debemos cambiarlo por otro y eso quiere decir que debemos reconstruir el sitio web desde cero. Afortunadamente con Elementor esto no va a pasarte.

Otro punto a tener en cuenta es que existen herramientas que nos permiten automatizar las actualizaciones en WordPress. No es recomendable utilizar estas herramientas debido a que nuestro sitio web puede tener problemas de compatibilidad al actualizar algún *plugin* o el *theme* y caerse; si lo automatizamos, no podremos controlar el momento y no estaremos atentos para resolver el problema.

Lo que sí que es recomendable es utilizar herramientas que centralizan la gestión de actualizaciones como es el caso de Modular DS.

Protección contra ataques de fuerza bruta

Los ataques de fuerza bruta son el problema de seguridad más importante al que se enfrenta cualquier sitio web, ya que cada día millones de *bots* realizan cientos de millones de peticiones a sitios web con el fin de probar contraseñas en los formularios de autentificación.

Un ataque de fuerza bruta consiste en probar combinaciones de usuario y contraseña de forma consecutiva hasta encontrar una combinación que les permita acceder. Aunque puede aparecer imposible el acceso, existen formas de "conocer" el usuario y, si tenemos una contraseña demasiado débil, en menos de cien intentos pueden conseguir acceder al *dashboard* de nuestro WordPress.

Para evitar esto, la primera recomendación es que tengas una contraseña lo suficientemente fuerte.

La cuestión es que si tienes una contraseña fuerte y dejas que los *bots* prueben contraseñas, tal vez no consigan entrar, pero el hecho de que cientos de *bots* estén probando contraseñas en tu sitio web al mismo tiempo provocará un consumo de recursos tan alto que es posible que tu sitio web se caiga por sobrecarga.

Para solucionar esto existen varios métodos muy fáciles de implementar.

Una opción para proteger el formulario de autentificación al *dashboard* de WordPress que podemos encontrar en `/wp-admin/` es cambiar la URL de `/wp-admin/` por otra dirección.

Existen varios *plugins* gratuitos para cambiar esta dirección URL. Personalmente, el que más me gusta es WPS Hide Login, un *plugin* gratuito que podemos instalar desde el *dashboard* de WordPress, ya que se encuentra en el repositorio oficial.

Después de instalar y activar WPS Hide Login podremos acceder a su configuración en el *dashboard* de WordPress, dentro de la sección **Ajustes** y en la subsección **Generales** al final de la sección, justo antes del botón **Guardar cambios**. Puedes ver esto en la figura 12.12.

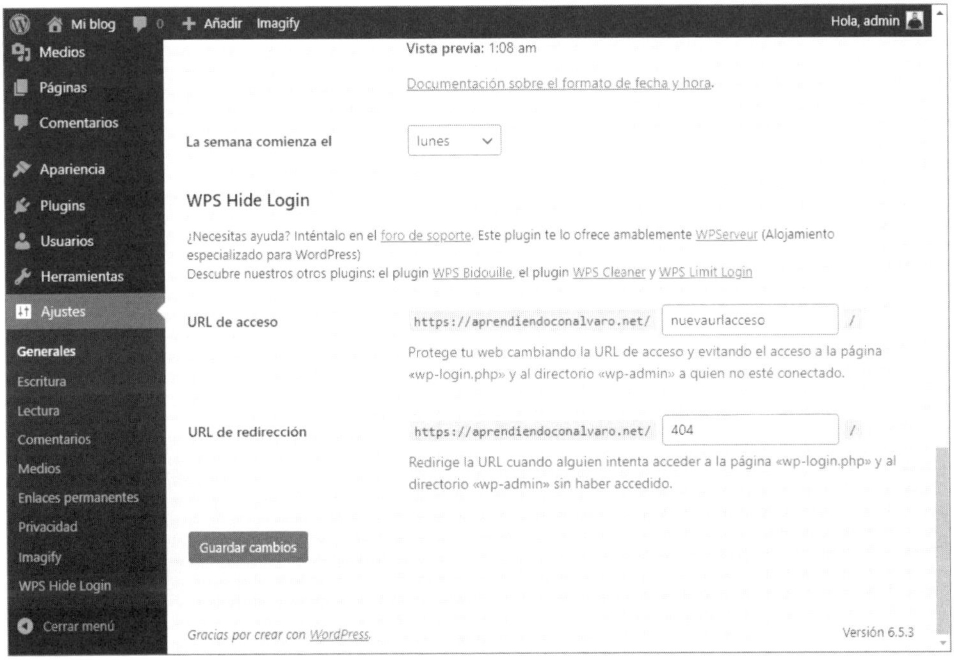

Figura 12.12. Configuración de WPS Hide Login.

En el campo **URL de acceso** podemos poner la ruta personalizada que nosotros queramos. En cuanto al campo **URL de redirección**, lo ideal es mandar al visitante al error 404 dejando el campo con el valor "404", es decir, el contenido por defecto.

Una vez configurados los valores de ambos campos, hacemos clic en el botón Guardar cambios, y a partir de ese momento la ruta para acceder al *dashboard* de WordPress será la configurada y no `/wp-admin/` o `/wp-login.php`.

Si los *bots* no pueden encontrar la ruta para probar contraseñas, difícilmente pueden hacer un ataque de fuerza bruta contra nuestra web.

Pero, si no queremos cambiar la URL de autentificación al *dashboard* de WordPress, existe otra forma de proteger nuestro `/wp-admin/` contra los *bots*.

Mediante el uso de *plugins* o el *firewall* del *hosting* podemos bloquear visitantes o *bots* que estén probando contraseñas. Podemos saber que están probando contraseñas porque realizan varios intentos de autentificación consecutivos fallidos.

Si vamos a utilizar un *plugin* para esto, mi recomendación es el *plugin* Limit Login Attemps Reloaded, aunque existen muchos *plugins* gratuitos para realizar esta tarea.

Limit Login Attemps Reloaded está disponible en el repositorio oficial de WordPress, por lo que podemos instalarlo directamente desde el *dashboard*.

Después de instalarlo y activarlo, podremos acceder a su pantalla de configuración en la sección Limit Login Attemps en el *dashboard* de WordPress.

> **Nota:** La interfaz de este *plugin* ha cambiado mucho en los últimos años, por lo que puede darse el caso de que cuando tú estés viendo esto haya vuelto a cambiar ligeramente.

Al abrir la sección Limit Login Attemps podremos ver varias pestañas; de forma predeterminada, se abrirá Escritorio, nosotros debemos dirigirnos a la pestaña Ajustes.

Debemos desplazarnos en la pestaña Ajustes hasta que encontremos el bloque de opciones Aplicación local. Puedes ver esto en la figura 12.13.

Puedes ver varios campos donde podemos configurar el número de intentos de inicio de sesión límite o los minutos que se va a bloquear al usuario o *bot*, entre otros aspectos.

Simplemente dejando la configuración por defecto, ya obtendremos una protección eficiente contra ataques de fuerza bruta, ya que cualquier *bot* que esté realizando un ataque de este tipo realizará más de cuatro intentos de inicio de sesión.

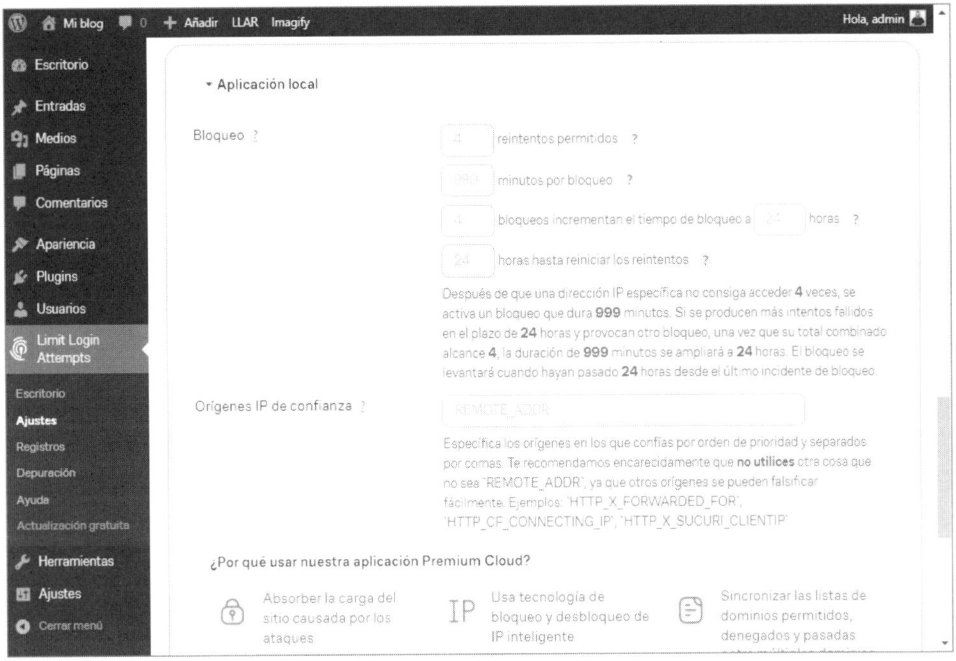

Figura 12.13. Configuración de Limit Login Attemps Reloaded.

Personalmente, suelo aumentar el número de minutos por bloqueo, poniendo 999 minutos en lugar de 20 minutos. El objetivo es dejar fuera de combate a los *bots* durante algún tiempo para que no consuman recursos de proceso en el sitio web.

Una vez ajustada la configuración, seguimos desplazándonos hasta el botón Guardar los ajustes, donde debemos hacer clic para guardar cambios.

Para finalizar este punto, también quiero aclarar que este tipo de *plugins* no son necesarios cuando el *hosting* o servidor tiene un WAF (Web Application Firewall) configurado de forma eficiente, como es el caso de los planes de *hosting* de Raiola Networks.

¿Cómo podemos saber esto? Realmente es fácil: si instalamos un *plugin* como Limit Login Attemps Reloaded y las estadísticas que nos muestra en el *dashboard* están a cero, es que el servidor tiene un WAF y este está funcionando correctamente a la hora de bloquear ataques de fuerza bruta.

Repito: si durante el proceso paso a paso de este libro has contratado un *hosting* con Raiola Networks, no necesitas un *plugin* como Limit Login Attempts Reloaded; el servidor se encargará de este tipo de ataques por ti.

Web Application Firewall en WordPress

No voy a profundizar demasiado en este asunto, ya que podríamos considerarlo un tema para usuarios avanzados que quieran darle el toque definitivo a la seguridad de su sitio web WordPress.

Precisamente, el Web Application Firewall (de ahora en adelante WAF) no solo es el encargado de bloquear ataques de fuerza bruta como explicamos en el punto anterior, sino que también puede bloquear ciertos tipos de ataques o intentos de hackeo basados en patrones e inyecciones.

Existen *plugins* para WordPress que nos permiten implementar un WAF, pero su configuración suele ser muy difícil y normalmente es mucho más efectivo un WAF instalado en el servidor.

Casi todos los servidores de *hosting* utilizan ModSecurity como WAF, pero lo que marca la diferencia son las reglas cargadas para detectar y bloquear amenazas.

Proteger los formularios del *spam*

Desde hace años, el *spam* en Internet no ha parado de crecer y cada vez se mueve más en Internet. Para que te hagas una idea, en 2022, más del 48 % de los emails recibidos eran *spam*.

En el caso de los sitios web, nos encontramos con el problema de los formularios y el *spam*, ya que los *bots* no solo intentan acceder a nuestras áreas privadas mediante ataques de fuerza bruta, sino que también rellenan nuestros formularios con todo tipo de mensajes.

En una web WordPress, existen dos tipos de formularios que proteger: los formularios de envío de datos y los formularios de comentarios.

Existen varios métodos de proteger ambos tipos de formularios del *spam*, pero, a la hora de elegir qué método utilizar, debemos priorizar la experiencia de usuario. Algunos métodos *antispam* pueden ser bastante intrusivos y dañar gravemente la experiencia del usuario, causando abandono del sitio web.

En el caso de los formularios de comentarios de WordPress, mi recomendación es utilizar el método llamado Honeypot.

Dado que la mayoría del *spam* que entra a través del formulario de comentarios es de *bots*, el método Honeypot pone un campo oculto en el formulario que solo pueden ver los *bots* debido a su forma de navegar por la web. Normalmente los *bots* rellenan todos los campos que se encuentran y, al rellenar el campo oculto que solo pueden ver ellos, el sistema *antispam* sabe que ese formulario ha sido rellenado por un *bot* y lo descarta.

Si buscas la palabra "honeypot" en el instalador de *plugins* desde el repositorio oficial, dentro del *dashboard* de WordPress podrás encontrar unos cuantos *plugins* que te permitirán aplicar esta técnica *antispam* en tu WordPress.

El *plugin* Honeypot Anti-Spam desarrollado por Raiola Networks, mostrado en la figura 12.14, nos permite proteger los comentarios de WordPress del *spam* simplemente instalando y activando el *plugin*, sin necesidad de realizar ningún tipo de configuración.

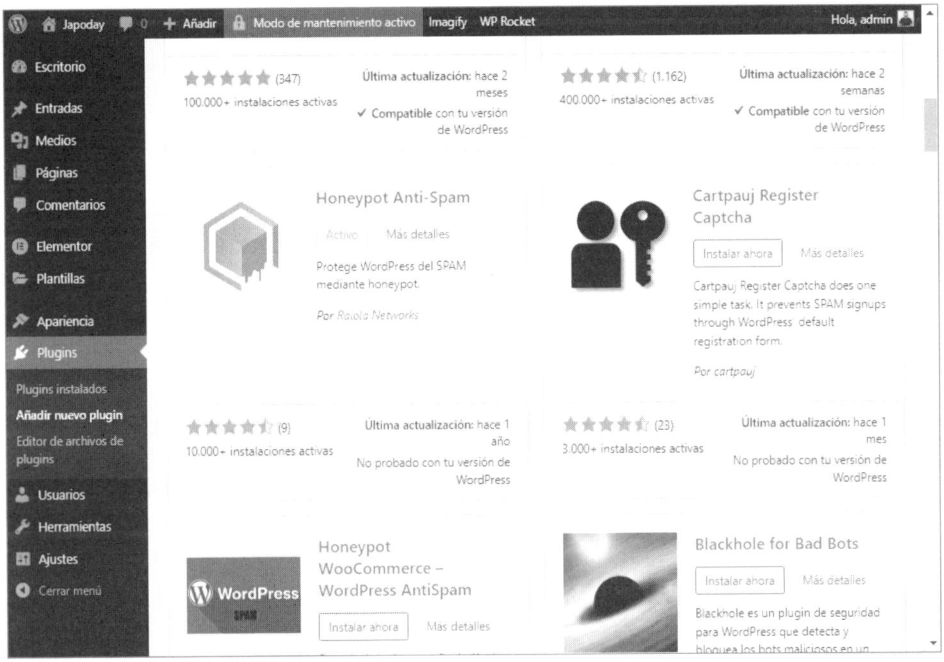

Figura 12.14. Búsqueda de *plugin* "honeypot" en el repositorio de *plugins* de WordPress.

Ahora vamos con el *spam* en formularios de envío de datos. En este libro ya hemos hablado de los formularios creados con Elementor Pro.

Cuando creamos un formulario con el editor de Elementor podemos protegerlo del *spam* fácilmente solo añadiendo un campo del tipo **Honeypot** o **Señuelo**, como puedes ver en la figura 12.15.

Figura 12.15. Campo de tipo Honeypot o Señuelo en los formularios de Elementor.

Al guardar el formulario que contiene este campo, automáticamente lo protegeremos del *spam*.

La técnica *antispam* Honeypot no es infalible, pero es suficiente para evitar el 99 % del *spam* y no es intrusiva para el usuario, por lo que no daña la experiencia de usuario.

Copias de seguridad en WordPress

Por último, en el apartado de seguridad, creo que es importante hablar de las copias de seguridad.

Las copias de seguridad son el recurso que debemos tener disponible por si todo falla y necesitamos recuperar nuestro sitio web en una catástrofe.

Cuando hablamos de catástrofe, el problema puede ir desde una infección de *malware* en nuestro sitio web hasta un incendio.

Lo ideal es realizar copias de seguridad periódicas programadas y guardarlas en destinos externos, es decir, fuera del *hosting* que aloja el sitio web.

La copia de seguridad debe incluir todos los archivos y carpetas que forman la instalación de WordPress, junto con la base de datos donde se guarda toda la información del sitio web y su configuración.

Existen distintos tipos de herramientas con los que realizar copias de seguridad en WordPress. A continuación, vamos a listar tres ejemplos:

- ✔ *Plugins* de copia de seguridad como BackWPup, Updraft Plus, etc.
- ✔ Herramientas integradas en el *hosting* como el autoinstalador de CMS Installatron y el sistema de copias de seguridad JetBackup.
- ✔ Herramientas externas de gestión como Modular DS.

Mi recomendación es siempre utilizar herramientas de copia de seguridad que no consuman recursos en el *hosting*, esto excluye los *plugins* de copia de seguridad. Aunque también hay que reconocer que realizar la copia de seguridad mediante *plugins* suele ser el método que siempre está disponible.

Otro de los puntos fuertes de las herramientas integradas y las herramientas externas en comparación con los *plugins* de copia de seguridad es que las herramientas permiten hacer las copias de seguridad y también restaurar las copias de seguridad en un par de clics.

Muy pocos *plugins* de copia de seguridad permiten restaurar copias; en caso de desastre o de necesitar volver atrás, tendremos que hacer una restauración manual, un proceso similar a una instalación manual de WordPress que requiere conocimientos avanzados.

Si has contratado un *hosting* con Raiola Networks durante el proceso de creación del sitio web, ten en cuenta que el sistema JetBackup realizará copias de seguridad periódicas. En caso de tener problemas, podrás restaurar estas copias con un simple clic desde el panel de control de tu *hosting*.

Por otro lado, si quieres hacer copias de seguridad bajo demanda, en los *hostings* de Raiola Networks dispones de Installatron para hacer esto.

Solo tienes que hacer clic en el botón marcado en la figura 12.16 para realizar una copia de seguridad cuando la necesites.

Figura 12.16. Copia de seguridad con Installatron.

Esta copia se guardará en los servidores de copia de seguridad habilitados para este fin en otro centro de datos. Pero modificando la configuración de Installatron puedes guardar las copias en otros destinos como Dropbox, Google Drive, Amazon S3 o incluso en un servidor FTP propio.

Como ya hemos comentado, uno de sus puntos fuertes es que podemos restaurar cualquier copia de seguridad con un clic, aunque estén guardadas en un destino externo. Puedes ver el listado de copias de seguridad en el pantallazo de la figura 12.17.

Ten en cuenta que disponer de una copia de seguridad puede suponer la diferencia entre perder o recuperar tu sitio web en caso de catástrofe.

Lo recomendable es guardar en un destino externo varias copias de seguridad de los últimos días, al menos una de la última semana y al menos una del último mes. Aunque esto va a depender del ritmo de actualizaciones y cambios de tu sitio web.

Figura 12.17. Restaurar copia de seguridad con un clic en Installatron.

Ajustar el SEO básico en WordPress

Antes de empezar con este punto, quiero aclarar que no soy consultor SEO. Comienzo diciendo esto porque aquí voy a explicarte algunas cosas de implementación, pero, al no ser experto en SEO, no soy la persona ideal para explicarte cómo configurar correctamente los *plugins* de SEO en base a las necesidades de tu proyecto.

En este punto solo pretendo orientarte sobre qué *plugin* de SEO debes elegir y cuál es su utilidad o función.

En los últimos diez años han ido apareciendo ciertos *plugins* que nos permiten ajustar los parámetros de *SEO on page* de nuestro sitio web creado con WordPress.

Estos *plugins* no hacen milagros; de hecho, en muchos casos no son decisivos en la estrategia de posicionamiento SEO, pero nos permiten ajustar fácilmente los distintos elementos relacionados con el *SEO on page* de un sitio web creado con WordPress.

Entre los elementos que podemos ajustar con un *plugin* SEO están estos:

- ✔ Configuración del título para cada página.
- ✔ Configuración de la descripción para cada página.
- ✔ Configuración de metaetiquetas como `index`, `noindex`, `nofollow`, etc.
- ✔ Marcado de datos para cada página.
- ✔ Creación y gestión del *sitemap* del sitio web.
- ✔ Gestión de redirecciones y errores 404.
- ✔ Ajustes y personalización de los *slugs* y URL.
- ✔ Editor del `robots.txt` desde WordPress.
- ✔ Inserción de migas de pan o *breadcums*.

Evidentemente, no todos los *plugins* SEO nos permiten realizar todas estas acciones, pero el que te voy a recomendar yo sí que lo permite.

Existen varios *plugins* bastante potentes para ajustar el *SEO on page* en WordPress, pero mi recomendación es el *plugin* Rank Math SEO.

Otra opción con una cuota de usuarios muy grande es Yoast SEO, pero tiene bastantes desventajas hoy en día.

Rank Math SEO es un *plugin* que apareció hace algunos años y que consiguió bastante cuota de mercado debido a que el principal *plugin* de SEO que se utilizaba en ese momento tuvo bastantes problemas y provocó fallos en millones de sitios web, este *plugin* era Yoast SEO.

Actualmente, si tenemos una tienda *online* creada con WooCommerce, Rank Math SEO es uno de los pocos *plugins* compatible con WooCommerce en su versión gratuita. Con Yoast SEO, o compramos la versión de pago, o no tendremos compatibilidad con WooCommerce.

Además, Rank Math SEO, en su versión gratuita, incluye ciertas funcionalidades, como por ejemplo el gestor de redirecciones, que solo se incluyen en Yoast SEO Premium.

Puedes instalar la versión gratuita de Rank Math SEO directamente desde el *dashboard* de WordPress, ya que se encuentra en el repositorio oficial, tal y como puedes ver en la figura 12.18.

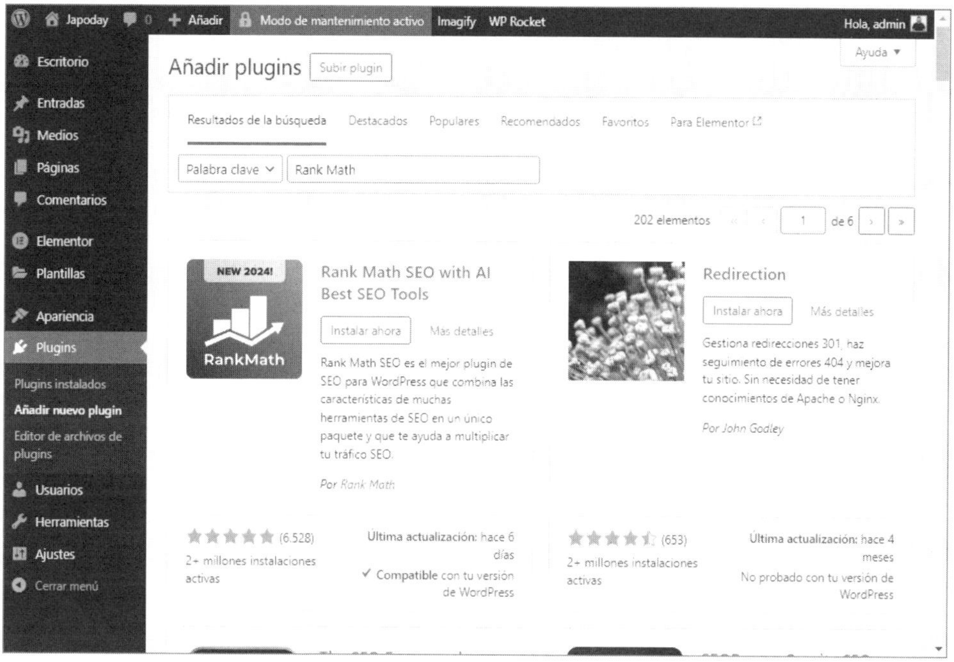

Figura 12.18. Instalar Rank Math SEO desde el repositorio oficial de WordPress.

Una vez que instalamos y activamos Rank Math SEO se abrirá un asistente de configuración inicial que nos permitirá realizar la configuración básica.

Personalmente, debo avisarte de que, si no estás familiarizado con el SEO, es posible que te resulte un tanto complejo completar el asistente y asegurarte de que todo esté configurado correctamente. En cambio, si vas parte por parte desde la sección **Ajustes generales** dentro de la sección **Rank Math SEO** en el *dashboard* de WordPress, te será mucho más fácil buscar información en Google sobre cada opción o seguir una guía de configuración para el *plugin*.

> **Nota:** Como ya he comentado antes, no vamos a profundizar en la configuración de Rank Math SEO por dos razones: La primera es que yo no soy consultor SEO y la segunda es que el SEO no es el objetivo de este libro.

Rank Math SEO es un *plugin* de SEO estructurado en módulos, tal y como puedes ver en la figura 12.19.

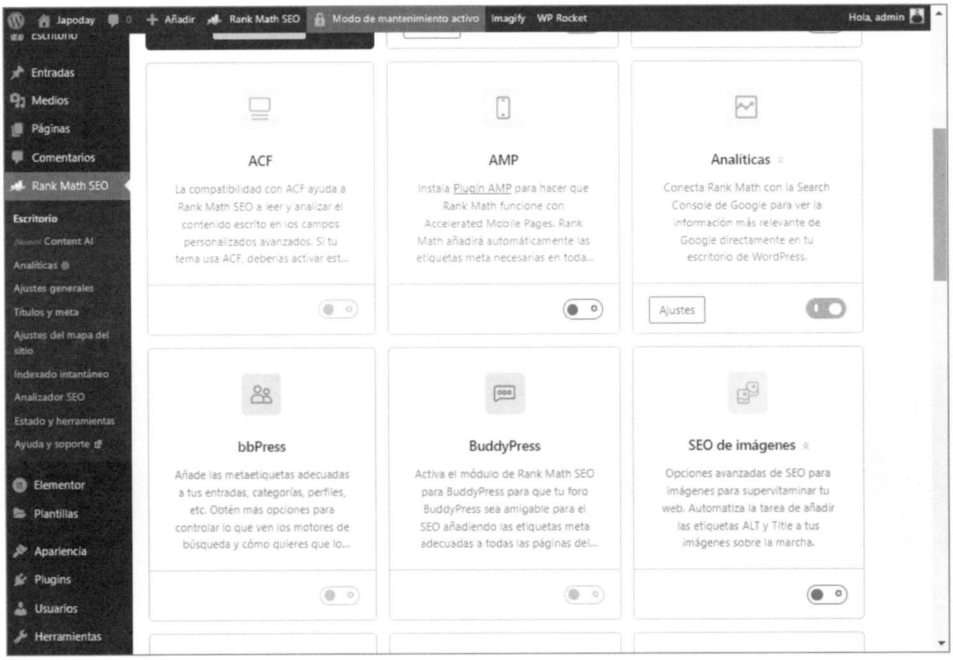

Figura 12.19. Módulos de Rank Math SEO.

Esto quiere decir que puedes activar y desactivar módulos en Rank Math SEO según las necesidades de tu proyecto. Algunos módulos solo están disponibles en la versión de pago del *plugin* y otros son para sitios web específicos, como por ejemplo una tienda *online* con WooCommerce.

Otro factor determinante en el *SEO on page* de un sitio web son las etiquetas H que definen los títulos. Estos títulos debemos especificarlos con el editor de Elementor durante la maquetación o con el editor clásico cuando estamos editando un artículo.

Normalmente, la mayoría de *widgets* para Elementor tienen entre sus opciones de configuración la posibilidad de elegir el nivel de título (H1-H6) que debe llevar, tal y como puedes ver en la figura 12.20. Si necesitas información sobre cómo debes configurar la estructura de títulos en el contenido de un sitio web, te aconsejo que busques un curso de SEO básico en Internet.

Existen muchos otros parámetros que pueden afectar al *SEO on page* y que podemos ajustar en nuestro sitio web WordPress, pero, como ya te he comentado, si quieres continuar por ese camino, te recomiendo que busques un curso de SEO para ayudarte a comprender los conceptos básicos relacionados con el SEO.

Figura 12.20. Selector de H en el editor de Elementor.

¿Quieres seguir aprendiendo sobre WordPress?

Para finalizar, quiero recordarte de nuevo que si quieres seguir aprendiendo cosas sobre WordPress, puedes hacerlo desde esta dirección URL: `https://raiola.link/seguir-formandome-con-alvaro`.

Estoy constantemente generando contenido nuevo y actualizado, pero, como este libro termina aquí, me gustaría que, si te interesa WordPress y quieres seguir formándote en temas relacionados con este gestor de contenidos, puedas seguir haciéndolo con el material que te ofrezco en mis contenidos.

El mundo de WordPress es muy amplio y tiene muchos caminos que puedes seguir, ya que con él podemos crear todo tipo de sitios web y, hoy en día, podemos utilizar WordPress como *framework* de creación de aplicaciones web, más que como CMS para crear blogs.

También me gustaría que, si te has leído este libro, me dejes tu opinión en esta dirección URL: `https://raiola.link/comentarios-sobre-el-curso-de-wordpress`.